湛庐 CHEERS

与最聪明的人共同进化

HERE COMES EVERYBODY

普鲁斯特找到了记忆的秘密

Proust Was a Neuroscientist

[美]乔纳·莱勒 Jonah Lehrer 著
庄云路 译

浙江科学技术出版社·杭州

测一测

你了解科学和艺术是如何相融的吗？

扫码加入书架
领取阅读激励

扫码获取全部测试题及答案，
一起揭开大脑的奥秘

- “英国心理小说先驱”乔治·艾略特认为人类本性具有（ ）的准则。

  A. 变化莫测

  B. 恒定不变

- 对往昔事物的回忆必须是对事物原封不动地重现——这是“意识流文学先驱”马塞尔·普鲁斯特的观点吗？（ ）

  A. 是

  B. 否

- 在对大脑奥秘的探索中，艺术家有时可以凭借敏锐的直觉和整体把握能力，预见现代科学的最新发现。这是真的吗？（ ）

  A. 真

  B. 假

扫描左侧二维码查看本书更多测试题

Wallace Stevens

华莱士·史蒂文斯

现实源自最令人敬畏的想象力。

William James

威廉·詹姆斯

有一种观念，它并不认为科学是事件发生的大前提，彻头彻尾地否定了科学会对人格产生一定的影响；还有一种观念则毋庸置疑地确信，从严格意义上来讲，这个世界本质上是个非人的世界。随着时间的回旋与更迭，这两种观念很可能会让我们的后代深感吃惊。在他们眼中，这种对人性的忽视最容易让科学看上去毫无洞察力和远见。

推荐序

创造力源于想象力

段永朝

苇草智酷创始合伙人

信息社会 50 人论坛执行主席

乔纳 · 莱勒是一位 80 后美国作家和著名网络博主。他曾在哥伦比亚大学学习神经科学，并获得被誉为“全球青年诺贝尔奖”的罗德奖学金。湛庐引进的莱勒创造力三部曲，是莱勒从 2007 到 2021 年这 14 年间，专注科学与艺术之关联，探索与思考神经科学、心理学对创造力之孕育、培植而涌现的思想结晶。读完这三本书，的确让人由衷感慨：“80 后，真的成熟了。”

三本书的核心要旨在于从意识、心灵和身体的角度，洞察科学与艺术割裂所带来的认知遮蔽，这是过去 100 多年来，西方文化思想的内在冲突。

这三本书的顺序也值得一说。《普鲁斯特找到了记忆的秘密》，以 100 多年的历史跨度，刻画了 8 位包括诗人、作家、画家、音乐家、美食家和语言学家在内的艺术家，如沃尔特·惠特曼（Walt Whitman）、乔治·艾略特（George Eliot）、马塞尔·普鲁斯特（Marcel Proust）、保罗·塞尚（Paul Cézanne）等，通过他们特立独行的艺术作品和先锋气质，重新建构了根植于神经科学的关于大脑和身体的现代观念。《鲍勃·迪伦写不出歌儿了》专注于“想象力”这一神奇的心理特质，用最新的脑科学、神经科学研究成果，佐证了“创造力源于想象力”这一重要论断，通过鲜活的事例让大脑天生具有的创造力一览无余。《阿加莎·克里斯蒂失踪了》将那种刺激人们拥有兴奋和愉悦体验的神秘感，置于人类所编织的巨大的“意义之网”中，这是想象力、创造力水乳交融的完美呈现。

两个世纪之交

21 世纪已经步入第三个 10 年，世纪之交的巨大转换虽跌宕起伏，但曙光乍现。

1998 年 3 月 6 日，在美国华盛顿白宫东厅举行的千年晚会上，著名的剑桥大学物理学家史蒂芬·霍金发表了题为“信息与变革：下一个千年的科学”的演讲。他认为下一个千年（从 21 世纪开始）是“复杂性的千年”，或者说是由复杂性主导的千年。这种复杂性首先从生物学、智能技术中体现出来。

21 世纪究竟会展现何种令人心动的面貌，不同的人们在临近千年钟声敲响之际，都有着不同的遐想和期盼。80 后的这一代人，在世纪之交恰是朝气蓬勃的青少年，他们目睹了一场波澜壮阔的世纪之门的开启。但这一切注定并不平静。

千禧年之前，一系列“终结论”的著作非常流行。比如美国政治学家弗朗西斯·福山（Francis Fukuyama）的《历史的终结与最后的人》（*The End of History and the Last Man*）、美国著名科普作家约翰·霍根（John Horgan）的《科学的终结》（*The End of Science*）。然而，美国硅谷掀起的互联网旋风，将世纪之交的兴奋之情急速拉升。

随即，2001 年美股纳斯达克的暴跌和“9·11”纽约双子座陨落，又使得这一世纪转折更具悲剧色彩，高歌猛进的势头似乎戛然而止，新世纪的壮丽风景似乎灰飞烟灭。当 21 世纪的第三个 10 年徐徐展开的时候，“世纪之交”的巨大动荡和转换，似乎才渐渐显露出其深远的轮廓。

遥望 19 至 20 世纪的世纪之交，它与 20 至 21 世纪的世纪之交有着出奇的相似之处。马克·吐温说：“历史不会重复自己，但总是押着同样的韵脚。”

19 世纪末的世界，特别是欧洲，沉浸在凯歌高奏、繁荣进步的氛围中。1893 年举办的芝加哥世界博览会，力图超越半个世纪之前的巴黎世界博览会和伦敦世界博览会，使用数十万只灯泡，点亮整个世界博览会，展现人类征服自然、创造美好社会的前景。

学术界也不甘寂寞。1900 年，英国物理学家开尔文勋爵在英国皇家学会的演讲中宣布，整个物理学大厦即将竣工，后世物理学家的任务，只是将物理学常数测量得更精确一些。德国数学家戴维·希尔伯特（David Hilbert）在 1900 年巴黎国际数学家大会上，提出了 23 个雄心勃勃的问题。20 世纪前 30 年间，数学家们试图创建宏大而完备的数学体系，将全部数学知识纳入包罗万象的形式系统中。

世纪之交似乎总是掺杂着某种难以掩饰的躁动和激情。

上一个世纪之交的自满与两次世界大战的残酷，似乎在冥冥之中提示着人们什么。这一个世纪之交的自满与这 20 多年此起彼伏的局部战争和灾难，似乎也在提示着什么。

理解这两个世纪之交，需要颇费一番气力。令人欣慰的是，世纪之交的年轻一代迅速成长起来，他们有自己独特的视角，有自己独到的见解。

世纪之交，或许总是一个“兴奋”与“落寞”并存的时代。对进步凯歌的信仰与对传统理念的不屑交织在一起。互联网从业者认为自己已经挣脱了传统的束缚，摧毁了金字塔组织模式，碾平了生产的边际成本，极大地释放了知识的分享能量，认为新世界的曙光就在眼前，只要你把它放在网上。

这是一个充满后现代色彩的大事件，正如美国后现代建筑理论家查尔斯·詹克斯（Charles Jencks）指出的那样："资讯时代是一个后现代的典型样本。"马克思和恩格斯在《共产党宣言》中的一句话成为刻画这种变化绝佳的脚注，这句话是："一切等级的和固定的东西都烟消云散了。"

人类毫无疑问进入了完全意义上的"人造世界"。问题的焦点只是，如何为这个人造世界重新赋予价值和意义？当然，"赋予"这个词还嫌太"工业化"了，不如退一步说，这个世界的价值、意义和创造力是如何"涌现"出来的？

所以说，我们需要面对的是，这一个世纪之交到底开启了何种伟大的历史进程？这不只是简单意义上知识的堆叠、生产力的进步，也不是对工业伦理、财富观、进步主义的修修补补，而是自文艺复兴以来，科学与人文分离之后的一次重逢、一次交叠。这是"人的重启"，是"创造力的绽放"。

这注定是一次影响深远的重启，是创造力的奔涌。

重新发现身体

20 到 21 世纪的思想转向，可以用不同的线条予以概括，这里或许可以包括这样一个角度，即从“对身体的敌意”状态，转向“对身体的唤醒”。我在 2011 年给北京大学新闻与传播学院的研究生讲述“互联网前沿思想”的时候，特别用一节课的时间，细致地分析了这一重要的思想转向。

1900 年去世的尼采是一个伟大的哲学家，如果说要给 20 世纪的后现代思想家画一个谱系的话，尼采一定居于核心的位置。尼采，包括法国哲学家、思想家莫里斯 · 梅洛-庞蒂（Maurice Merleau-Ponty）、吉尔 · 德勒兹（Gilles Deleuze）、乔治 · 巴塔耶（Georges Bataille）等，这些人的文体惊人地相似。

这种文体不是四平八稳、娓娓道来的。它完全是跳跃式的，整个看起来就是一种梦呓的语言、游走的语言。它不着力去刻画、固化或解释一个什么概念，更不醉心于构造什么样的叙事体系。这些思想家的思想转向，恰恰在于重新发现了身体。

从柏拉图开始，西方思想史、宗教史和哲学史中的身体，要么被驱逐，要么被压抑，要么被漠视。古希腊之前，人类处于泛灵论阶段，身体是神圣的，万事万物都是神圣的，都有神性。古希腊之后，情况有了很大的变化。

古希腊哲学家开始提出“本源”的问题，即“世界是什么”“人是什么”一类所谓追根溯源的问题。他们希望找到这样一个“基本的质料”“构造”“原初推动”，来说明整个世界的起源和人的本质。这是逻各斯中心主义[①]的思想。

在古希腊哲学家寻求世界本源的过程中，关于人的问题就是灵魂与人的关系问题，这其实是身体与灵魂的关系问题。身体作为灵魂的巢穴、承载物，一旦死亡之后，灵魂会怎么样？这个问题本身，就显露出人们对永恒、纯粹问题的偏好。死亡是人最为直接的痛苦体验，也是人最大的生存恐惧。古希腊哲学家看待这个问题的方式简单、直接，就是驱逐身体、保留灵魂之不朽，以此来追寻永恒的世界本源。

从高级宗教诞生，一直到中世纪这一段大约 1 500 年的历程中，身体被裹挟、藏匿起来了。身体被认为是不洁的、肮脏的，是藏污纳垢的所在。人的一切罪孽，皆因身体而起。身体就是淫荡、贪婪、欲望的容器。救赎的过程就是惩罚身体的过程。只要看看但丁的《神曲》，你就可以了解为什么但丁花那么多的笔墨，不厌其烦地讲述拯救灵魂的故事。这些故事是以对身体的折磨为符号的。罪孽深重的人，要承受刀山火海、荆棘、毒蛇的考验，下油锅、受刀剐，历经十八层地狱、炼狱的考验，才能完成对灵魂的救赎。但丁的《神曲》充满了对身体符号的摧残，甚至是夸大其词般的摧残，让你有恐惧感，这种恐惧感的目的只有一个，就是贬损你的身体，将它忽视为零。

---

① 法国德里达对其以前的形而上学体系的称呼，从古希腊哲学的逻各斯概念引申而来。——编者注

中世纪以前，身体本身是个问题，而且是个“坏”问题，即身体本身是“带来问题的”问题，是万恶之源。文艺复兴之后，身体就不是个问题了，因为它被完全忽视掉了。

文艺复兴之后，从表面上看身体回到了正常的状态，比如文艺复兴后三杰[①]的写实主义绘画，让普通人的身体成为视觉中心。但是，这些“完满的身体视觉”“栩栩如生的身体视觉”，其实预示着身体理性主义时代的命运——身体，其实是被忽视的——忽视身体的一股强大的力量来自理性，来自“沉思”。

尼采对“沉思”深恶痛绝。他说，人为什么要沉思？为什么要如此做作，为什么要“装”？在启蒙运动、工业革命之后，身体这个话题很不幸被埋葬了。身体是什么？身体只是劳动力，是吃饭的工具。包括互联网初期，让很多知识分子兴奋的那个词“智本家”，或者说“知识就是生产力”，也不过是把“靠肌肉吃饭”转换成“靠脑子吃饭”，都是吃饭而已。

对身体的唤醒是从尼采开始的。尼采重新发现了身体。重新发现身体意味着必须对“存在”重新思考。

工业革命让沉思变得不那么重要了。工业革命首先是速度革命。速度革命的寓意就是，煮八宝粥应该需要 2 小时，高压锅可以将它简化为 20 分钟。这就叫“速度革命”。速度革命意

① 指达芬奇、米开朗琪罗和拉斐尔。——编者注

味着养猪、养鸡、养羊、母鸡下蛋，都脱离了它的天然状态。速度革命改变了世界的结构、力量的对比、生命的周期，在这种情况下人们还有时间思考吗？在机器的轰鸣下，人们听到的既是号角，催人奋进，又是追债的钟声。人们要在有限的此生证明自己，用财富、成就的获取，来证明自己存在的价值。

工业革命的确埋葬了沉思——因为来不及，没时间。但它并非对沉思的反思，大家都变成了行动主义者和实用主义者。所有人都像卓别林扮演的《摩登时代》里的工人一样，在流水线旁，拿个扳手不停地塑造自己，把自己装到机器里。实用主义哲学的基本态度就是只要结果，不问根由。实用主义支配下的科学一定是跟阿基米德时的科学大不相同的。今天的互联网思想家、创意工场、投资者和创业者等，他们践行的脚步已经汇聚成洪流——“预测未来最好的办法，就是把它造出来！”践行，已经强大到足以让人对新物种的创生，产生浓厚的兴趣和信念，对新人机共同体的喜悦和展望，已经达到了全新的高度，世界已经不再需要沉思这个东西了。

然而，人们在工业革命时代对沉思的反叛，与其说是反叛，不如说是对沉思状态的遗忘。

20 世纪中期兴盛起来的后现代主义者们，在批判现代性、批判工业社会的时候试图重新回到活生生的身体。不过，作为一种哲学思潮，后现代一直没有成为主流，也不可能成为主流。但它一定会唤醒人，到那时人们突然发现“践行”一词有了新的含义。后现代主义给 20 世纪后半程的赛博朋克，给 21 世纪的后人类主义提供了大量养分，它在施肥、浇灌，但它本身不是种子。真正的种子是互联网，是人工智能、大数据，是基因剪刀、脑机接口，是神经网络和人工合成生命等最近 20 年再次喧嚣的聚合科技。

21 世纪异军突起的聚合科技，转而为艺术家重新理解身体、重新塑造身体提供了无限可能。这正是通过人工智能、元宇宙、大模型展现出来的。这是一个巨变前夜的狂欢，是想象力的一次绽放，也是生命激情的绽放。

创造力源于想象力

创造力三部曲的作者乔纳·莱勒，在学校里学习的恰好就是神经科学，对创造力有自己独到的理解。特别值得称道的是，这三本书的焦点，始终专注于从大脑、身体的角度，探究意识的奥秘和奔涌不息的创造力之魂。而《普鲁斯特找到了记忆的秘密》则是整个系列的奠基之作。

在《普鲁斯特找到了记忆的秘密》中，作者精心讲述了 8 位包括诗人、作家、画家、音乐家、美食家和语言学家在内的艺术家如何用自己的方式阐释他们对身体的精深感悟，以及这些感悟与 21 世纪呼啸而来的智能大爆炸之间千丝万缕的因缘。

“在汗水中萃取美感”，诗人沃尔特·惠特曼用这样一句诗来呈现身体的真实。作家乔治·艾略特，最开始信仰实证主义，认为小说“只是生活史的实验”；在理想破灭之后，她终于发现“我们是一个过程，是一次绽放”。

笛卡尔二元论学说遮蔽下的身体，渐渐被诗人的咏赞解放出来。身体就象征着自然，不再隐藏在冰冷的躯壳之下。实用主义心理学的开山鼻祖威廉·詹姆斯（William James）于 1875 年在哈佛大学创办第一个心理学实验室，他对实用主义给出了一种新的解释：科学理论只是真理的临摹版本，没有身体就没有恐惧，没有情感。当代著名神经学家安东尼奥·达马西奥（Antonio Damasio）认为，精神暗中跟踪着身体，我们从自己的身体中窃取自身情绪的情报。这正是惠特曼相信万物有灵的理论依据：灵魂是由肉体组成的。

对于 18 至 19 世纪的理性主义者来说，法国启蒙思想家拉美特利（La Mettrie）于 1747 年出版的《人是机器》（*L'Homme Machine*）极好地阐释了机械论的宇宙观、生命观；法国哲学家奥古斯特·孔德（Auguste Comte）试图将人与社会组织的内在机理，安嵌在牛顿力学的框架下予以解释。在 20 世纪科学家发现 DNA 和大脑神经元之后，这些观念曾再次唤醒了强劲的欲望，即将生物学也纳入物理学的范畴。然而事与愿违，生命最终从僵硬的紧身衣中逃脱出来。

法国哲学家亨利·柏格森（Henri Bergson）认为，现实生活

“归根结底是属于精神领域的，而不是物理学范畴的”。过去 100 多年来的研究表明，味觉与嗅觉直接与海马相连，海马是大脑记忆的核心；丘脑是语言的中枢，是通往意识的第一道大门，所有其他感官（视觉、触觉、听觉等）的运行都要首先经过丘脑。神经科学家勾画着身体内部绚烂的过程，聆听着脑海深处神经元的传导和“点亮”的瞬间，在他们眼里，身体的感觉、直觉与意识之间是奔涌的河流，是曼妙的乐曲。

美食家奥古斯特·埃斯科菲耶（Auguste Escoffier）于 1903 年出版了一本《烹饪指南》（*Guide Culinaire*），推出经过创新的蔬菜牛肉浓汤，将鲜味列于酸甜苦咸 4 种基本味道之后。神经学家认为，90% 以上的味觉感受其实是嗅觉感受，世界上存在 1 万～ 10 万种气味，人类 3% 的基因是用来感受气味的。我们祖先在进化的过程中，曾以放弃原本灵敏的嗅觉能力为代价，换来色彩视觉感受能力的更好发展，所以大脑常常被迫依赖于非嗅觉信息来破解气味密码。这是身体退化的一个明证。今天人们的感官已经被异化得面目全非了。这里自然就出现一个问题：人的感官界面是否可以被精妙的数据洪流和虚拟幻境所解放？

法国诗人夏尔·波德莱尔（Charles Baudelaire）是第一个对现代化大都市巴黎的崛起感到忧心忡忡的人。他希望文学家能够描绘照相技术无法呈现的事物，那些过去能够被人的感官敏锐捕捉的短暂、稍纵即逝、偶然的精彩世界，恍如过眼烟云，这是工业化带来的巨大遮蔽。

然而，敏锐的艺术家在面对锋利的技术之刃时，所能做的恐怕只是“逃离”。以往喜欢居斯塔夫·库尔贝（Gustave Courbet）的法国画家塞尚，听从卡米耶·毕沙罗（Camille Pissarro）的忠告，停止对光的崇拜，并批评“莫奈只是一只眼睛”，他决心放弃与照相机争辩，而是在大脑前举起一面理性的镜子。塞尚的视觉革命，只不过将外在真实转化为内在真实，努力将主观感受倾泻在画布上。

莱勒笔下的艺术家们，用自己的方式抵抗机器技术对身体的种种挤压。

俄罗斯音乐家伊戈尔·斯特拉温斯基（Igor Stravinsky）的《春之祭》（*The Rite of Spring*）在巴黎首演的时候，曾引发骇人的骚乱。在被工业化驯服的人们听来，斯特拉温斯基的音乐冒犯了传统的和弦，是“最难听的音乐”。然而，极少数前卫音乐家认为，大自然其实是噪声的组合。斯特拉温斯基认为，音乐只不过是我们自己用声音锻造出来的一件漂亮“银饰”。他认为，音乐的动力是冲突，而不是和谐。他粉碎了传统的音乐美学对秩序的期待，嘲弄了我们所有的期待。

阅读乔纳·莱勒创造力三部曲，内心总是不免生出这样一个疑问：作者为何要挖掘这些过去 100 多年来怪异、另类的艺术家和他们的艺术作品？在我看来，作者试图传递这样一种思想：人类的创造力被安置在某种和谐的秩序中已逾千年，似乎一切背离确定性、和谐秩序的世界都是令人讨厌的噪声，人类的一切努力似乎都致力于驱逐这种噪声的扰动，恢复那种优美、和谐的秩序。

听上去不错，但这或许是西方文明迄今所陷入的最大的迷思。严整的比例、和谐的声音、成型的样式，很快便会成为难以忍受的套路和死寂。这背后是一种对不协和音的深深厌恶和恐惧，甚至不惜将这种不协和音作为憎恨的对象，斥之为恶魔。

斯特拉温斯基打破了关于音乐的神话，他的交响乐是“进步无意义论”的丰碑。作家格特鲁德·斯泰因（Gertrude Stein）认为，真实的写作其实是无意识写作，写作的目的是“锤炼语法，清除声音和意义的限制”，只是阅读，而不回想。斯泰因的作品是威廉·詹姆斯的心理学观点和亨利·詹姆斯（Henry James）的文学观点的混合物。威廉认为，世界是一个混乱的大谜团，我们强加给感觉的整齐划一的观念和分类方法都是某种幻觉。亨利认为，重要的不是现实主义描写，而是作品本身的真实性。

斯泰因的洞察是，人类的语言具有无穷的可能性。爱默生说：“言语是无限思想的有限器官。”

与斯泰因相仿，弗吉尼亚·伍尔夫（Virginia Woolf）的小说是内心奔涌不息的思绪，是飘忽不定的意识，她的思想是一股股激流，她笔下的思想既不牢固也不确定。她试图寻找最本质的东西，但这种最本质的东西稍纵即逝。“我们就是文字，我们就是音乐，我们就是那些事情本身。”

过去 100 多年来，这些不安生的艺术家、文学家、诗人们，在做着一件共同指向的事，那就是努力探究真实的身体、真实的身体感受，进而触摸那个被理性光环遮蔽已久的真实的世界。他们超乎寻常的想象力是莱勒试图捕捉的生命灵光。

乔纳·莱勒创造力三部曲，以 21 世纪的敏锐和视角，解释了一个重要的法则：创造力源于想象力。在开放的未来，充满无限可能。但对于这些可能的想象，绝不能囿于干净、清爽之世界秩序的理性抽象。世界是丰富多彩、复杂多变的，这绝不是说世界一片混乱，毫无章法可言；但也绝不是指，一切都可以严丝合缝地装进一个个漂亮的公式中。

著名美国认知科学家史蒂芬·平克（Steven Pinker）一生致力于摧毁三个误解：第一个是，认为人的心灵是白纸一张，相信大脑主要由环境塑造而成；第二个是，认为人类只不过是高尚的野蛮人，相信人性本善，却为社会所玷污；第三个是，相信机器幽灵，相信意识中潜伏着某种非生物性的存在。

莱勒的洞见在于，面对科学简化主义的泛滥，冲破想象力藩篱的艺术，将是身体解放、感官重塑的重要力量。在智能科技飞速发展的今天，这一点尤为重要。

艺术领先于科学，揭开大脑的奥秘

我曾在一个脑神经科学实验室工作。我们致力于探究大脑是如何记忆以及细胞群是如何记载我们的过去的。当时，我只是实验室里的一名技术人员，一天中的多半时间都是在实验室的工作台上做一系列奇奇怪怪的动作：放大、涡流、移液、测序、蒸煮等。这只是些简单的体力劳动，但让我觉得意义非凡。难题经过“蒸馏”后变成了小问题，而且如果我的实验没有失败的话，终究会得到一个答案。真理似乎需要慢慢地沉淀，仿若尘埃徐徐落定一般。

与此同时，我开始阅读普鲁斯特[①]所写的书。我常会把他的《在斯万家那边》带到实验室，在等待一项实验完成的空当读上几页。当时，我对普鲁斯特的期待仅限于娱乐休闲一下，或者从他那儿学一些遣词造句的艺术。对于我来说，他写的那个关于一个人记忆的故事仅仅是一个"故事"而已。《追忆似水年华》只不过是一部与科学逻辑相反的虚构的作品。

"故事逻辑"与"科学逻辑"在形式上往往很难区分。比如，我常常用首字母缩写词来代表科学的相关内容，而普鲁斯特则钟情于使用那些游移飘忽的散文诗语言。一旦看透了这一点，我便从两者中发现了某种让人惊讶的一致性。这位小说家预言了我的实验，在脑神经科学如何阐释人类记忆运作这一点上，普鲁斯特与我的实验不谋而合。你若细心聆听就会发觉，它们用不同表达方式所讲述的其实是相同的东西。

我在本书中所写的正是早于脑神经科学获得发现成果的那些艺术家，正是那些先行接触到人类大脑真理的文学家、画家和作曲家。**当今的科学只不过是重新发现了这些可触可感的鲜活真理而已。而这些文学家、画家和作曲家的想象力早在彼时就已经预见了在未来才会验证的科学事实。**

---

① 普鲁斯特，法国作家，出生于巴黎，儿时因受哮喘病折磨，十分内向和敏感。普鲁斯特在生命的最后 15 年里完成了闻名于世的代表作《追忆似水年华》（*La Recherche Du Temps Perdu*），《在斯万家那边》（*Swann's Way*）是该书的第一卷。——译者注

当然，这并不是知识进步理应遵循的必然模式。艺术家为我们编织出了美丽的故事，而科学家则客观地描述了宇宙。在科学论文高深莫测的行文中，我们期待的是其对现实的完美映射。我们相信，终有一天科学会解释一切。

在这本书中，我试图讲述故事的另一个版本。尽管这些艺术家见证了现代科学的诞生——惠特曼①和艾略特②思考了达尔文主义，普鲁斯特和伍尔夫③崇拜爱因斯坦，但是他们对艺术必要性的信念却从未动摇过。当科学家开始把思想划分为各个解剖部分时，这些艺术家则想要从内部理解意识。他们说，**真理必须从我们自己开始，从我们对现实的真实感受开始**。

对于感受现实，这些艺术家都有自己独特的方法：文学家普鲁斯特整天躺在床上，在他大脑的记忆库中“翻箱倒柜”；艺术家塞尚④则连续几小时盯着一个苹果；美食家埃斯科菲耶⑤就想努力讨好他的食客；音乐家斯特拉温斯基⑥则一直在努力不去取

---

① 惠特曼，19 世纪美国杰出的民主主义诗人，堪称美国的“诗歌之父”。他歌颂民主自由，表达了对民主的渴望，诗歌作品生机勃勃，积极向上。——译者注

② 艾略特，19 世纪英国文学界最有影响力的小说家之一。——译者注

③ 伍尔夫，英国小说家，她大胆地运用意识流技巧进行写作，其作品特点是抒情强烈且充满神秘感。——译者注

④ 塞尚，后期印象派的代表人物，被称为“现代绘画之父”。——译者注

⑤ 埃斯科菲耶，19 世纪法国国宝级厨艺师，被认为是法国厨艺的代表人物之一。——译者注

⑥ 斯特拉温斯基，美籍俄国作曲家、指挥家和钢琴家，西方现代派音乐勃发时期的重要人物。——译者注

悦他的听众；而斯泰因[①]则喜欢玩文字游戏。然而，虽然这些艺术家感受现实的方式不尽相同，但是他们所有人都共有一个浓厚的兴趣，那就是对于人类心理奥秘的深层体验。他们的创作就是在寻求这一体验，他们用自己的方式使之与自己尚未理解的神秘世界相连。

这些艺术家生活在一个充满焦虑的时代。19世纪中期，当技术篡夺了浪漫主义文学艺术王国的宝座后，人性受到了质疑。由于科学取得了让人痛心的发现——灵魂会随着身体的消亡而消亡，不朽的灵魂会死去。人类可以证明自己是猴子的同类，而不是坠入人间的天使。在对人类属性新型表达方式的疯狂搜寻中，艺术家想出了一个新方法：照镜子。(正如拉尔夫·沃尔多·爱默生[②]所说的，“大脑意识到了它自己”。) 这种向内的转变创造了一种颇具敏感自我意识的艺术，它描绘的主题正是我们的心理。

现代艺术的诞生可谓百家争鸣。但现实是，大众既不习惯自由体诗，也不习惯抽象画派，更不习惯没有情节的小说。他们普遍认为，艺术就应该是美的、令人消遣愉悦的，最好两者兼具。它应该向我们讲述这个世界的故事，让我们过上本该拥有的生

---

① 斯泰因，旅居法国的美国女作家，著有《三个女人》(*Three Lives*)、《美国人的本质》(*The Making of Americans*) 等作品。在欧美，她属于对20世纪西方文学产生过重要影响的人物。——译者注

② 拉尔夫·沃尔多·爱默生 (Ralph Waldo Emerson)，19世纪美国著名的哲学家、思想家和作家，被誉为美国超验主义运动的领导者和代表人物。——编者注

活，或者我们可能拥有的生活。现实是困苦的，艺术本该是我们逃离困苦的避难所。然而，现实主义者却拒绝提供我们想要的艺术。在一种令人惊讶的傲慢和野心的驱使下，他们试图创作出一种能够反映真实世界的小说。尽管他们的艺术很晦涩，但他们还是想要达到一种另类的共识——在他们作品的形式与片段中，他们想要我们看到另一个自己。

以探索人类大脑奥秘为己任的艺术家，并不只是本书所写的这 8 位人物。我选择他们是因为经过岁月的洗礼，他们的艺术是最精确的，尤其是他们的艺术早已使然领先于神经学领域的相关发现。然而，这些艺术家的原创性也受到了其他形形色色的思想家的影响。这些思想家来自不同领域，例如惠特曼从爱默生那里汲取灵感，普鲁斯特吸收了柏格森①的思想，塞尚研究了毕沙罗②的作品，而伍尔夫则受到了詹姆斯·乔伊斯③的鼓舞。我试图勾勒出塑造了他们创造过程的知识氛围，剖析使他们的艺术得以成长的那些人物和其思想产生的土壤。

对所有这些艺术家影响最深的一个因素，同时也是他们共享的唯一一个影响因素，就是他们那个时代的科学。早在查尔

---

① 柏格森，法国哲学家，思想富有吸引力。他认为人的生命是意识之绵延或意识之流，是一个整体，是一个不可分割成因果关系的小单位。他曾获诺贝尔文学奖。——编者注

② 毕沙罗，法国印象派画家，曾经和莫奈等人一起创作交流，是印象派创始人之一。——编者注

③ 詹姆斯·乔伊斯（James Joyce），爱尔兰作家和诗人，20 世纪最重要的作家之一，代表作为《都柏林人》（*Dubliners*）、《尤利西斯》（*Ulysses*）等。——编者注

斯·斯诺[①]哀悼两种文化分裂之前，惠特曼就已经在忙着研究脑解剖教材并观摩血淋淋的手术了，艾略特已经开始阅读达尔文和麦克斯韦[②]的著作，斯泰因也已经在威廉·詹姆斯[③]的实验室里做心理实验，而伍尔夫当时就在探究关于精神疾病的生物学根源。如果看不到他们的艺术与科学的联系，我们就不可能理解他们的艺术。

对于科学研究来说，这是一个惊心动魄的时代。从 20 世纪初开始，将启蒙时代的旧梦打造成真的日子仿佛近在咫尺。但凡科学家涉足探究的领域，神秘的迷雾似乎都会慢慢散开。生命只不过是场化学反应，化学反应只不过是个物理现象，而整个宇宙也不过是由一大堆活跃的粒子组成的。从很大意义上来说，这一新兴知识体系代表了一种方法的胜利——科学家发现了还原论（reductionism），并且将之成功地运用于现实。依照柏拉图的比喻，这些拆解分割者致力于“在大自然的关节处将其切开，恰似一名训练有素、刀法精准的屠夫”。只有把事物的整体拆分，把现实解剖到它趋于化解的程度，我们才能够理解整个事物。这样看来，我们自己也不过是下面的这些东西而已：茫茫物质形态中的一个稍有特性的部分、首字母缩写词、原子。

---

① 查尔斯·斯诺（C. P. Snow），英国学者。他因在 1956 年的一期《新政治家》（*New Statesman*）杂志上发表了一篇名为《两种文化》（*The Two Cultures*）的文章而闻名于世。——译者注

② 詹姆斯·麦克斯韦（James Maxwell），英国物理学家，19 世纪最伟大的物理学家之一，被誉为“电磁场理论之父”。——译者注

③ 威廉·詹姆斯，美国哲学家、心理学家。美国机能主义心理学派创始人之一，也是美国最早的实验心理学家之一。——译者注

但是，这些艺术家不仅仅是把科学事实转换成了一种美的新形式——那未免也太简单了。通过探索他们的亲身经历，这些艺术家表达出了一种任何科学实验也看不到的东西。从那时起，新的科学理论饱经潮起潮落，然而人们对艺术的前卫性探索却经久不衰、历久弥新，像以往一样充满智慧并且活力四射。

我们直到现在才知道，原来普鲁斯特关于记忆的观点是正确的，塞尚关于视皮质（visual cortex）的论断也极其精准，斯泰因的思想领先于诺姆·乔姆斯基①，而伍尔夫则洞悉了意识的奥秘。最终，现代脑神经科学证实了这些艺术家的直觉。在接下来的各章中，我会尽力跟随科学的进程，探讨科学家是如何从他们收集的数据中淬炼出严密的新假说的。**与任何一件伟大的艺术品一样，一切卓越的科学实验也都源自对想象的实践。**

遗憾的是，我们现有的文化定义的“真实”却非常狭隘。那就是，如果某件事情不能够进行量化、计算，那么它就不是真的。因为这种严密的科学手段已经解释过许许多多的现象，于是我们便假设它能够解释一切。然而，每一种方法都有它的局限性，甚至连实验法也不例外。以人类大脑为例，科学家描绘我们大脑的物质细节时说，我们不过是由带电流的细胞和突触间隙（synaptic space）②组成的复杂之物。但科学所忽略的是，我

① 诺姆·乔姆斯基（Noam Chomsky），美国语言学家，转换－生成语法的创始人。作为一位语言学家、哲学家、高产作者和政治活动家，乔姆斯基是近 50 年来最具影响力的思想家之一。——译者注

② 突触间隙是神经元之间的小空间，传递和处理神经信息的地方。在化学传递性突触中，它是突触前神经元与突触后神经元之间的间隙。——编者注

们实际上并不以这种方式感受世界。（我们的感觉往往虚无缥缈，而不像机器运转那样一板一眼。）科学家无力去拆分的那个现实恰恰是我们切身经历着的唯一现实，这很讽刺，却是真的。就是因为这样，我们才需要艺术。通过表达我们的真正感受，艺术家提醒我们，科学并不完整，任何探索物质奥秘的导航图都不能够囊括我们意识的非物质性“景观”。

这本书的核心观点就是，我们是由艺术与科学共同构成的。一方面，我们是梦一般的精神世界的造物；另一方面，我们仍旧是物质世界的造物。现在，我们对大脑所拥有的认知足以让我们意识到，它将永远保持神秘。仿若颜料与绘画作品之间的关系一样，我们超越了构成我们自身的那些物质。虽然科学需要艺术去表达它的神秘，但是艺术同样也需要科学，因为只有有了科学，世界上的每一个事物才不至于始终是一个谜团。作为我们解决问题的办法，这两个方面似乎缺一不可，因为我们的现实正是以多维的形态存在的。

我希望关于艺术发现的故事能够揭示出一个真理：**任何对大脑的描述都需要借助两种文化——艺术与科学**。科学中的还原论必须与承载我们体验的艺术探究相结合。在下面的各章中，我将尽力通过想象去重构两者的对话，既以艺术的眼光去审视科学，也在科学之光的照耀下去诠释艺术。科学实验与诗歌构想会弥合彼此，心智就这样日臻完善。

目　录

第 1 章

感受的基础
“自由体诗人”沃尔特·惠特曼

诗人写下的正是
他身体的历史。

——

亨利 · 戴维 · 梭罗

对于惠特曼来说，美国南北战争是一场关于身体的战争。惠特曼认为，美国南北战争时期南部邦联的一宗罪就是对待黑人像对待肉一样，把他们当肉一样买卖。在新奥尔良的奴隶拍卖市场上，他第一次感悟到精神与肉体是不可分割的。鞭打一个人的肉体就是在鞭笞他的灵魂。

这是惠特曼诗性哲学的核心。我们不是拥有一具躯体，而是这一躯体本身就是我们。尽管在我们的感受中，自己的感觉似乎是非物质的，但是我们的自我意识确实起源于肉体。在惠特曼介绍他唯一一本诗集《草叶集》（*Leaves of Grass*）时，他把自己的肌肤与精神融合在了一起——“这两腋下的气味是比祈祷更美好的芳香”[①]：

是有人要求看到灵魂吗？

① 本书中所有惠特曼《草叶集》的诗文译文都出自上海译文出版社 1991 年出版的《草叶集》。该书的译者为著名翻译家赵萝蕤。——编者注

看吧，看你自己的体态和面貌，人物，实体，兽类，树木，
奔跑着的河流，岩石和泥沙。
一切都紧抱着精神所感受的欢乐，然后又把它们放松，
真正的肉体又怎么会死去，被埋葬掉？[1]

惠特曼这一将肉体与灵魂融合在一起的观念无疑是革命性的，这种观念在某种意义上与他的自由体诗一样激进。那时候，科学家认为我们的自我意识来自大脑，而身体只不过是一大块麻木不仁的物质。但是惠特曼相信，我们的精神依赖于肉体。他决心为我们精神与肉体的“融合”谱写诗篇。

惠特曼的诗歌如此鲜活夺目是由于他尝试着“在汗水中萃取美感”，从脂肪与肌肤中榨取形而上的灵魂。几个世纪以来，哲学家一直是一分为二地看世界，而惠特曼则相反，他把一切都看成是连续的，一切都是相互关联的。对他来说，身体和灵魂这对最世俗与最深奥的事物，其实只是同一事物的不同名字而已。就如波士顿的超验主义者爱默生所说的，“惠特曼是《薄伽梵歌》和《纽约先驱报》① 卓越的结合体”。

惠特曼通过对自身的探究得出身体感受的理论。惠特曼在《草叶集》中想做的只是把“一个人，即人类中的一员（也就是19世纪后半叶美国所宣称的‘自我’）自由自在地、完整而真实

① 《薄伽梵歌》（*Bhagavad Gita*）是一本古老的梵文经典，被视为印度哲学和文化的代表作之一。《纽约先驱报》（*New York Herald*），19 世纪和 20 世纪美国最具影响力的报纸之一。——编者注

地记录下来”。[2] 因此，诗人让自己成了一位遵从切身感受的经验主义者和作词家。正如惠特曼在《草叶集》的前言中所写的，“你将站在我这边，同我一起望向这面镜子”。

也正是如此，惠特曼了解到灵魂与肉体始终形影不离地“交缠”在一起。他是第一位在诗歌中没有将肉体作为“陌生人”对待的诗人。与此相反，在惠特曼不求韵律的诗歌形式中，他把身体这道风景化成了诗歌的灵感之源。惠特曼写下的每一行诗句似乎都与某种疼痛关联，而这种痛楚源自他身体的强烈欲望——那是由夹杂着智慧的欲望和无数不可名状的怜悯感混合而成的。惠特曼不为任何形而下的俗物感到羞耻，所以也不会遗弃任何东西。他向读者承诺：“就是你那鲜活的肉体，将会成为一首伟大的诗。”[3]

脑神经科学现在才意识到，惠特曼的诗歌原来早已道出了事实真相：情感源自身体。**我们的感觉看似短暂易逝，但是其实根植于我们肌肉的运动和心跳。而且，这些以物质要素为基础的感觉也是思考过程的基本要素。**就像神经学家达马西奥①所记录的那样，“精神是被身体所收容，而不仅仅是被大脑所囊括”。[4]

然而，在那个时代，惠特曼的观念对于外界来说显得既色情又大胆。他的诗歌被称为“色情之言”（pornographic

---

① 达马西奥，美国加州大学神经科学、心理学、哲学教授。他开创了“体现意识”，即身体意识领域的研究。他的作品《当感受涌现时》中文简体字版已由湛庐引进、中国纺织出版社有限公司出版。——编者注

utterance）。一些忧心忡忡的公民呼吁对其作品进行严格的审查。而惠特曼却把这番争议当作一种享受。没有什么能比瓦解维多利亚时代保守的道德观念、颠覆已知的科学事实更让他高兴的了。

灵魂与身体的分离学说始于17世纪最具影响力的哲学家之一勒内·笛卡尔（Rene Descartes）。笛卡尔把存在（being）划分为两种截然不同的东西：神圣的灵魂和凡人的躯体。一方面，灵魂是理智、科学以及一切美好事物的源泉；而另一方面，我们的肉体却是一台被上了发条的、会流血的机器。在这种一分为二观念的影响下，笛卡尔宣判了肉体一生做卑微奴仆的地位，这相当于让肉体成了给大脑这个灯泡供电的发电厂。

在惠特曼生活的那个时代，笛卡尔的信徒们崇拜并敬奉大脑。而颅相学（phrenology）这一新兴科学，就是由忽视身体的习惯性冲动所催生的。自从19世纪初德国解剖学家弗朗茨·加尔（Franz Gall）初创这一学科时起，颅相学家便认为颅骨的轮廓形状以及它的凸起和凹陷都能精确地反映该对象的精神状况。这些伪科学论者曾寄希望于通过对头骨隆起部分的测量，来了解大脑的哪些部分因频繁的思维活动而隆起，哪些部分因思维废退而凹陷等来量化研究对象的性格。这样看来，颅腔的外壳似乎就能展示我们的内部精神世界，而身体的其他部分则毫不相干。

到了19世纪中叶，颅相学所做出的承诺似乎就要得到证实了。夹杂着大量技术性插图的无数医学专著被撰写出来，为这一理论烘云托月。无数颅骨被量化剖析。27 个具有不同脑力特长的天才被发掘出来。关于心智的第一项科学理论似乎注定要在今后的岁月中一统天下了。

然而，这类测量却总是捉襟见肘，各种由此而来的解释也很容易被牵强附会地臆造出来。颅相学的证据的收集看似严肃和真诚，但实际上来源于一些偶然发现的集合（大脑是如此复杂的器官，它的凹凸能够为任何富于想象力的假说提供论据，直到一种更加完善的假说出现）。举例来说，加尔将理想化的性格倾向归功于额骨的颞肌嵴区域（temporal ridge），这是因为希腊诗人荷马的半身像在那个位置有一个凸起，还因为荷马在写作时总是习惯性地去摸那个地方。这就是加尔用于支撑其论断而采集到的实证依据。

当然，颅相学在我们现代人看来极不科学，就像大脑占星术一样。我们很难想象这一假说当时是如何吸引人们并让他们深信不疑的，而它又是如何走过 19 世纪科学考证的漫漫长路的。①惠特曼曾就这一话题引用了奥利弗·霍姆斯②的话，"要想知道

① 颅相学最大的失误就是不能够兼容那些不符合它预测论断的数据。例如，在颅相学家测量笛卡尔的颅骨时，他们发现的是一个极小的前额。这在他们的预测论断中本来应对应着"有限的逻辑和理智运用能力"这一特点。然而，这并没有让那些颅相学家怀疑他们原创出来的假说，反而去削足适履地讽刺笛卡尔，公然宣称笛卡尔配不上"伟大思想家"的美誉。

② 奥利弗·霍姆斯（Oliver Holmes），美国著名法学家，1897 年发表的演讲《法律之路》（*The Path of the Law*）被誉为美国法律史上最令人惊奇的神话。——译者注

一个人的智慧有多少，你只要在他的头部摸一摸，看有几块隆起就可以了。这就如同在你想知道保险箱里有多少钱时，看看柜门上的锁有多重一样简单”。[5]然而，真正的知识是从我们所犯的错误中产生的，就像炼金术最终把人们引向了化学一样，颅相学的失败同样也引领科学界去研究大脑本身的普遍规律，而不是仅仅局限于固化的个案研究。

惠特曼是他那个时代的一位虔诚的科学家，①与颅相学有过一段渊源。他把自己参加的第一节颅相学讲座称为“在我们生命中注定要去听的一节课，虽然它真可谓装模作样与无稽之谈的集大成者……我们并不是非要坚称颅相学没有半点真知灼见，但是说句公道话，福勒先生（Mr. Fowler）所宣称的颅相学的理论无懈可击，这一点是再荒谬不过的了”。[6]然而，10多年后，就是这位福勒先生让曼哈顿的福勒韦尔斯出版社（Fowler and Wells）成了《草叶集》第一版的独家经销商。除了这家出版社，惠特曼找不到任何其他地方愿意发表他的诗集。一方面，惠特曼似乎放弃了“颅相学是愚蠢的”这一判定，甚至一反常态地参加了几场颅相学测试②；但另一方面，他的诗歌却又坚决地否定了

① 尽管惠特曼热爱学习科学，但他却从来不会不加审视、不加批判地去接受科学发现。在笔记中，惠特曼提醒自己，一定要不断地对科学实验的可靠性保持怀疑态度。他说：“在科学或类似领域的引用过程中，要记住，地质学、历史学和语言学等一直都在不断变化。要小心谨慎，注意只能把在未来几个世纪中也必然适宜的东西放进去。”

② 参加颅相学测试的不仅仅惠特曼一人，从马克·吐温到爱伦·坡，大部分人都参加了这类测试，艾略特甚至为此剃了头发，因为这样才能让颅相学家更加准确地诊断她的颅骨凸起。

颅相学的基础理论。像对待笛卡尔那样，颅相学家只在人类头部寻找灵魂，迫切地想把心智简化为颅部器官导致的物理活动。惠特曼认识到，这些简化法建立在一个十分明显的失误上。这些科学家忽视了身体的细致微妙，于是也就不可能体味到一个人的灵魂的变幻莫测。诚如《草叶集》只能“在整体上，在它纷纭叠合的聚集中”[7]才能够被洞彻一样，惠特曼认为自身的存在“是不能够通过身体的局部而被理解的；相反，身体只有在作为一个整体时才能够被领悟”。这就是惠特曼的诗性哲学经过发展后所昭示的观念：人类是不可拆分的整体，身体和灵魂水乳交融。不仅如此，惠特曼还曾对身体与灵魂分离的观点进行质疑：“为什么非要把身体归为一种外形，那是什么论调？我的身体可不是一具冷冰冰的躯壳。”

所有的诗歌源于自己，身体就象征着自然

惠特曼对于身体的超验性持有一种信念，这种信念是在爱默生超验主义的影响下形成的。当惠特曼还是布鲁克林的一位为生计奔波的记者时，爱默生刚刚开始创作关于自然的演讲稿。当时，爱默生作为一位讲道者已经丧失了对一神论的拥护立场，比起为一个高高在上、落落寡合的上帝做宣讲，他更醉心于探究自己心智的奥秘。他厌恶有组织性的宗教，因为这类宗教会把灵魂束之高阁，将之驱逐到遥远的天边，而不是在“平凡、底层、熟悉的事物”中发现灵性之美。

倘若没有爱默生的神秘主义，惠特曼的诗歌很有可能不会出现。惠特曼曾经这样说过："我曾在文火上徐徐地煮啊，煮啊，煮啊，是爱默生让我沸腾起来的。"[8] 惠特曼从爱默生那儿学会了相信自己，从自己身上找到了对博大精深的奥秘的那份亲密体验。然而，如果爱默生的伟大在于他的隐晦含糊，在于他把"Nature"（自然）这个词的首字母进行大写，从而捍卫其崇高的地位，那么惠特曼的伟大则在于他的直接。**惠特曼的所有诗歌都源于他自己，他的身体就象征着自然。**

此版画刻于1854年7月，用在了《草叶集》第一版的扉页上

尽管惠特曼与爱默生共享同一种哲学，但他们却是截然不同的两种人。爱默生有着棱角分明的颧骨和瘦长骨感的鼻子，看上去像一位清教牧师。他是一个崇尚孤独的人，总是容易自我沉溺

而不能自拔。他在《自立》(*Self-Reliance*)一书中坦承:“我喜欢仪式进行之前寂静的教堂。”[9] 他在日记里写道,他喜欢人类,但不喜欢人群。当想要思考时,他会独自在森林里久久漫步。而惠特曼则是“宽宽的肩膀,皮糙肉厚,眉毛好像酒神巴克斯,胡子好像森林之神萨蒂尔或者一名老兵”[10]。他的宗教信仰来自布鲁克林,来自那儿灰尘遍布的街道和马车夫,来自那儿的大海和水手,来自那儿的母亲们和男人们。这些形形色色的人,这些为惠特曼提供感官愉悦的民主国度中的公民让他着迷。就如同对他号称异常准确的颅相学测试所推测的那样,① “他性格的主要特征可以概括为友善的、怜悯的、崇高的和自尊自爱的。但值得注意的是,这些特点混杂在惠特曼其他诸多特点之中,比如傲慢无礼这一危险的缺陷,崇尚肉体享乐和口腹之欲带来的欢愉,对自身由某种动物野性所驱使的铤而走险的放任,可能还包括对他人传统观念的不屑与蔑视”。[11]

惠特曼第一次听说爱默生这个名字是在 1842 年。当时,爱默生刚刚开始他的巡回演讲,正极力推广他的新书《散文集》(*Essays*)。在纽约《晨光》杂志(*Aurora*)上发表的文章中,惠特曼把爱默生的演讲称为他所听到过的“最丰富、最美妙的作品”。[12] 使惠特曼最着迷的是,爱默生向新一代美国诗人——那些表现得称职的诗人所提出的恳请:“诗人应该把具体事物与整体的大‘象’重新连接在一起。”[13]

---

① 惠特曼缓和了他对颅相学的意见是有原因的。其中一个原因就是,按照颅相学的理论来说,惠特曼拥有一个非常优秀的颅骨。他几乎在每一项颅相学的特征得分上近乎满分。而奇怪的是,他得分最低的两项却是曲调感和语言能力。

但是惠特曼当时还没有准备好去做诗人。在接下来的10年中，他继续在文火下酝酿着，他以《布鲁克林鹰报》（*Brooklyn Eagle*）和《布鲁克林自由人报》（*Freeman*）记者兼编辑的视角观察纽约。在文章中，他写罪犯，写废奴主义者，写戏剧明星，写新修建的富尔顿渡口（The Fulton Ferry）。《布鲁克林自由人报》倒闭后，惠特曼去新奥尔良旅行，在那里，他目睹了拍卖市场贩卖奴隶的情景——“他们的身体被禁锢在金属锁链下”。他坐着明轮船①航海到了密西西比，领略到了美国西部的广袤，领略到了“美利坚合众国本身就是一首最伟大的诗篇”。

在成为一位失业记者的艰难时期，惠特曼才开始创作一些诗歌片段——在廉价的笔记本上草草记下一些四行诗和韵文。除了自己，惠特曼没有其他读者，这使他能够更加自由地尝试、实验。在其他诗人都还在诗歌中细数着有多少个音节的时候，惠特曼写下的行行诗句中却充斥着由现在分词、身体部位以及情色的隐喻所组成的斑斓而杂乱的蒙太奇画面。

惠特曼的诗歌摒弃了严格的韵律，因为他希望自己诗歌的表现形式能够反映自然，表达那些“内部有着自己构造原则的生机勃勃”的思想。正如爱默生在许多年前所坚持推崇的那样：“哦，诗人，你不要怀疑，请坚持到底！请告诉世人，‘真理就在我的身体中，它就将出现’。”[14]

---

① 明轮船（side-wheeler），在船的两侧安轮子的一种船，由于轮子的一部分露在水面之上，因此得名。——编者注

于是，在他的国家逐渐走向四分五裂时，惠特曼首次提出了一种新的诗学观，这一诗学观秉承了他所提出的那种难以名状的奇异性。惠特曼是一位史无前例的、具有自我意识的“语言制造者”。惠特曼常常不按套路出牌，诗歌中往往充斥着怪异的韵律（比如，“sheath’d hooded sharp-tooth’d touch”这句①）。他发明了很多动词（比如，“unloosing”“preluding”“unreeling”②）。他拉出了长长的解剖词汇清单③，并表现出了一种对人类肢体和器官特殊的痴迷与钟爱。除了做真实的自己，他不想成为任何其他的什么人。再有就是，作为诗人的他居然痛恨音节。在英文语言史上，还没有哪位诗人为读者做好了足够的铺垫，而让他们敞开心胸去接受惠特曼的这些怪癖。可以说，就连他一反常态的诗歌本身，都让惠特曼这个怪人以一种完全原创的方式走到了荒谬的极端，从而自成一派。这一切都是因为惠特曼唯一模仿过的人就是他自己。

尽管惠特曼拥有这么多不为人所理解的原创性，但他的诗歌还是难以摆脱那个时代的烙印。他热爱政治，推崇性爱，还热衷于权势。而正是在美国胶着的南北战争中，惠特曼为所有这些主题找到了用武之地。“我写的书与美国南北战争是合二为一的。”

---

① 出自《草叶集》第 29 篇，意为“盖覆着的尖牙利齿的接触呀”。——译者注

② “unloosing”“preluding”“unreeling”是惠特曼自创的词，分别由“loose”（放任，松散）、“prelude”（预兆）、“reel”（卷起）加前、后词缀构成。——译者注

③ “肺的海绵体、胃囊、芳香洁净的肚肠，在头盖骨里面的大脑的褶襞，同情、心瓣膜、腭瓣、性爱、母爱……”

惠特曼曾放言道。在诗句中，他竭力想要统一他那个时代的不可调和性——南北方的对峙、奴隶主与奴隶的矛盾、身体与灵魂的对立。正是在那时，他的诗句第一次突变成了自由体。只有在他的诗歌中，一直在绝望中徘徊的惠特曼才能寻获他所追求的和谐：

我是肉体的诗人，
也是灵魂的诗人，
我与大地的奴隶同行，也与奴隶主同行，
我站在奴隶主与奴隶之间，
熟悉了双方，那么双方都会理解与我相像的人。[15]

1855 年，在经历了“闲散式写诗”的那些年月以后，惠特曼终于出版了他的诗集。他搜集了“叶”——出版界人士所欣赏的成分，还有“草”——出版界人士认为几乎毫无价值的成分。用这“草”与“叶”，他创作出了一本版面修长、用布条捆绑装订起来的诗集。整个诗集只有 95 页。惠特曼把他的第一版诗集寄给了爱默生。爱默生给他回了一封信。据说，整个夏天，无论走在布鲁克林的哪个角落，惠特曼都把这封信放在贴身口袋里。那时的惠特曼还是诗人里的无名小卒，可爱默生已经是一位威望颇高的哲学家了。在美国文学史上，爱默生写给惠特曼的信堪称最慷慨的赞誉之一，“亲爱的先生”，爱默生这样开始了这封信：

《草叶集》这份珍贵礼物的价值，我岂能视而不见？我觉得诗集思想深刻、极富智慧，乃是美国有史以来最杰出的作品。拜读之际，喜不自胜。正如大才子都使人喜悦一样，它与我长期以来对大自然持有的态度不谋而合（大自然显得贫瘠而吝啬），仿佛过分矫揉造作或生性懒散正在使我们西方的才子们变得既肥胖又平庸似的。我喜欢你自由而勇敢的思想，我喜欢极了……在你的伟大事业伊始之际，我谨向你致以祝贺。[16]

惠特曼这种性格的人可藏不住来自文学界大师的褒奖。爱默生写的这封信被惠特曼发给了《论坛报》（*Tribune*），后来还被收录在《草叶集》第二版中。但是到了 1960 年，爱默生可能开始后悔他对这一文学作品的认可表态了。惠特曼在《草叶集》中加入了情色意味浓重的组诗《亚当的子孙》（*Enfans d'Adam*），这一组诗包括《从被抑制的疼痛的河流》（*From Pent-up Aching Rivers*）、《我就是那个渴望性爱的人》（*I Am He that Aches with Love*）和《处女膜哟！有处女膜的人哟！》（*O Hymen! O Hymenee!*）3 首诗。爱默生想让惠特曼把这些关于性爱的诗歌从新版诗集中删去。（显然，“自然”的某些方面仍需要经过审查。）两个人在波士顿公园漫步时，爱默生很明确地表达了自己的担忧，他怕惠特曼陷入危险的境地，被自由之爱中那晦气的异端邪说所纠缠。[17]

尽管惠特曼当时还是一位无名诗人，但他却非常固执己见——他坚持《亚当的子孙》必须保留下来。他说，这种删除行为就如同“阉割”一般，“当一个男人的阳刚之气被剥夺了以后，他又将陷入一种怎样的境地呢”。[18] 对于惠特曼来说，性爱揭示了我们不同的存在形式，让我们的不同表现形式实现了融合。通过性爱，肉体的冲动升华成了一种灵魂的感受。在为《草叶集》所作的最后一篇序言《过去历程的回顾》（*A Backwards Glance over Traveled Roads*）中，他回忆起自己诗歌的主题是与爱默生交谈的结晶。尽管惠特曼承认自己的诗歌是“对性爱和恋爱以及肉欲的公然歌颂”，但他还是相信自己用艺术“把这些对身体的比喻引入另一种光辉与氛围中去了”。科学与宗教可能只看见了身体让人感到羞耻的那部分，但是诗人，特别是热爱事物整体性的诗人明白，“人类的身体和灵魂必须保持完整统一”[19]。“那就是在波士顿公园古老的榆树下，我的脑海和我的心灵深处所感受到的。当时，我仅以沉默来回应了爱默生激昂的辩论。”惠特曼坚持己见。

尽管惠特曼从这次谈话中获得了关于“性爱”之意的启发，但是对于自己与爱默生的这次漫步长谈，他还是感到心烦意乱。难道就没有一个人能够懂得他早期的作品吗？难道就没有一个人能够洞悉其中蕴含的哲学吗？“身体就是灵魂。”他已经写了无数篇，也以各种各样的方式表现过了。如果身体就是灵魂，那么为什么还是不能摆脱被审查的命运呢？就如他在《亚当的子孙》的核心组诗《我歌唱带电的肉体》（*I Sing the Body Electric*）中所写的：

啊，我的肉体！
我不敢遗弃那些具备你这样肉体的其他男人和女人，
也不敢遗弃那些具备你这样肉体的局部，

我相信像你这样的肉体将和类似的灵魂休戚相关，
（它们就是灵魂，）
我相信像你这样的肉体将和我的诗篇休戚相关，
它们就是我的诗篇。[20]

于是，惠特曼违背了爱默生的意愿，发表了《亚当的子孙》。正如爱默生所预言的那样，这组诗歌迎来的是人们的反对和义愤。一位评论家说：“《亚当的子孙》组诗简直是对体面和正派的冒犯，它粗俗得让人难以忍受！”但是惠特曼根本不在乎这些。像以往一样，他为自己写下了一些匿名评论。他明白，自己的诗歌要想经得起时间的考验，就不能在作品中遗漏任何东西。这些诗歌必须是率性之作、真实之作。

身体与精神彼此融合

1862 年冬天，在美国南北战争的腥风血雨中，惠特曼的哥哥在弗雷德里克斯堡之役（Battle of Fredericksburg）中负伤。惠特曼为了寻找他的兄长来到了弗吉尼亚州，这是他第一次来到战地前线。战争刚刚在几天之前结束，惠特曼看到“草地到处都被宝贵的鲜血染红了”。[21] 呛人的硝烟味还弥漫在空气中，久久未散。最后，惠特曼终于找到了美国联邦医院。医院的营帐被新挖的墓地围绕着，死者的名字歪歪斜斜地写在“陷在污泥里那些支离破碎的桶板和牌子上”。[22] 惠特曼在写给他母亲的信中说道：“在医院前面的树下，躺着一堆堆的手、脚和腿，还有其他。”[23] 那些肢体，那些刚刚被截下来的肢体正在腐烂。

目睹过弗雷德里克斯堡的那些死者以及濒临死亡的“活死人”后，惠特曼开始全心致力于帮助那些士兵。在接下来的3年中，他在联邦医院里志愿做起了一名包扎伤口的男护士，帮助过“8万～10万名伤员和病人，从某种意义上来说他是这些伤员精神和肉体的支撑者”。无论是盟军还是敌军的伤员，惠特曼都一视同仁。“我已经离不开他们了，”他写道，“过不了一会儿，就会有一些还是孩子或少年的伤兵因疼痛痉挛而抓住我。我会倾尽全力去帮助他们。”惠特曼会握住受伤士兵们的手，会榨柠檬汁给他们喝，他还会给他们买冰激凌、香烟和新内裤。有时候，他甚至会读诗给他们听。医生治疗的是他们的伤口，而惠特曼治疗的却是他们的灵魂。

在医院做志愿者的时光让惠特曼终生难忘。后来，他在《典型的日子》(*Specimen Days*)一书中回忆道：“那三年的（战争）时光是我一生中所上过的最深刻的一课。”[24] 在惠特曼的一生中，他从未感到过自己是如此有用，从未感到过自己“内心深处会如此持久地专注于什么”。“人们常常对我说，‘沃尔特，你简直为医院里的这些家伙带来了奇迹’。并不是这样的。我只是……为我自己带来了奇迹。”

像以往一样，惠特曼将这些体验转化成了诗歌。他告诉爱默生，他想写自己在医院里度过的时光，因为这段时光“不知怎的为我打开了一个新世界，给了我更加深入的洞察力以及不一样的新事物，让我探索了比以往更深的精神世界”。[25]《鼓声》（*Drum-Taps*）是一组描写战争的诗歌，也是唯一一组惠特曼没有改写润色过的诗歌。在这首诗中，惠特曼描写了自己在医院里每天都亲眼看见的残酷解剖：

就在那锯掉了手的臂膊的这一头，
我解开了那结硬了的布垫，揭去了腐肉，洗掉了脓和血，
伤兵又躺在枕头上，低垂着脖子，把头转过一边，
他的眼睛是闭拢的，脸是苍白的，
他不敢看那血肉模糊的残肢，
从不曾看过一眼。[26]

惠特曼眼睁睁地凝视着那带血的残肢——战争的流血场面震惊了他。在志愿加入帆布帐篷的医院后，他目睹了手术刀下的血腥场景：“外科医生手术刀的微响，锯子割到人体时的‘嘶嘶’声、喘气声、惨叫声，还有飞溅的血液。”[27]在临死的士兵和无人认领的尸体所散发出的恶臭中，惠特曼铭记着，这些身体不只是一具具尸体，他靠这样的信念来慰藉自己。作为一名护士，惠特曼竭力治愈外科手术所触及不到的东西。他把这些叫作我们“最深层的沉淀”。

直到战争的第二年，也就是惠特曼刚刚开始学习如何用湿纱布包扎士兵在战场上留下的伤口时，医生们在治疗伤员时开始注意到一种非常奇怪的现象：在一名士兵的肢臂被截掉以后，他还是会感觉到自己失去的胳臂或腿的存在。病人说，这就像与鬼魂

生活在一起似的，他们自身的肉体又找了回来，神出鬼没地跟着他们。

医学忽视了这种综合征。毕竟，肢体和它的感觉神经已经不在了，已经没有什么可以再切除的了。但是一位医生相信这些士兵的怪异故事，他就是塞拉斯·威尔·米切尔（Silas Weir Mitchell）——费城特纳小巷医院里的“神经兮兮的医生”。除此之外，他还是惠特曼的好朋友。这位医生一生的大部分时间里都和惠特曼保持通信，彼此分享着对文学和医学的热爱。实际上，1878 年最终为惠特曼做出脑血管破裂的诊断，并给他开了“山间空气”作为药方的人就是威尔·米切尔。后来，威尔·米切尔在经济上对这位诗人提供了支持，连续两年多都给他每月 15 美元的资助。

但是在美国南北战争期间，在惠特曼以一名护士的身份忙于做护理工作的时候，威尔·米切尔则在努力弄清楚这些幻肢到底是怎么一回事。葛底斯堡战役让他接触到了整所医院的截肢病人。在他的医护日记中，威尔 ·米切尔开始描述各种各样的“感官幻灵”（sensory ghosts）。肢臂的缺失对于有些病人来说感觉很不真实，而其他一些病人则感觉很真实；有些病人为此很痛苦，而另外一些病人却没有痛感。尽管有些截肢的病人最终忘记了他们被截掉的肢臂，但绝大部分人还是能够“更加鲜活、肯定、深刻地感觉到他们失去肢臂的存在，甚至这种感觉比对真实存活下来的另一个肢臂的感觉还要强烈”。[28] 这幻觉似乎要比身体的真实感觉来得更真实。

尽管威尔·米切尔相信他是记录这一现象的第一人，但事实却不然。早在 12 年前，赫尔曼·梅尔维尔（Herman Melville）就在《白鲸》（*Moby-Dick*）中赋予了被咬船长亚哈以一个感官幻灵。亚哈失去了一条腿（白鲸把他的腿吃掉了），在该书的第 108 章中，他找来了一位木匠为他量身定做了一条鲸骨做的假腿。亚哈告诉木匠，他仍能感觉到自己那条被截掉的腿——"虽然看不见，但不能穿透"。[29] 他的幻肢就像个"伪装"一样。"看吧，"亚哈说，"把你的好腿装在我原来那条腿的地方。于是，现在我眼见的就只有这一条明晃晃的腿了，但是我的灵魂却在这里看见了两条腿。在这个地方你会感受到这生命给你的刺激。在这里，就在这里，丝毫不差，我就是这么想的。难道这不是一个谜吗？"

威尔·米切尔不知道梅尔维尔的这一先见，也从未引用过亚哈的这一身体状况作例。他把自己对这一神秘现象的观察发表在了两本神经学教材上。他甚至在 1864 年为这种现象发表了一篇特殊公告，外科军医长官办公室将其分发到了其他一些军医院。但是威尔·米切尔深感自己受到了医学报告上干瘪的诊断性语言的限制。他认为，医院中这些士兵的经历和体验带有深刻的哲学意味。这些士兵感官的幻灵性充分说明惠特曼诗歌中所说的——我们的身体与我们的精神是彼此融合的。当你切割肉体的时候，也同样在切割灵魂。

于是，威尔·米切尔决定写一篇匿名短篇小说，以第一人称叙述。①1866年，在《大西洋月刊》(*The Atlantic Monthly*)上发表的《乔治·德德罗案件》(*The Case of George Dedlow*)中，威尔·米切尔将自己想象为一名在奇卡莫加战役上负伤的士兵，双腿和双臂都被射伤了。主人公德德罗在剧痛中昏了过去。

当德德罗醒来时，他在医院的营帐里。他的四肢已经一个都不剩了——它们全部被锯掉了。德德罗把自己形容为一具“什么都干不了的躯干，已经不成人形了，而是更像一种奇怪生物的幼虫”。但是，即使德德罗现在已经没有四肢了，但他仍旧感觉得到自己四肢中的每一个。他的身体仿佛变成了一个鬼魂，然而其对身体的感觉却像以往一样真实。威尔·米切尔通过参考大脑意识的某种特性解释了这一现象。因为大脑和身体是相互连接的，所以大脑还像以往一样保持着“对失掉的(身体)部分的意识，即使是不够完整的意识。对他已经失掉的部分的这份感觉，在这个人的占有意识中还是被保留了下来”。威尔·米切尔相信大脑依靠身体维系它的感觉和自我身份的确认。一旦德德罗失掉了自己的四肢，他会“惊恐地发现，不像我曾经清醒时那样，有时我竟渐渐意识不到自己了，意识不到我自己的存在了……于是，我得到了结论，一个人并不等同于他的大脑或者任何一个局部，而是他的整个身体，失掉了任何一部分必然会削弱他的存在感”。[30]

在威尔·米切尔的短篇小说中，他想象出了一个惠特曼式的

① 在生命的后半段，威尔·米切尔想要完全抛弃医学，全心投入小说与诗歌的写作中去。他的小说《休·怀恩》(*Hugh Wynne*)描述的是一位辉格党人在美国大革命中的经历与体验，这本小说尤为畅销。

生理学图景。既然灵魂就是肉体，肉体就是灵魂，那么失掉了身体的一部分就相当于失去了灵魂的一部分。就像惠特曼在《自己之歌》（*Song of Myself*）中所写的，“一者缺则二者俱缺”。精神是不能够从物质中脱离出去的，精神与物质这两种看似相互对立的东西是不可思议地交织在一起的。惠特曼在《草叶集》的第一页就很清楚地交代了这二者在我们身上的统一性，他把这种诗性的主题描绘成：

我从头到脚歌唱生理学，
值得献给诗神的不只是相貌或大脑，
我是说整个结构的价值要大得多。

战后，威尔·米切尔的临床观察却陷入了一片迷茫之中。因为幻肢理念找不到任何物质上的解释，于是医学一直未对这一现象做过多的关注。只有威廉·詹姆斯追随了威尔·米切尔提出的超自然假说，并于 1887 年发表的一篇题为《失去肢臂的知觉》（*The Consciousness of Lost Limbs*）的文章中表明了这一点。[①]

作为哈佛大学的第一位心理学教授，威廉·詹姆斯向上百个被截肢者发放了一份简短的问卷，问卷关于他们身体失去的部分

① 遗憾的是，又过了 30 年，在经历了又一场血腥的战争后，感官幻灵学说才被重新发现。1917 年，面对第一次世界大战中被残害的士兵的状况，神经学家约瑟夫·巴宾斯基（Joseph Babinski）描述了自己那个版本的感官幻灵，但他既没有提到赫尔曼·梅尔维尔，也没有提到威廉·詹姆斯或威尔·米切尔。

设置了各种各样的问题（例如，“你现在还能对自己的肢臂感知多少”“通过用力去想象这个部位已经被移除，你能让自己感到它已经被挪到其他地方了吗”）。[31]

威廉·詹姆斯的调查结果只验证了有关感官幻灵方面唯一一个可信的事实——失去肢臂的体验没有一个普遍适用的模式。每一个身体都被赋予了它个体的意义。“我们永远不能够从这些过程中找到一成不变的结果，”威廉·詹姆斯写道，“我们精神生活的每一条经验性定律都存在着一些特例，这些特例只能作为人们的个体差异对待。”小说家亨利·詹姆斯①可谓与威廉·詹姆斯志同道合，他曾经写道：“失掉的东西是在场的。”那份在场属于我们自己。

感觉产生于大脑与身体的交互

尽管惠特曼对肉体的推崇使他的作品招致了审查，但也深深地影响了他那个时代的思想潮流。他的自由体颂诗不但把身体与灵魂活色生香地结合在了一起，而且促成了心理学领域一个与之相平行的发现。威廉·詹姆斯不仅是惠特曼的忠实崇拜者，还是第一位意识到惠特曼的诗歌是真实无误的科学家。他坚信惠特曼的诗歌所怀有的信念——身体是感受之源。肉体不只是我们能够

① 亨利·詹姆斯，19 世纪末、20 世纪初的美国小说家，以其对心理描绘的深度、细腻的文笔和复杂的叙事结构闻名，被誉为现代主义文学的奠基人。——编者注

感受到的其中一部分，它就是感受本身。惠特曼先知般地吟诵："看哪！意义就在你的身体里，灵魂便是你的身体。"

在威廉·詹姆斯的一生中，他喜欢大声朗读惠特曼的诗歌，并深深地感受到"本体存在的情感热烈而神秘地弥漫在他的字句中"。[32] 威廉·詹姆斯发现，惠特曼是一位"当代的先知"[33]，能够"摒弃通常意义上的人类差异"。据威廉·詹姆斯说，惠特曼在对身体的诗性探索中发现了"一种内在的纤维……这个世界上从前已经或以后将要发生许多兴奋、快乐和意义绵长的事情，而这些纤维则被织入了所有这些事情中"。[34] 总之，惠特曼了解我们的感受。

威廉·詹姆斯和惠特曼可谓英雄所见略同，这并不奇怪。毕竟，他们的理念源于同一个人——爱默生。1842 年，当爱默生到纽约市巡回演讲时，他的题为《诗人》的演讲被当时作为记者的惠特曼在报纸上大加赞赏，这位记者把爱默生"节拍本身就颇具争议"这句话当真了。在这个城市里，爱默生还见到了老亨利·詹姆斯——神秘主义的业余爱好者兼批评家，还被老亨利邀请到了他在纽约的住处。威廉·詹姆斯是老亨利的长子，那时他刚刚出生。传说爱默生为摇篮中的威廉祈了福，还做了他的教父。

不管是真是假，这个故事准确地反映了美国文学史。威廉·詹姆斯继承了爱默生的哲学传统。实用主义是威廉·詹姆斯创造的一种独特的美国式哲学，它在某种程度上可以说是对爱默生怀疑论神秘主义的一种系统性综合。就像爱默生和惠特曼一样，威廉·詹姆斯总是喜欢在19世纪科学装模作样、故弄玄虚的仪态下标上一排着重号。他觉得，人们不应该再把科学理论看作自然之镜了，他把这叫作“真理的临摹版本”。相反，人们应该把事实看作工具，这些工具会“帮助我们在自己与所经历的事物之间获得一种融洽的关系”。威廉·詹姆斯写道，一种想法之真在于其用，在于它的实用价值。因此，按照实用主义者的观点，一位务实的诗人可以如同一项精确的实验一样做到真实确凿。重要的是，它能让我们的现实生活产生“实实在在的改变”。

然而，在威廉·詹姆斯成为一位哲学家前，他曾是一位心理学家。1875年，他在哈佛大学创立了世界上首个心理学实验室。尽管威廉·詹姆斯当时已经是医学院的成员了，但他并不想为“铜管乐器式心理学”（大杂烩式的心理学）付诸实践。那时出现了一些新型科学方法，它们竭力想用基本感觉的综合来量化精神，上面那个有趣的名字就是威廉·詹姆斯在批评这些方法时所提出的。物理学家为宇宙所做的，心理学家同样也想在意识领域中予以完成，甚至连心理学词语都是直接从物理学中挪用来的：思维有一个“速度”，神经有一种“惯性”，精神只不过是在做一种“机械式的条件反射”。威廉·詹姆斯一向鄙视这种为了简化而拙劣地照搬照抄，他觉得这类论据一点用处都没有。

威廉·詹姆斯对这种新型心理学也不是很在行。他在《心理学原理》[①] 中这样写道：“这种学说只对一些富有耐性和异常精确

① 《心理学原理》（*The Principles of Psychology*）是威廉·詹姆斯于1890年出版的一部心理学经典著作，被誉为现代心理学的奠基之作。——编者注

的大脑有效。”[35] 而且，威廉·詹姆斯认识到，自己的大脑既不是很有耐性，也不是异常精确。比起答案，他更热爱问题本身；比起理性的约定俗成，他更热爱信念指引下的不确定性。他想要把宇宙叫作多元世界（pluriverse）。在心理学实验中，威廉·詹姆斯被精神简化法所忽略的这一现象深深地吸引住了，即在精神中哪些部分是不能测量的。

对不可测量之物的寻找直接导致威廉·詹姆斯对感觉产生了诸多疑问。他说，我们的主观情感是我们存在中的“非科学的那一半”。① 因为我们是以整体意识体验和感受着感情的，我们体验的并不是各种孤立的感觉相加的总和，所以，把情感拆分开来（就像科学一直尽力去做的那样）就是把它变得不真实。威廉·詹姆斯写道：“要求把情感像原子那样拆分开来简直就是妄想，这真是个天理不容的比喻。

在经过训练之后，我们似乎能够理智地看清混乱的困惑。而从实际生活的经验上看，没有任何事实表明它是这样的，因为我们大脑中的实际内容都是以‘合奏’（铜管乐器式心理学）的形式出现的。”[36]

---

① 作为一位实用主义者，威廉·詹姆斯还相信，支撑我们大多数信念的动机是感情，而不是纯粹笛卡尔式的理性。在《信念之意志》（*The Will to Believe*）中，威廉·詹姆斯提出：“我们对真理或谬论所持有的责任感总归都是我们激情生活的种种表达……客观的论据和必然性无疑是使我们在上面尽情蹦跳嬉闹、无忧而眠的好床垫和好枕头，然而在这月色朦胧、梦想萦绕的星球上，它们又能在何处找到根基呢？”尽管威廉·詹姆斯激起了一场火药味十足的争论，但他所做的也只不过是把大卫·休谟（David Hume）的理论——“理智是，并且就应该是激情的奴隶”转化成一个逻辑结论而已。

“合奏”在这里是一个关键词。正如惠特曼在30年前所写的，“我不会立足于被拆分出来的某一感官的局部来作诗，但是我可以立足于它们的集体‘合奏’来作诗”。[37] 在威廉·詹姆斯内省时，他意识到惠特曼的诗歌展现出了一个基本真理：我们的感觉是在大脑和身体互动的过程中产生的，而不是从其中任何孤立的一方中产生的。这一心理学理论是惠特曼以明晰而简练的口吻提出来的，其首次出现是在1884年发表的名为《什么是情感？》(*What is an Emotion?*)① 的文章中。像惠特曼一样，威廉·詹姆斯总结道，如果要把意识与身体割裂，“就不剩下什么了，于是也就更没有什么‘精神素材’可以用来组成情感了”。[38] 像通常一样，威廉·詹姆斯的实验素材取自日常体验。他用着从真实生活中直接提取出来的鲜活事例来支撑自己的论辩，比如在森林里遇到一只熊。他说：“我们看到这只熊后，如果身上不涌现心脏狂跳、难以呼吸的感觉，如果我们的嘴唇都不颤抖一下，四肢也没有乏力，既不起鸡皮疙瘩，也没有身体内翻江倒海的感觉，那么所谓的‘恐惧’又算是哪门子情感呢？”威廉·詹姆斯的答案很简单：“没有身体就不会有恐惧，因为情感始于对身体变化的感知。一旦事情涉足我们所谓戏剧化情感的领域时，肉体就是这场戏剧的舞台。”

乍看上去，这一关于情感的理论好像是极端物质主义的产物，它的目标是把情感简化还原成一种物质状态。但是威廉·詹

① 在威廉·詹姆斯发表该文章一年后，丹麦心理学家卡尔·朗格（Carl Lange）提出了一个与之类似的关于身体和情感的理论，因此科学家将这一理论称为詹姆斯–朗格情绪说。

姆斯所持有的正是相反的观点。威廉 · 詹姆斯被惠特曼对“统一”所持有的诗性感觉所激发，相信我们的情感是在身体和大脑持久的交互中产生的。恐惧不能从肉体中被抽离出去，同理，恐惧同样也不能从人的精神中被分离出去，因为精神会赐予肉身以意义。而结果就是，科学不能在不考虑人类意识的情况下就给“感觉”下定义，因为感觉正是意识的“表亲”。威廉 · 詹姆斯警告他的读者说：“别把这种观点称为物质主义。”他还说：“不管感官幻灵具有什么样的生理基础，我们的情感必须在内部原封不动，保持它原有的贞洁。如果它们是隽永而纯洁的，那么遭到当今感官理论的染指后，这份情感将不再隽永、纯洁，不再闪耀着灵性的光辉，也将不再可贵。情感自有衡量它们内在价值的标尺。”

我们就是诗歌，是从身体与精神结合中萌生的诗歌

现代脑神经理论已经发现了惠特曼诗歌中潜在的解剖学知识。它的实现不仅得益于惠特曼的诗性假想——“感觉滋生于肉体”这一观点，还得益于他精确地找到了与之相连的相关神经和大脑区域。达马西奥在相关的“感觉病原学”（etiology of feeling）研究方面做了大量工作，他把这个过程叫作“身体循环”（body loop）。在他看来，精神暗中跟踪着身体，我们从自己的身体中窃取着自身情绪的情报。

大脑是如何通过我们的物质躯体生成那些具有形而上学性质

的感觉的呢？据达马西奥解释，身体在准备行动的瞬间觉察到一个“情感刺激物”（比如一只熊），大脑将自动在“身体的内部脏器”中激起一系列连锁反应的波澜——心脏开始怦怦跳，动脉血管开始扩张，肠道开始收缩，肾上腺素涌入血管。然后，大脑皮层会觉察到这些身体上的变化，并把以上这些生理感觉与精神层面上的恐惧联系起来，而更有意思的是，最开始引起这些生理变化的东西正是这一恐惧。**想法与肉体、身体与灵魂的融合——这最后的综合性精神景象才是我们所完整感觉到的。**因此可以说，这一观念是一种在身体血管中流动的思想。

在达马西奥杰出的事业旅程上，他的病人有的大脑受过伤，并因而失去了身体与大脑的协调性。达马西奥记录了这些人的生活。尽管他们还保持着完整的感官能力，但是不能把这些感官感受转化成情感。心脏的剧烈跳动从来不能在他们那里转化成恐惧感。因为精神已经与肉体分离，病人如在蚕茧的束缚中麻木度日——他们甚至对自己的这个悲剧都麻木了。

达马西奥的研究详细地说明了我们世俗情感存在的必要性。他的结论保持了惠特曼的一贯风格。“身体的贡献并不仅仅是单纯地维持生命，”达马西奥写道，“它为生命提供了一个具体内容，这个内容既是精神运作的一部分，也是精神耕耘的田地。”[39] **事实上，就算身体没有产生什么真正的变化，大脑也会潜移默化地诱导出一种身体变化，进而催生情感。达马西奥把这叫作“拟身体循环”（as-if body loop），因为大脑会做出反应，就如同身体**

真的经历了一个货真价实的外界事件。通过对某一特定身体状态的想象，比如快速的心跳、肾上腺素一阵上涌，精神可能会萌发出某种专门对应它的情感。

达马西奥最惊人的一项发现就是身体是理性思想的根源。[40] 尽管我们往往认为情感会干扰理智，但是事实证明，达马西奥那些失去情感能力的病人同样没有能力做出理智的决定。经受过脑损伤的折磨后，所有患者都开始在行为上显示出让人忧虑的变化。有些人做了非常糟糕的投资决定，结果以破产告终；有些人变得不诚实，并且危害了社会安宁；他们中的大多数人会把大把时间花在仔细斟酌那些无关紧要的细节上。达马西奥的观点是，他们失意的生活是理智需要情感、情感离不开理智这一相互依赖关系的鲜明例证。（正如尼采所说：“你身体中所蕴含的判断力要比你最佳的智慧中所蕴含的更多。”）[41]

当然，基于几位神经症患者的例证就对大脑做出概括性肯定是以偏概全的。为了理解身体循环在一个正常大脑中是如何正常运转的，达马西奥构思了一个独特、巧妙的实验，并把它命名为“博彩测验”。实验的过程如下：实验对象——赌局的玩家，会得到 4 副纸牌，两黑两红，还有价值 2 000 美元的玩具币。每张牌都会告诉他，他不是输了钱，就是赢了钱。实验对象根据指示，他要从 4 副牌的一副中选一张翻过来，目标是以这种方式挣到尽量多的钱。

但是纸牌并不是随机分配的。达马西奥暗中操纵了这场赌局。其中的两副纸牌中带有高风险的牌。这两副牌的报酬更丰厚（100 美元），但是同时也包含了极重的金钱惩罚（1 250 美元）。相比之下，另外两副牌则比较保守。尽管它们的报酬少一些（50 美元），但选择了这两副牌的任何玩家很少会受到惩罚。如果这些玩家只选择后两副中的牌，那么从逻辑上说，他们会在赌局中领先。

一开始，选牌的过程完全是随机的。玩家没有任何理由对任何一副特定的牌持有偏好，于是他们为了寻找赚钱的规律而尝试了抽取每一副牌。平均来看，人们在通过摸索确定盈利更多的那副牌之前，要尝试翻起大约 50 张牌。在平均概率上，一位普通的实验对象一般会在翻起大约 80 张牌之后才能解释为什么他们偏爱那副牌。由此看来，逻辑彰显的过程是缓慢的。

但是达马西奥对逻辑不感兴趣，他的兴趣在于身体。他在实验对象的手上连接了电极，这样就可以测量出他们皮肤的导电率。（就如惠特曼在《我歌唱带电的肉体》中所写到的，“身体是带电的，我们的神经伴随着微量电压的起伏在歌唱”。）[①] 总

① 在惠特曼写作的那个时代，还没有身体随着带电离子产生脉动的例证。1786 年，路易吉 · 加尔瓦尼（Luigi Galvani）发现蛙腿在受惊时会产生痉挛，这在当时引起了激烈的争议。实际上，直到 1875 年，即惠特曼写完《我歌唱带电的肉体》的 20 年之后，英国利物浦市的一位医生理查德 · 卡顿（Richard Caton）才发现惠特曼是正确的，神经系统事实上是能够传输电流的。卡顿通过反射镜式电流计（一种新发明的能够感应低压神经元的设备）直接探索了动物裸露的大脑，向人们展示了这个以往看似不太可能的事实。

之，导电率更高的部位位于皮肤电反应信号最为“紧张”的区域。达马西奥发现，仅抽了 10 张牌以后，每当伸向那副牌时，实验对象的手就会变得“紧张”。当大脑还没有来得及完全明白这场游戏到底是如何运作时（而且对接下来的 40 张牌还很摸不着头脑），实验对象的手就预先“知道”了从哪一副中抽牌。而且更甚的是，当抽牌的手的电流越来越强时，实验对象就开始频繁地从“划算”的那副中抽牌。通过身体生成的无意识感觉会先于有意识的决定而产生，这似乎表明，是双手领导了大脑。

若惠特曼还在世，他一定会喜欢这项实验。在他那首《我歌唱带电的肉体》的诗歌里，他还感叹：“一个人用手抚摸时所引起的奇异的感觉。”[42] 但在达马西奥很久之前，惠特曼就懂得“精神从身体中所获取的就如同它给予身体的一样多”。[43] 这就是他细心聆听自己肉体的原因：这是他诗歌的发源地。

但是惠特曼还知道，他的诗歌不仅仅是对肉体的单纯歌颂。这一误解是维多利亚时期的批评家所犯的错误：这些批评家仅按照字面的意思去理解他的诗歌中涉及的性高潮和各种器官，而忽略了惠特曼真正的诗性哲学。惠特曼诗歌的寓意是，身体不仅仅是身体。就像草从泥土中生长出来一样，人的情感是从肉体中生长出来的。惠特曼想揭示的是，草和泥土、身体和精神，这两组不同的东西其实是不可分割的。你不可能为其中的一方作诗，而不去承认另一个的存在。就像惠特曼所宣称的那样：“我会让诗歌建立在物质根基上，因为我觉得这些诗歌充满了灵魂的气息。”[44]

惠特曼怀有一份信念，相信万物皆有灵性，甚至包括那些底层的东西。这份信念最终引领了他对科学中的那些事实的质疑。当与他同时代的那些物质主义者宣布身体只不过是进化了的机器，内部没有任何灵魂可言时，惠特曼则以他通常特有的怀疑主义精神对这一观点表示反对。他相信无论我们对自己身体的解剖知识了解多少，事物都还会保持一定的神秘，很难说清。这就是他作诗的原因。“为实用科学欢呼吧！”惠特曼写道，“绅士们哟！最崇高的敬意永远属于你们！/你们提出的事实是有用的/但它们并不是我的‘住所’/它们只不过是我走进住所所在的一块场地而已。”[45]

爱默生对米歇尔·蒙田①的评论同样适用于惠特曼：如果你割掉他的文字，它们会流血，“因为它们有血有肉，是活生生的”。[46]惠特曼的诗歌描写了我们解剖学意义上的真相。在他的艺术之镜中，我们看到了一个严峻的事实——我们自身存在的偶然性。从肉体中产生的情感？从灵魂中产生的肉体？我们的存在真是毫无意义。我们生活在一个矛盾体中。惠特曼暴露了这一真理或这一真相，然后，在紧接着的诗句中，似乎又接受了这个矛盾。他唯一的答案就是——没有答案。“我和这神秘之谜，我俩就站在这里。”[47]惠特曼曾这样说。这句话似乎道尽了玄机，也道尽了无奈。

① 米歇尔·蒙田（Michel Montaigne）是法国文艺复兴后期、16世纪人文主义思想家。《蒙田随笔全集》（*Les Essais de Michel de Montaigne*）是他的主要代表作。他还是启蒙运动以前法国的一位知识权威、批评家以及研究学者。——译者注

而接受矛盾却有它自己的后果。正如兰德尔·贾雷尔①在关于惠特曼的文章中所写的那样，“当你把矛盾的元素从艺术作品中排除出去后，你所摆脱的不仅仅是所谓的矛盾，而是连带着把包裹这一矛盾体的整个东西都抛弃了。是矛盾让这些作品真实地再现了我们的世界和我们自己，这是逻辑分明、井井有条的顺畅结构所达不到的真实，因为我们自身就充满了矛盾”。[48] 不管一件事情看上去充满了多少悖论，惠特曼始终相信自己的感受，于是他发现了我们解剖学意义上的真相。尽管要求审查惠特曼诗歌的呼声从未停止过，但他从未怀疑过自己的艺术中所蕴含的智慧。“以前我所猜想的东西，现在已经完全得到了证实。”[49] 惠特曼在《自己之歌》中写道。他所猜想的当然是：灵魂是由肉体构成的。

作为一位自诩为身体作诗的诗人，惠特曼的身体状况却很糟糕。尽管他一直在吹嘘“对他的健康状况的敏锐认识”，但在 1892 年早春时节——惠特曼去世之前，他的健康已经被多年的缺乏保养和疾病缠身所摧毁。托马斯·伊肯斯刚为过世的惠特曼做完模制遗容（death mask），医生们就为他做了尸体解剖。惠特曼身体内部的情景把他们都惊住了，他左侧的肺叶已经罢工了，右侧的肺叶只有 1/8 的部分似乎还能勉强工作。他在美国南北战争期间做护理时染上的肺结核让他的胃、肝、肾长期处于一种灼烧的状态。他患了肺炎，他的心脏都是肿大的。实际上，惠特曼最后唯一能够正常运转的器官就是大脑。就在惠特曼离世两个月以

① 兰德尔·贾雷尔（Randall Jarrell），20 世纪美国重要的诗人、文学评论家和翻译家。——编者注

前，他完成了《草叶集》最后一版的汇编工作——这成了他的“临终版”。像往常一样，他修改了以前的旧诗，又作了一些新诗。

1891年，惠特曼逝世几个月前的一张照片，由画家托马斯·伊肯斯（Thomas Eakins）拍摄

当惠特曼感到他的肉体——他那最为信任的缪斯渐渐抛弃了他时，他会想些什么呢？惠特曼已被死亡的阴影所笼罩，可是他还是以一篇新的序言开始了最后的这版《草叶集》：

来吧，我的“灵魂”说，

让我们来为我的“肉体”写几句诗吧，（因为我们是一体）。

这两句令人感伤的诗句就写在惠特曼唯一的诗集最终版本的开篇，它代表了从惠特曼诗性哲学中浓缩出来的精华：我们就是诗歌，我们就是那从身体和精神的结合中萌生出来的诗歌。那脆弱的结合体——这段仿若简短插曲似的存在，是我们所拥有的全部。为它庆祝吧！

第 2 章

自由的解释

“英国心理小说先驱”乔治 · 艾略特

—

PROUST

Was a

Neuroscientist

人们在诉说一些隐私时，
很少会将整个事情说出来，
很少有一点也不掩盖的或者
一点也不被误会的。[1]

——

简·奥斯汀

乔治·艾略特生于 1819 年，与维多利亚女王同年。她拥有多个名字：出生时叫玛丽·安妮·埃文斯（Mary Anne Evans）。而在她生命中的不同时期，她又是玛丽·安·埃文斯（Mary Ann Evans）、玛丽安·埃文斯（Marian Evans）、玛丽安·埃文斯·刘易斯（Marian Evans Lewes）、玛丽·安·克罗斯（Mary Ann Cross）。而在艺术世界中，她永远都是乔治·艾略特。她的每一个名字都代表了她生命中的一个特定阶段，反映出了她身份的些许改变。虽然她生活在一个女人很少能够享有自由的时代，但艾略特从不会限制自己的改变。没有什么财产可继承的她执意选择了写作的道路。为了成为一位散文家、翻译家，艾略特于 1850 年搬到了伦敦，其实她早在 17 岁就做出了成为一位小说家的决定。随后半年，她完成了第一部小说《阿莫斯·巴顿牧师的不幸遭遇》（*The Sad Fortunes of the Reverend Amos Barton*）。也就是从这部小说开始，她就是乔治·艾略特了。

艾略特为什么要写作？在 1872 年完成了杰作《米德尔马契》（*Middlemarch*）后，她在一封信中写道，她的小说“只是生活中的一系列实验——企图弄明白我们的思想和情感到底能够有何作为”。[2] 艾略特提及这些“实验”并不是任何巧合，她写的东西中没有一样是出于巧合。实验的每一个步骤都谨慎地将实证论与想象融合在一起、事实与理论融合在一起，这也是她的写作风格。亨利·詹姆斯曾抱怨艾略特的书中包含了太多科学知识，而缺乏艺术特性。[3] 但是亨利·詹姆斯误解了艾略特的写作手法。她的长篇小说是一些为真理服务的虚构作品，是在“时间所做的各种检验”下“对人类历史的观察审视”。艾略特总是想在她精心构思的情节中得到答案。

虽然艾略特现实主义的表现形式几乎是囊括了大千世界万事万物的百科全书，但她的小说最终关怀的却是人性。她想要“洞穿”人类生命中心的“细微进程中所蕴含的那份含糊不明”。作为一位朴素浪漫主义的批评家，艾略特总是以十分严肃的态度看待那些冷冰冰的科学事实。如果现实被一系列机械的动因所控制，那么生命是否也是一台构造精良的机器呢？我们是否只是游离于冷漠宇宙之外的一些化学物质和本能呢？自由意志是否只是一场精致的幻觉呢？

这些旷日持久的问题如同史诗一般，而艾略特所写的正是史诗般的小说。在维多利亚时代，她的小说把物理学和达尔文主义巧妙地编织在了充满地方政治和爱情情节的故事中。她迫使 19 世纪新兴的经验论知识与人类经验这一古老现实当面对峙。对于艾略特来说，这才是小说的目的所在：让我们对自己有一个“比常常改头换面的理论更加确切的”认识。**科学家总以为我们是遗**

传因素的链下囚徒，在这些科学家寻找我们生物学方面的"纹理"时，艾略特的艺术却辩驳说，大脑并不是"像切割过的大理石一样棱角分明"。她相信人性最基本的要素是可塑造的，就好像我们每一个人都能"运用意志让自己改变"一样。不管有多少基于机械论的科学问世，我们本质上的自由都岿然不动。

实用的科学理论不能完美映照现实

艾略特所在的时期是一个理性之花绽放的时代，那时，人类自由的问题成了科学辩论的中心。实证主义是由孔德①建立的一种新型的科学哲学，它向人们允诺了一块"理性乌托邦"的疆土。在这一乌托邦世界中，科学原理使人类的存在变得完美。正如由神话与仪式构建而成的神学世界已经让位于哲学世界一样，科学实验和钟形曲线（bell curve）同样也认为传统的形而上学已经过时而应该被淘汰。经过漫长的时间，自然之谜终将被完全解开。

人们很难抗拒实证主义所许诺言的诱惑。知识阶层开始张开双臂拥抱实证主义理论，统计师成了名流，每个人都在寻找测量的对象。对于年轻的艾略特来说，她的大脑中总是充满了新思想，而实证主义似乎更像是一个应运而生的信条。在一个星期天，她突然决定不再去教堂了。她确信，上帝不过是虚构出来

---

① 孔德，实证主义创始人，他创立的实证主义学说是西方哲学由近代转入现代的重要标志之一。——译者注

的，她所信仰的新宗教应该是理性的。

就像所有宗教一样，实证主义声称能够解释一切。从宇宙的历史到未来，对于实证主义来说，没有什么问题大到不可解决的程度。但是实证主义者面对的第一个问题，同时也是在很多角度上导致自身瓦解的问题，就是自由意志这一悖论。牛顿的重力理论使得天体中的月食动态变化过程变得神圣，这激发了实证主义者的灵感，他们竭力想要争取在人类的运行动态中发现一个与重力理论类似的规律。① 依照他们令人沮丧的哲学，我们每个人只不过是被看不见的线操控着的真人大小的玩偶而已。

这一人文科学的创始人是皮埃尔 – 西蒙·拉普拉斯 ②。他不仅是那个时代最著名的数学家，还担任过拿破仑的内政部长。③ 当拿破仑问拉普拉斯为什么他关于宇宙定律的 5 卷著作中对上帝只字未提时，拉普拉斯回答说，他“不需要做那种特定的假设”。[4] 拉普拉斯不需要上帝，因为他相信概率论（probability theory）——他坚信凭借自己这项奇异的发明，值得一问的所有问题都会迎刃而解，包括人类自由这一远古奥秘。

拉普拉斯是在他研究的行星运行轨道中得到概率论想法的，

---

① 牛顿没有那么天真，他说：“我能够计算天体的运行，但对于人类的疯狂却无计可施。”

② 皮埃尔 – 西蒙·拉普拉斯（Pierre-Simon Laplace），法国数学家、天文学家和物理学家，被誉为“法国牛顿”。——编者注

③ 拿破仑仅在 6 个星期以后就把拉普拉斯解雇了。他说拉普拉斯“把他那些关于无限小的物质的观念带到了管理中”。

但是他对天体运行论的兴趣远远不及观察人类所蕴含的运行规律那么大。拉普拉斯知道天文测量很少能够按照牛顿定律去运行。太空远不像钟表那么精准，而天文学家对它的描述则又一直是不一致的。比起人类看到的，拉普拉斯更相信天体的运行法则，他相信这种不规则的现象源于人类的失误。他知道，即使是两位天文学家同时根据观测结果绘制同一星球运行轨道的图表，他们的数据也肯定会不同。错不在于星体，而在于我们自己。

拉普拉斯的启示是，这些差异和分歧都可以克服，其中的秘诀在于将这些偏差进行量化。人们要做的只是标记出观察中出现的差异，然后运用最近发明的钟形曲线，找到最可信的那个观察结果就可以了。现在，我们完全可以跟踪行星的运行轨道。统计学就这样战胜了主观性。

然而，拉普拉斯的理论并没有局限于解释木星的轨道或金星的自转。在《关于概率的哲学随笔》（*Essai sur les Probabilités*）一书中，拉普拉斯试图将他为天文学创造的概率理论应用于其他更广阔的领域。他想向人们展示，人文科学是可以“理顺”的，数学不带偏见的逻辑会消除他们的无知。毕竟，天体力学中所蕴含的原理与社会机制中的原理相差无几。正如天文学家能够预测一个行星未来的运行轨道一样，拉普拉斯认为不久之后人文科学同样能够可靠地预知它自己的表现。一切尽在数据的计算之中。他把这项大胆的新科学称为“社会物理学”（social physics）。

拉普拉斯不仅是一位杰出的数学家，还是一位精明的推销员。为了让世人相信他新发现的“数字占卦术”总有一天能够解决一切问题——甚至包括预测未来，拉普拉斯发明了一项简单的思维实验。他假设了一种想象的造物（他把它称为“精灵”），“能够知晓那些让自然运作起来的一切力量”。据拉普拉斯说，这种造物无所不知。因为一切都只是物质，而物质遵循的是短短的只有那么几页的宇宙定律（比如重力定律和惯性定律），所以熟稔了这些定律就相当于对所有事物的一切都了然于心了。你只需设计出一堆方程式，然后通过运算破译出结果就行了。人类最终会意识到他们自己“原来就是一个机器人”。与上帝一样，自由意志也随之成了一场幻觉，我们会发觉自己的行为真的能像预测行星轨道一样被预测出来。就像拉普拉斯所写的那样，“我们必须……把宇宙当下的状态想象成它之前状态的后果，想象成它将来状态的原因。在这里，没有自由的位置可言”。[5]

就在拉普拉斯和他的追随者把物理学当作真理的典范一样锲而不舍地追寻时（因为是物理学解开了人类生命最终法则的谜团），物理学家才刚刚发现，现实远远比他们想象的复杂。1852年，英国物理学家威廉·汤姆孙①阐明了热力学第二定律。他宣布，宇宙注定要陷入一片混沌之中。所有物质都将慢慢地转化为热量，转化为炽热的熵②。根据汤姆孙的热力学法则，拉普拉斯

① 威廉·汤姆孙（William Thomson），在数学物理、热力学、电磁学、弹性力学、以太理论和地球科学等领域都有重大贡献。热力学中的开尔文（Kelvin，K）这个温度单位就是以英国女王授予他的“开尔文勋爵”一衔命名的。——译者注

② 熵，物理学术语，用于衡量系统的混乱程度或者信息的不确定性。它在控制论、概率论、数论等领域都有重要应用，是各领域十分重要的参数。——编者注

正竭力消除的误差——混乱这一缺陷，其实正是我们所要面对的未来。

苏格兰物理学家麦克斯韦发现了电磁理论（electromagnetism）、彩色摄影原理（principles of color photography）以及气体动力学说（kinetic theory of gases）。他进一步深化了汤姆孙的宇宙悲观论。麦克斯韦认识到，拉普拉斯提到的无所不知的精灵其实违反了物理学定律。既然连混乱都是真实的（它甚至在日益增加），科学的能量也就有了限制和边界。毕竟，纯粹的熵不能够被化解，也没有什么精灵能够知晓一切。

1865年，由保罗·阿道夫·拉简（Paul Adolph Rajon）依据弗雷德里克·威廉·伯顿爵士（Sir Frederick William Burton）为艾略特完成的肖像画所创作的一幅蚀刻版画

可麦克斯韦并没有就此罢休。拉普拉斯坚信人们能够轻易地将统计学定律应用于特定的问题，而麦克斯韦的气体研究则让

他参透了相反的道理。气体的温度完全由它内部原子的运动速度所决定，这意味着原子的运动速度越快，气体的温度就会越高，而麦克斯韦从中悟到的却是：速度只不过是统计出来的平均值。在任何特定的时刻，原子个体其实都在以不同的速度运动。换句话说，所有的物理定律都仅仅是“近似”的。在人们把这些定律应用在真实而独特的情况下时，往往不能够达到完全精准的程度。而拉普拉斯的理论假设科学定律是普遍而绝对的，这让麦克斯韦的观点与拉普拉斯的社会物理学大相径庭。正如一个行星的位置能够从它运行轨道的计算公式中推断出来一样，拉普拉斯相信，人类的行为也可以在图表上标记出来，这是不争的事实。但是麦克斯韦知道，每一种定律都有它自己的缺陷。科学理论虽然是实用的东西，但不是映照现实的完美之镜。社会物理学是在一个错误的见解上建立的。

做自己命运的决定者，你总是可以改变自己的生活

在艾略特遭受心碎的折磨时，她对实证主义的信念开始渐渐减退。这种苦恼的感觉就在她的心头，没有什么逻辑能把它解决。她的悲伤源自赫伯特·斯宾塞①，就是这位维多利亚时代的生物学家创造了“适者生存”（survival of the fittest）这个术语。艾略特搬到伦敦，在海滨的一所公寓住了下来，那段日子正是她与斯宾塞相好的时候。他们一起在公园里漫步，一起订票去看歌

① 赫伯特·斯宾塞（Herbert Spencer），19 世纪英国哲学家、社会学家和进化论思想家，提出了“适者生存”的达尔文主义理论。——编者注

剧。她爱上了他，但他却没有。斯宾塞与艾略特的关系引发了维多利亚时代风行的舆论谣言，他开始疏远她。后来，艾略特给斯宾塞写了一连串感情夸张而又异常诚恳的情书，恳求他的“怜悯与爱”——“我想知道，你能否向我保证不会抛弃我，你会一直尽可能多地与我在一起，与我分享你的思想、你的情感。如果你已经喜欢上了别人，那我只能去死。但是，在死之前，我必须鼓起勇气去工作，让生命充满价值，要是有你在我身边就好了。”[6] 尽管艾略特表现出了自己在爱情中的脆弱，但她的书信却自豪地包含了她对自身价值的肯定：“我估计以前一定没有一个女人会写这样一封信，可是我并不会为此感到耻辱，因为我懂得，在理性和真正的教养面前，我都值得你对我的尊敬和温柔相待。”

斯宾塞对艾略特的情书不以为意。他回绝得十分坚定。斯宾塞后来这样写道：“缺乏身体的吸引力这一点是致命的。”[7] 他声称是艾略特出名的丑陋致使自己难以对她产生感情，他不可能对她“粗壮的下颌、大大的嘴巴和鼻子”视而不见。[①] 斯宾塞认为

① 伤害艾略特后不久，斯宾塞就关于“个人美貌”写了两篇残忍的文章，颂扬了美貌的优点。在自传里，他厚颜无耻地吹嘘着自己的肤浅，并以此为荣。在文中，他还对艾略特含沙射影地写道：“身体的美貌对于我来说是必不可少的；在才智和情感能力均达到巅峰的一个人身上，这一点曾经遗憾地得到了证明。”如果说斯宾塞是一个以貌取人的人，那么亨利·詹姆斯则相反，他认为艾略特是人格战胜美貌的例证。亨利·詹姆斯难忘自己与艾略特的第一次会面，他描述道：“起初，她真的是丑极了——一种有趣的丑陋。她的前额很低，灰色的眼睛晦暗无光，一个下垂的大鼻子，一张大嘴里满口是崎岖不平的牙齿，下巴和颌骨都很粗壮……而现在，在这奇丑无比之中却蕴含着一种最强大的美，并且这种美在几分钟之内就会悄悄地将丑陋抹去，使你的精神被其深深地吸引。于是最后，你就会像我一样，深深地爱上她。”

自己的反应完全是生理上的自然反应，因而也是不可改变的。他写道："尽管我对她的评价会让我强烈地倾向于接受她，可我的本能却对她无动于衷。"因此，他永远不会爱上艾略特。

艾略特对婚姻的梦想就这样破灭了，她被迫去面对作为一个单身的无名女人的未来。她若要养活自己，就必须写作。换一个角度来看，这对她来说也是一次充满苦楚的解放，并且这件事还让她以新的视角去审视这个世界。在小说《米德尔马契》中，艾略特描述了一种情感状态，这种情感状态一定与她那时候的感受很相似——"她可以把那一刻的体验比作一种在模糊状态中觉醒了的意识，她恍惚地感受到自己的生活正在以一种全新的形式呈现，她正经历着一场蜕变……她的整个世界都处于一场剧烈的动荡之中；她能够对自己说出的唯一一句明确的话就是：她必须等待，重新去思考……这就是她痛失所爱的后果。"[8] 在被斯宾塞回绝后的几个月里，艾略特决定要"滋养一种时髦的乐观主义心态"，她拒绝让自己沉浸在悲伤之中。不久，艾略特又一次坠入爱河，这一次是与乔治·亨利·刘易斯①。

在许多重要的方面，刘易斯都与斯宾塞大相径庭。斯宾塞开始他的事业时是一位充满激情的实证主义者，他徒劳地为世界上的每一种事物寻找着一个使之合理存在的理论依据。实证主义消退以后，斯宾塞成了一位忠心耿耿的社会达尔文主义者（social

① 乔治·亨利·刘易斯（George Henry Lewes），19 世纪英国的批评家、哲学家和文学家，曾与艾略特长期同居并共同合作，著有关于哲学、文学和科学的多部作品。——编者注

Darwinist），他乐于把从蠕虫到文明的一切存在都以物竞天择的理论来诠释。与之相反，刘易斯作为知识分子而闻名，凭借的是他的多才多艺，他写的文章涵盖了诗歌、物理学、心理学和哲学等诸多领域。在学术越来越趋于专业化的时期，刘易斯还停留在文艺复兴时代。然而他灵光闪现的头脑中却隐藏着一个令人绝望的不幸。像艾略特一样，刘易斯也同样怀有一颗破碎的心——他的妻子阿格尼丝怀上了他最好的朋友的孩子。

刘易斯和艾略特在彼此身上找到了排遣忧伤的解药，前者后来把他们之间的关系描绘为深沉而浪漫的神秘。刘易斯写道：“爱，足以抵挡所有的深思熟虑。”“我们在爱情中不可能‘明智而审慎’，我们爱上的不是我们选出的‘应该爱’的人，而是我们情不自禁爱上的人。”[9] 在同年底，刘易斯和艾略特一起去德国旅行。他想成为一位“科学领域中的诗人”，而她则想成为一位“像科学般严谨的诗人”。[10]

我们很容易把艾略特世界观的改变归功于爱，但对于生活的叙述并不是这般轮廓分明和简单。不过话说回来，刘易斯对于艾略特的确有着毋庸置疑的影响——是他鼓励她写小说，是他安抚了她的不安，是他把她的第一份手稿交给了出版商。

与斯宾塞截然不同的是，刘易斯从来不相信 19 世纪如日中天的科学。作为一位顽固的怀疑论者（skeptic），刘易斯起初扬名还是因为他在 1855 年出版的《歌德传》（*The Life of Goethe*）一书。这是一部赞同歌德的观点的传记，它将歌德对科学方法的评论与他的浪漫主义诗歌结合在了一起。刘易斯发觉，歌德对实证主义机械论持反对态度，推崇和尊重“能够感受到的具体现象”。虽然刘易斯热切地承认实验心理学能够“为我们思想的器官”提供一个“客观的洞察视角”，但他还相信“艺术和文学”在真实性上一点也不逊色于前者，因为它们真实地描绘了一个“心理世界”。在一个独尊野心勃勃的实验的排他时代，刘易斯仍然是一位多元论者。

刘易斯在《生命与心智之谜》（*The Problems of Life and Mind*）这篇文章中对心理学做了总结性的回顾（这篇文稿是艾略特在刘易斯死后完成的）。他认为，大脑始终是一个谜，“因为它是复杂基础上的和谐统一”。实证主义者可能会劝别人同意他们索然无味的构想，然而刘易斯写道：“难以想象，要是任何一件事情都用这种理论来解释，世界会变成什么样？而实际上，生命和生存还会如以往一样令人难以捉摸。”[11] 留一些神秘给生命吧，哪怕没有其他益处，心灵的自由也将是我们“无知”的必然结果。

当艾略特写完最后一部小说《丹尼尔·德隆达》（*Daniel Deronda*）时，就已经认识到拉普拉斯和斯宾塞以及余下的那些实证主义者都是错误的。不能将宇宙提纯为一张一切注定、错落有致的因果之网。无论偶然和自由有多么脆弱，它们还是无处不在的。“好一个‘必然论’①，”艾略特写道，“我痛恨这个丑陋的词。”[12] 艾略特读过麦克斯韦关于分子的理论，甚至把他演讲中

① 必然论（necessitarianism）是决定论（determinism）的同义词。在19世纪十分受欢迎，此理论认为人类行为都是被我们掌控不了的前因所导致的。

的段落誊写在了日记上。她早就懂得，生命中没有什么事情会完全按照预言的那样发生。为了表达这一观点，艾略特以一段对人类的描写开始撰写《丹尼尔・德隆达》一书，这段文字可以说是十分契合拉普拉斯的想象。故事描述的场景是一个阴暗的赌场，里面是一些郁郁寡欢的人。据艾略特的描写，他们所有人“就好像全都吃了某种由植物的根制成的迷药一样，每个人的大脑都千篇一律地运转着，进入了一个集体单调的行动死角”。这些赌徒完全丧失了选牌的能力，只能依靠发牌者来决定他们的输赢。他们被动地接受着自己手中必须处理的每一张牌，他们的命运完全被冷酷无情的统计学法则决定了。

在艾略特精心设计的情节中，赌场并不是一个随手选择的道具性场景——它是一个批判决定论的寓意性舞台。艾略特在搭建起这个展示被动机械式生活观念的舞台之后，就开始动手解构和批判这种观念所衍生出的愚蠢的简单化。丹尼尔进入赌场后，他暗中窥视着一个名叫关德琳・哈利斯的女人，她始终是一个人。“就像半空中的一枚骰子一样”，关德琳身上散发着一种莫名的魅力。她的神秘立即吸引了丹尼尔，她凌驾于赌场沉闷压抑的气氛之上。关德琳并不像那些只是等待着命运被驱赶的、守株待兔的赌徒，她看上去是自由的。丹尼尔凝视着她，心里暗自诧异：“她美还是不美呢？是怎样一种充满奥妙的形态和神情让她的目光充满了生机？”[13]

艾略特用赌场提醒我们，我们同样是神秘的，是一种“充满奥妙的形态”。因为关德琳是一个充满活力的人，所以作为自己的“决定者”，她可以决定自己的生命将如何绽放，甚至后来在她被迫陷入与邪恶的格兰德考特的婚姻沼泽中时——尽管那位邪恶的丈夫的“声音就像夹拇指的刑具一样有力，像刑架触到皮肤时那样冰冷”，她依然能够保护着自己的自由。艾略特用她创造出来的这类人物时时提醒着我们，人类的自由是与生俱来的，因为我们是没有固定答案的等式。解铃还须系铃人——那人就是我们自己。①

虽然艾略特唾弃她那个时代的社会物理学，但她欣然地把达尔文物竞天择的理论称为“新纪元”的开始。[14] 1859 年，《物种起源》（*On the Origin of Species*）刚刚出版，艾略特就读了这本书，之后，她立即意识到漫长浩繁的生命历史现在终于有了一个连贯的结构骨架，它可以还原我们的生命本真。实证主义者相信生命的混沌只是虚假的表象，世界上的每一个事物都有必然性的物理学法则作为基本原理；而达尔文主义则认为偶然性是自然界一个不可争辩的事实。② 按照达尔文的观点，在一个特定的种群中，纯粹是偶然的机缘决定了他们多样性面貌的形成。基因突变

① 当然，自由同样会让我们对自己的行为负责。艾略特对社会物理学的主要质疑就在于，社会物理学否认人性中有任何道德力量的存在。毕竟，如果每一个行为都有外界的原因，那么去惩罚那些冷酷的人本身也会变成一件不合情理的冷酷举措。在她的小说中，艾略特想要描绘出一个关于人类本性的更加真实的情境，从而激励我们变得更好。如果说社会物理学让我们变得麻木不仁、冷酷无情的话，那么艺术也许会赐予我们一颗悲悯万物的心。

② 达尔文承认，物竞天择的核心是深层的偶然性（chanciness）。尽管他没有用“任意的”（random）这个形容词，但是他一直坚称，进化是“没有目标的”，并且“不会以有限、确定的方式发生”。

（genetic mutations）——达尔文原本把它们称作“saltations”，是不遵从任何自然法则的。这种多样性在有机物中创造了不同级别的繁殖种类，从而导致了适者生存的情况。正是因为有了混乱，才有了生命的发展进化，所以说混乱并不是生命进化的阻力。为什么自然蕴含着诸多苦难和不测呢？这个让神学家犯难的问题，成了达尔文为世人阐释生命万象时所揭示的谜底。

让艾略特对达尔文如此着迷的是偶然性所敞开的那令人心旷神怡的拥抱。眼前的叙述本身就是未知的，因为它被各种构成因素的肆意变化所左右。生命的进化依赖于那些无法辨清原因的事件。斯宾塞认为达尔文的进化论能够解决生物学上的一切奥秘（物竞天择也被斯宾塞纳入了所谓的新社会物理学中），但艾略特却不以为然，她认为达尔文的进化论反倒让这个奥秘更加扑朔迷离了。正如艾略特在日记中所透露的那样：“于是，世界一步步地走向了大胆的明晰和坦诚！可对于我来说，发展理论（达尔文的进化论）和对于事物产生过程的所有其他解释，若与这些过程下隐藏的奥秘总量相比，都显得如此缺乏说服力。”因为进化没有目的，也没有计划方案——它只不过是无数错误累积的总和，生物学仍旧是不可测知的。艾略特坦承：“甚至是科学这个严格的测量者，为了方便研究问题，都被迫以一个虚构的单位作为开始。”[15]

生命内部固有的奥秘是艾略特艺术中最意味深长的主题。她的艺术反对实证主义的自夸——他们以为总有一天，一切奥秘都会被几个万能公式所定义。然而，艾略特总是对我们不能知晓的事物感兴趣，对于那些现实中不能简化的方面最感兴趣——“如果我们对所有平淡的人类生活持有一种敏锐的洞察力和热切的情感，”她在《米德尔马契》中提醒我们说，“那就好像听到青草生长和松鼠心跳的声音，我们应该能清晰地听到这寂静背后的呼啸声。照这样看来，我们中因走得最快而听不到那些声音的人，简直是蠢到家了。”[16] 她的小说中有一些人物否认了世界的神秘性，他们坚持认为自由只是幻觉，现实是被抽象的法则所支配的（他们正巧发现了这个法则）。这些人阻碍了社会的发展，是反派角色，他们相信那些“缺乏说服力的思想”。艾略特很喜欢引用丁尼生①在《悼念集》（*In Memoriam*）中的话：“真诚的怀疑中往往怀有更多信念，相信我而不是相信那些不坚定的、所谓的信条。”[17]

艾略特的杰作《米德尔马契》包含了被拉普拉斯称为“世界最终法则”的两项还原理论公式的探究。书中多萝西娅·布鲁克自命不凡的丈夫爱德华·卡苏朋日日夜夜写着一本名为《世界神话索引大全》（*Key to All Mythologies*）的书，这本书可以揭示各种宗教体验之间的内在联系。艾略特认为，他的作品注定会失败，因为他已经“迷失在狭窄的密室和旋转楼梯里了”。[18] 卡苏朋最后因“心脏脂肪变性”濒临死亡，这种病难得一见，这似乎也是艾略特宣告此类理论“必死无疑”的命运的寓意象征。

此书中野心勃勃的乡村医生特蒂斯·利德盖特（Tertius

① 阿尔弗雷德·丁尼生（Alfred Tennyson），19 世纪英国最杰出的诗人之一，被誉为“维多利亚时代的桂冠诗人”。——编者注

Lydgate）也正致力于一项同样徒劳无功的研究，他一直在不遗余力地寻找所谓“生命的原始组织”（primitive tissue of life）。他的愚蠢探求是此书作者影射斯宾塞生物学理论的又一处妙笔，艾略特很喜欢嘲笑这一类换汤不换药的理论。[①] 就像卡苏朋一样，利德盖特一直高估自己所坚持的科学解释的效力。然而，无情的现实最终侵蚀了他的美梦，他的科学事业一落千丈。经历了几场财政灾难以后，利德盖特最终成了一位痛风病医生，并且“认为自己是一个废物——他没有完成自己本该做的事情”。他的生活恰恰验证了实证主义科学的局限性。

卡苏朋死后，女主人公多萝西娅爱上了威尔·拉迪斯拉夫，他诗意的气质明显地象征着自由意志。（威尔“奋力地反抗着遗传带给他的污点”。）悲惨的是，因为卡苏朋的临终遗嘱，多萝西娅不能够追求真爱，如果她嫁给社会地位低下的威尔，就会失掉她的财产。因为这个，她只好作为一个寡妇，困守着不幸与痛苦。在接下来的篇幅中，多萝西娅充满了失意和沮丧。但是后来，威尔回到了米德尔马契，回到了多萝西娅的身边，他的出现让多萝西娅觉醒过来，她意识到自己真心想要与威尔在一起。若没有自由，金钱也只不过是纸片。她放弃了卡苏朋的遗产，与真爱浪迹天涯。拥抱威尔是她第一次按照自己的意志去行事。从此，他们“在充满了光明和美妙文字的国度里”过上了幸福、快

① 艾略特喜欢讲她与斯宾塞一起去英国皇家植物园（Kew Garden）进行植物科学考察时发生的一个故事。作为一位虔诚的达尔文主义者，斯宾塞把每一朵花的结构都通通引用某个“进化发展的必然性”学说予以解释，但是如果有哪朵花不能被套入他秩序井然的理论中，那么它“作为一朵花就太不像话了”。

乐的日子。

然而,《米德尔马契》这部小说摒弃了所有能轻易得出的答案，貌似简单的大团圆结局并没有降低它的复杂性。伍尔夫甚至把《米德尔马契》称为“少数几部为成年人所写的英国小说之一”。艾略特阅读了太多达尔文的著作，这让她难以相信快乐能够持久下去。她承认我们每一个人都出生在一个“艰难并且让我们感到不适的现实命运里”，[19]这就是多萝西娅在小说的结尾处终究不能保持单身女性身份的原因，而这其实让艾略特十分介怀。多萝西娅还是受制于19世纪的社会习俗，正如艾略特在小说最后的段落中告诫的，“没有哪一个生命能够拥有如此强大的内在力量，以至于能够全然不受外部事物的影响”。[20]

在艾略特构思出的错综复杂的情节中，她想要展示出外在和内在以及我们的自由意志和现实命运实际上是如何难舍难分地纠缠在一起的。“每一个限制既是一个开始也是一个结束，”[21]**艾略特在小说《米德尔马契》中这样概括说，“境遇为我们拓展前行之路提供了所需的原料，尽管‘不要以卵击石，为了那些不可避免的事情而折翼’这一点很重要，但是你总有可能会‘用尽灵魂的全力去争取实现变得更好的可能’。”[22]你总是可以改变自己的生活。**

以略新的大脑开始每一天，我们永远不会停止进化

如果科学真的能够看见自由，那么自由会是什么样子呢？如

果它想要找到意志，它将去哪里寻觅呢？艾略特相信，凭借大脑改变自己的能力是我们的自由之源。在小说《米德尔马契》中，酷似艾略特的女主人公多萝西娅从未停止过改变的努力，这再次证实了大脑“不是像切割过的大理石那样棱角分明——它并不是结实稳定、不容改变的，而是活生生的、一直在变化的”。[23] 多萝西娅在这一观点中看到了希望，因为它意味着灵魂“有可能会获救，有可能会愈合”。就像文学前辈简·奥斯汀①一样，艾略特把最高赞誉留给了自己作品中的那些敢于拥抱变化、乐于接受各种可能性的人物。就像伊丽莎白·贝内特②逃出了自己的偏见之牢一样，多萝西娅从她先前犯下的错误中破茧成蝶。正如艾略特所言，“我们是一个过程，是一次绽放”。

生物学一直没有认同艾略特对于大脑可塑性的信念，这种情况直到最近才得以扭转。拉普拉斯和实证主义者把我们生存的环境看作监牢——它禁锢着我们，让我们没有出路。而在达尔文之后的时代，决定论又发现了一个新托词。按照生物学的说法，大脑比一个由基因控制的机器人还多了那么一点东西，神经连接被超越我们掌控的其他力量所支配。这正如赫胥黎③轻蔑地宣称的那样，“我们是有意识的自动机”。[24]

---

① 简·奥斯汀（Jane Austen），18 世纪末、19 世纪初英国最著名的小说家之一。——编者注

② 伊丽莎白·贝内特（Elizabeth Bennet），简·奥斯汀小说《傲慢与偏见》中的主人公，一个聪明、独立、机智、坚强而美丽的年轻女子。——编者注

③ 托马斯·赫胥黎（Thomas Huxley），19 世纪英国著名的生物学家和科学哲学家，被誉为“达尔文的斗犬”和“现代生物学之父”。——编者注

这一主题最明确的表达便是，人类生来就具备全套神经元。这种理论认为，脑细胞与我们身体的其他细胞不同，它们不会进行分裂。一旦度过了婴儿期，大脑的发育就完全停止了，它的命运就此画上了句号。这一观念一直都是脑神经学的基本原则之一，贯穿了整个 20 世纪。

这一理论最具说服力的辩护者就是耶鲁大学的神经生理学家帕斯科·拉奇克（Pasko Rakic）。1980 年，拉奇克意识到神经元从不裂变这一观点似乎经不起推敲，因为从未在灵长类动物中充分验证过它，这一信条完全是从理论上得出的。于是，拉奇克便着手进行研究。他以 12 只恒河猴作为研究对象，给它们注射了放射性胸腺脱氧核糖核苷（radioactive thymidine，简称胸苷），这样就可以观测恒河猴大脑中神经元的生长状态。拉奇克后来在不同阶段杀死了注射过这一药物的恒河猴，并力图寻找到新神经元的生长迹象。他没有找到任何迹象。“恒河猴大脑中的所有神经元都在出生前以及出生后的早期形成。”1985 年，拉奇克在他发表的影响深远的论文《灵长类动物神经生成能力的局限性》（*Limits of Neurogenesis in Primates*）中写道。在文中拉奇克承认他的论据并不完美，但为这一信条进行了令人信服的辩护。他竟然构建了一个貌似合理的进化理论用于解释神经元为什么不会分裂。拉奇克认为，在我们遥远的过去，灵长类动物就已经放弃了产生新神经元的能力，取而代之的是，它们拥有了变更自己旧神经元之间联系的能力。按照拉奇克的说法，灵长类动物的“社会性和认知”行为并不需要神经形成能力。当他完全展示了所有人都已经相信的那些说法后，他的论文似乎已经成了这一学说的定论。自此，他的实验也从未被独立地证实过。

可是，科学方法的精髓在于它从来不会接受永久性的解答方案。怀疑主义是溶解一切妨碍科学前行梗阻的溶剂，因为一切理论都不是完美的。科学事实的意义恰恰是因为它们很短暂——一个新的观察或一个更加属实的观察总会将它们改变。这一改变同样也发生在拉奇克固定不变的大脑理论上。用卡尔·波普尔[①]的动词说，拉奇克的理论是“被歪曲过的”（falsified）。

1989 年，纽约市洛克菲勒大学布鲁斯·麦克尤恩（Bruce McEwen）实验室的一位年轻博士后伊丽莎白·古尔德（Elizabeth Gould）正从事着应激激素（stress hormone）对鼠脑影响的研究。长期的精神压力对于神经元有破坏作用，而古尔德的实验则致力于研究鼠脑中的海马[②]细胞是如何死亡的。但是在记录大脑恶化的同时，古尔德偶然发现了一件神奇的事情——大脑还会自己愈合。

这一反常现象使古尔德十分困惑，她去了图书馆。她本以为自己犯了什么简单的实验错误，因为神经元是不会分裂的——这是长期以来地球人都知道的事实。可是后来，在古尔德翻阅一本

① 卡尔·波普尔（Karl Popper），20 世纪最有影响力的哲学家之一，被誉为“科学哲学之父”，主张“反证法”和“可证伪性原则”。——编者注

② 海马（Hippocampus），沿侧脑室的突起，被科学家认为是情感、记忆及植物性神经系统的中枢。——译者注

落满灰尘的、27年前的科学期刊时，她发现了一个令人惊愕的线索。从1962年开始，麻省理工学院的一位研究员约瑟夫·奥尔特曼（Joseph Altman）连续发表了几篇论文，声称成年的鼠、猫、豚鼠的脑部都出现了新神经元形成的现象。[25] 尽管奥尔特曼应用的技术与拉奇克后来在猴脑上应用的相同——注射胸苷，但他的这一实验结果却在当时遭到了嘲笑，之后便被遗忘了。

结果，神经生成学这一新领域就这样在摇篮中被扼杀了。又过了10年，新墨西哥大学的迈克尔·卡普兰（Michael Kaplan）才用电子显微镜观察到了旧神经元能够产生出新神经元的现象。卡普兰发现哺乳动物的大脑中到处都有这些新生细胞，甚至在大脑皮层中也一样。[26] 然而就算有这些看得见的证据，科学还是固执地坚守着它以前的学说。历经了多年的嘲讽和怀疑后，卡普兰就像先行于他的奥尔特曼一样，放弃了在神经生成学这一领域的研究。

读过奥尔特曼和卡普兰的论文后，古尔德意识到自己的错误并不是错误——它是一个长期被忽视的事实。反常现象一直都被隐藏着。在古尔德发现费尔南多·诺特博姆（Fernando Nottebohm）的作品时，这一直缺席着的谜底拼图的最后一块才从天而降。巧合的是，这个人也在洛克菲勒大学。在对鸟类大脑进行的一系列让人叹服的研究中，诺特博姆向世人展示了神经生成是鸟儿能够歌唱所必备的生理条件。为了歌唱复杂的旋律，雄鸟需要不断地更新脑细胞。事实上，鸟类的歌唱中枢每天都有多达1%的神经元得到更新。“那时候，这是一个非常激进的想法，”

诺特博姆说，“人们原本以为大脑是一个固定不变的器官。发展一旦结束后，科学家们便以为大脑已经被塑造成了类似水晶一样的固定结构。就是这样，你被塑造成了一劳永逸的成品。”[27]

诺特博姆通过他对鸟类真正栖息地的研究获得了针对这一信条的反证，如果他把鸟儿放在铁笼里，剥夺它们的自然生存环境的话，就永远不会观察到他所发现的那些大量生成的新细胞。鸟儿会因为过多的精神压抑而唱不出歌来，这样新生成的神经元就会大大减少。正如诺特博姆所言，“剥夺了自然环境，你所有的见识都会处于生物学的真空中”。[28] 只有把目光投向实验室真空之外的鸟儿，才能够探索神经生成学，起码在燕雀和金丝雀那里，神经生成蕴含着真正的进化目的。

尽管诺特博姆的数据巧妙而又优雅，但他的科学还是被边缘化了。当时的人们认为，鸟类大脑与哺乳类动物的大脑相去甚远。鸟类神经生成学被解释成了一个异乎寻常的适应性行为，只是反映了“飞行需要大脑的重量减轻”这个事实。在《科学革命的结构》（*The Structure of Scientific Revolutions*）一书中，科学哲学家托马斯 · 库恩（Thomas Kuhn）书写了科学是如何倾向于将自相矛盾的例子排除在外的：“在科学家学会以不同视角审视自然之前，新的事实对于他们来说根本算不上科学事实。”[29] 神经生成学的证据就这样被系统地排除在“正常的科学世界”之外了。

古尔德被自己实验中所遇到的怪现象所驱使，把这些点连接了起来。她意识到奥尔特曼、卡普兰和诺特博姆都获得过关于哺乳类动物神经生成学的有力证据。面对这些已经获得但被忽视了的大量数据，古尔德放弃了她早期的项目，开始致力于研究神经元的生成。在接下来的 8 年中，她量化了无数个放射性鼠脑的有关数据。值得庆幸的是，冗长乏味的脑力加体力劳动终于让她获得了回报——古尔德的数据终于转变了这一科学研究的范式。此时距奥尔特曼第一次瞥见新神经元已经过去 30 多年了，但是神经生成终于成了一个科学事实。

在古尔德充满沮丧的博士后生涯中，她的科学研究一直都饱受抨击。在这之后，她受聘于普林斯顿大学。在接下来的一年中，她写成了一系列具有里程碑意义的论文，开始记录灵长类动物中的神经生成现象，而这与拉奇克的数据完全相反。她证实了狨猴和恒河猴在一生中都在不断地生成新神经元。大脑远不是固定不变的，而是一直处于细胞激变的状态中。到了 1998 年，连拉奇克本人都承认了神经生成学是有真实依据的，他的报告也指明，在恒河猴身上同样也观察到了新神经元。① 教科书就这样被改写了：大脑在持续不断地生成它自己。

---

① 拉奇克最初的错误是如何酿成的？这个问题的答案可不简单。拉奇克是一位卓越的科学家，是他那一代脑神经学家中最出色的一位。然而，能够观察到放射性新神经元是极其困难的。我们很容易就会忽视这些细胞，尤其是在它们的存在违背了所谓正统理论观念的时期。要看到它们，人们必须去寻找它们。而且，几乎所有灵长类动物都在神经生成受到压抑的环境下居住。一个单调乏味的牢笼会造就出单调乏味的大脑。除非这些灵长类动物被转移到了一个环境更加丰富的围场中，否则它们成年的大脑是不会生成多少新神经元的。意识到典型的实验环境会使动物衰弱，从而产生错误的数据，这本身也是神经生成学领域的一项偶然发现。

古尔德继续展示了神经生成的数量也会被环境所左右，而不仅仅是受基因所控制的事实。高强度的压力会使新细胞的数量减少，就算是在等级上占有相对优势的低等生物也同样如此（在它们的属类中相当于灵长类动物的低等生物）。实际上，居住在压抑环境中的母猴会产下神经生成能力较弱的后代，甚至是在那些猴子宝宝还没有亲自体验到压抑的时候，神经生成能力就已经呈现出了萎靡状态。[30] 但是，希望还是有的，压抑留下的伤疤是能够愈合的。当灵长类动物被转移到更加丰富的围场环境中，拥有繁茂的树木、隐藏的食物，还有会转的玩具时，它们的成年大脑便开始迅速地恢复。在不到 4 周的时间里，它们受损的细胞就会得到彻底的修复，形成丰富的新连接，而神经生成的速率也恢复到了正常水平。这一现象和数据意味着什么呢？它们似乎在证明，大脑永远都能够得到救赎，因为没有什么环境能够让神经生成能力彻底消失。只要我们还活着，大脑的重要部位就还在进行着细胞分裂。大脑不是大理石，它是活性黏土，永远都不会硬化。

当时，脑神经学刚刚开始探索这一发现所产生的深远后果。**研究发现，新神经元一直供应着海马——大脑中调节学习和记忆的部分。[31] 新神经元帮助我们学习并将新想法和新行为通过记忆强化为我们的习性，[32] 其他科学家则发现抗抑郁药是靠刺激神经生成（至少是在啮齿动物身上）而奏效的，这暗示了抑郁实际上是由于新神经元数量减少而形成的，而不是因为缺乏血清素所致。**[33] 因此，一种作用于神经生成途径的新型抗抑郁药正处于研发中。不知何故，新生的脑细胞成了我们快乐的源泉。

迄今为止，自由还只是一个抽象的概念，神经生成现象却成了一个由活细胞构成的明证——我们已经进化到了永远不会停止进化的程度。艾略特是正确的：活着就意味着要不断地开始。正如她在《米德尔马契》中所写的，“大脑就如启明星一样活跃”。因为我们每个人都以一个略新的大脑开始每一天，神经生成学确保了我们永远都处于变化之中。**在我们脑细胞持续不断的骚动中，在我们大脑无法抑制的可塑性中，我们寻获了自由。**

DNA 创造我们，却不支配我们

正当脑神经学开始揭示大脑令人惊叹的灵活结构时，其他科学家则正为一个对揭晓人类奥秘更有决定性价值的学科而着迷，那就是遗传学。当詹姆斯·沃森[①]与弗朗西斯·克里克（Francis Crick）在 1953 年发现了 DNA（脱氧核糖核酸）的化学结构时，他们为生物学提供的这个特殊分子似乎解释了生命的本质。它就是展示人类生命信息的最原始窗口，生命之躯的实体被还原成了一连串核酸（nucleic acid）以及弱氢键（weak hydrogen bond）。在塑造生命之躯的那些原子聚集的瞬间，沃森和克里克发现了这个大分子。他们构建的是一个双螺旋结构，是两个相互交错的长链所组成的螺旋结构。双螺旋结构的形式暗示了它在

① 詹姆斯·沃森（James Watson），20 世纪分子生物学研究的带头人之一，1953 年和弗朗西斯·克里克发现 DNA 双螺旋结构，获得诺贝尔生理学或医学奖，被誉为“DNA 之父”。他的作品《双螺旋》（插图注释本）中文简体字版已由湛庐引进、浙江教育出版社出版。——编者注

传达遗传信息时可能运用的方式。将螺旋结构连接在一起的碱基对（base pair）同样代表了自己的密码信息，而这一神秘符号由 4 个字母组成：A、T、C、G。

继沃森和克里克之后，科学家们发现了 DNA 的原始语言是如何拼写出命令来操纵人体这一复杂有机体的运作的，他们为这一发现取了一个简单的名称，那就是“中心法则”（Central Dogma）——DNA 创造了生成蛋白质的 RNA（核糖核酸）。因为我们仅仅是在雕琢蛋白质这个“雕像”，生物学家便以为我们就是自己 DNA 的总和。克里克曾这样简要地阐述了这一发现：“‘信息’一旦（从 DNA）传到了蛋白质中，就再也出不来了。”[34] 从遗传学的角度来看，生命变成了一条虽然很规则但没有经过预先设计的长链，我们的有机体终于能够被还原成文本信息，而这些纤弱的双螺旋结构就漂浮在细胞的原子核内。正如理查德 · 道金斯①在《自私的基因》（*The Selfish Gene*）一书中所说的那样，“我们都是生存机器——作为载运工具的机器人，程序是盲目编制的，为的是永久保存所谓基因这种秉性自私的分子”。[35]

这一生物学体系的逻辑延伸便是人类基因组计划，这项计划从 1990 年开始启动，试图解开人类这一物种的基因图谱。科学家要确定每一个染色体、基因和碱基对的次序，并理解其中的含义。我们信息文本的基础结构将不再是一个谜，我们被遗传因素所禁锢的原因也最终会被攻克。只要微不足道的 27 亿美元，从

① 理查德 · 道金斯（Richard Dawkins），英国进化生物学家、科学作家和科学传播者。他的作品《基因之河》已由湛庐引进、浙江人民出版社出版。——编者注

癌症到精神分裂症等一切疾病都会因这一成功而被根除。

那只是一个乐观的假想。另一方面，大自然写出的却是一部令人叹为观止、极其复杂的散文。如果DNA能够在文学方面找到一个等价作品的话，那么它便是《芬尼根的守灵夜》①。人类基因组计划刚开始为我们底层的基质解码不久，就不得不对以往分子生物学中一向被珍视的一些设想进行质疑。基因组计划发现的第一个令人大吃一惊的事实是人类基因组让人头晕目眩的宏伟规模。严格地说，我们只需要9 000万个DNA碱基对就能够为人类身体中10万个不同的蛋白质进行编码，但事实上我们拥有的碱基对有30多亿个。这过量的文本信息中多数都没有实际作用。实际上，95%以上的DNA都是由被科学家称为"内含子"——那些大量重复、没有编码能力的垃圾型基因材料所构成的。

但是当人类基因组计划完成了这一史诗般恢宏的解码工程后，基因与基因填充物的分界线却开始模糊起来，生物学甚至都无法定义基因到底是什么了，而中心法则这一可爱的单纯性原则在人类基因现实的复杂状况下轰然倒塌。在基因现实中，基因被剪接、编辑、甲基化，有些还在染色体中越级提升（这些被称为表观遗传效应）。科学发现，与任何文学作品一样，人类基因组是一段需要被解说的文本，因为艾略特对于诗歌的评论同样适用于DNA："所有意义都依赖于'诠释'这把钥匙。"

---

① 《芬尼根的守灵夜》(*Finnegans Wake*)，爱尔兰作家詹姆斯·乔伊斯生前完成的最后一部小说。——译者注

使我们成为人类、让我们成为自己的并不单单是隐藏在碱基对中的基因，而是我们的细胞是如何通过与环境能量进行交换，并为 DNA 提供定型的依据，从而决定了我们理解自己的方式。生命是辩证的，比如代码序列 GTAAGT 可以被转换为“嵌入氨基酸和丝氨酸”这一指令；[36] 如果作为一个间隔子（spacer）被读取，基因停顿可以使蛋白质彼此间形成一个合适的距离，或者它们还可以被解释为在转译文本的过程中有节奏地在那一间隔点上切断的指令信号。人类 DNA 的主要特征便是它潜在的随机多重性，它是一个需要在特定语境中被破解的密码。这就是虽然人类基因中可以有 42% 与一只昆虫相同，或可以有 98.7% 与一只黑猩猩相同，但是我们仍然与两者完全不同的原因所在。

通过展示基因决定论的局限性，人类基因组计划最后反倒令人啼笑皆非地成了对我们个体特征的肯定。人类基因组计划未能对我们人类的奥秘予以周全的解释，它只告诉我们人类的特征不只是单纯的文本信息，还迫使分子生物学致力于研究基因是如何与真实世界进行能量交换的。结果说明，人类的天性会随着后天的培育而不断改变。面对人类奥秘的未知领域，这一“剪不断，理还乱”的难题开始变得更加有趣（也更加扑朔迷离）。

以人类的大脑为例，人们普遍认为有凹回的大脑皮层是宇宙中已知的最复杂的造物，如果人的大脑皮层基因已经编写好了，那么它起码应该比鼠脑之类的大脑含有更多的基因，可是事实并非如此。实际上，鼠脑中含有的基因与人脑基因的数量大体相当。在为许多物种的基因组解码后，科学家发现基因组的规模大小与大脑复杂性几乎没有什么关联（几个品种的变形虫拥有的基因组远比人类的基因组要庞大得多）。这一现象强烈暗示了这样一个理念，人类大脑并不是按照制订好的具体方案以严格的基因编码顺序发展下去的。

如果 DNA 不支配人类大脑，那么它做些什么呢？答案很简单——什么也不做。尽管基因对大脑总体的解剖结构负责，可是可塑性极强的神经元所肩负的使命却契合了我们的经历和体验。免疫系统在与病原体真正短兵相接的时候会做出反应，改变自己（我们可能恰恰没有父母的 B 细胞①）。就像免疫系统一样，大脑也一直在适应生活中的特定环境。这就是盲人能够用视觉皮层读盲文，两耳失聪的人能够在听觉皮层中处理手语信息的原因。[37] 而在人失掉一个手指后，由于神经系统的适应性，其他手指会接管与之对应的大脑空间。

在一个大胆的实验中，脑神经学家姆里干卡·苏尔（Mriganka Sur）将雪貂的大脑重新装配了一番，以至于从视网膜接收的信息被错位传导到了听觉皮层。令苏尔惊奇的是，雪貂仍旧拥有视觉能力。更甚的是，它们的听觉皮层此时与雪貂典型的视觉皮层非常相似，就连空间地形意识和适合发觉斜射光线的神经细胞都很完备。适应性研究领域的创始人之一迈克尔·默策尼希（Michael Merzenich）把这项实验称为“这是你所能看到的最令人信服的一次演示，它证实了大脑是可以由经历塑造的这

① B 细胞是 B 淋巴细胞的简称，是体内能够产生抗体的细胞。——译者注

一观念”。[38] 正如艾略特一直主张的那样，大脑适应其自身内部改变的韧性是它的主要特征之一。①

这是我们对 DNA 科学认识的新胜利——DNA 创造我们，却不支配我们。神经适应性是由基因组编码而成的，它的发现让我们每个人都具备了超越自己基因的能力。就像小说中的一个个人物会从著作中那模糊的字母中浮现出来一样。当然，接受人类大脑中天赐的自由，同样也相当于接受我们解决问题不可能只有单一方案这一事实。作为命运的礼物，我们每一个人在每一天都会被赐予新神经元和可塑的大脑皮层细胞。因此说，决定我们大脑的只有我们自己。

我们对 DNA 最贴切的比喻恐怕就是文学了，就像所有经典文学著作一样，我们基因的主要特征并不是它意义的确定性，而是它语言的不稳定性以及由它激发出的多种解读能力。一部小说或一首诗歌之所以能够不朽，在于它内在的复杂性，在于它能让每一位读者在相同的文字中读到不同的故事。例如，许多读者都

① 科学家现在发现，即使是那些具有强烈基因成分的精神特征，比如 IQ（智商）对环境的改变都极其敏感。法国的一项针对 4 ～ 6 岁被领养的“问题儿童”的研究表明，我们内在的人类天性依赖于后天培育。当这些孩子被领养时，他们 IQ 的平均分数是 77 分——接近智力迟钝水平。然而，9 年以后这些孩子重新进行 IQ 测试时，所有人做得都比原来好得多。这种情况让人们极其惊讶，因为 IQ 在一个人的整个生命中本应该是十分稳定的。此外，孩子进步的程度与领养家庭的社会经济地位有着直接关联。被中产家庭领养的孩子的 IQ 平均分数是 92 分；而那些被安置在上等阶层家庭孩子的 IQ 则平均攀升了 20% 以上，IQ 平均分数达到了 98 分。在相对较短的时间内，这些孩子的 IQ 从低于平均分很多的状况上升到了几乎正常的分值。

觉得小说《米德尔马契》以多萝西娅和威尔私奔为结尾是婚姻战胜邪恶的一个传统式的完美大结局。然而有些读者，比如伍尔夫则把多萝西娅丧失独立生活的能力看作“比悲剧更伤感”的情节转折。同样一本书激发出了两种截然不同的结论。而且对一部小说的解读不存在所谓正确与错误之分，每个人都有在这本小说中寻找到属于自己的意义的自由。我们的基因也是如此。由此看来，生命似乎模仿了艺术。

自由源于我们的内心世界

DNA 是如何激发出不确定性的？归根结底，小说《米德尔马契》自有它的作者，而作者又有意构思了一个模棱两可的结尾。可是现实生活中并不一定会有这样一位睿智的设计师。为了给个人自由创造一席之地，自然选择想出了一个虽然使人丧失信心却具有独创性的折中方法：尽管在我们的逻辑中，生命是一个设计完美的造物（我们的细胞组成就好像一块块瑞士表那样精妙复杂），可真实的情况却是，我们的组成部分都是不可预测的。鲍勃·迪伦（Bob Dylan）曾说过：“我接受混沌的世界，但是我不晓得它是否接受我。”面对着难以梳理出平整头绪的生命现象，分子生物学同样也被迫接受混沌现象。物理学界发现了不确定的量子世界，这项发现瓦解了时间和空间是固定不变的客观事实这一经典概念。如同量子世界的发现一样，生物学也在未知与混乱的核心处揭开了它的面纱——生命是建立在随机性这一庞大的建筑根基之上的。

1968 年，日本的伟大遗传学家木村资生（Kimura Motoo）将“分子进化中性学说”（neutral theory of molecular evolution）引入了进化生物学领域，这是射进混乱生命这一黑暗洞穴中的第一缕光芒。“分子进化中性学说”这个名字听上去古板而又一本正经，却被许多科学家尊为继达尔文之后对进化论最有趣味和最具价值的补充和修订。木村的发现以一个悖论开始，自 20 世纪 60 年代初期起，生物学家终于能够测量物种在经历自然选择期间基因变化的速率。正如科学家所预料的那样，推动进化的发动机是任意的基因突变——双螺旋结构持续遭受着错误编码密集的火力攻击。然而，这一数据却掩藏着一个令人不安的新事实：DNA 的变化幅度实在是太大了。按照木村的计算，一个普通基因组是以进化方程式原本预算速率的 100 倍在变化着的。实际上，DNA 改变得太多了，以至于连自然选择都没有办法顾及全体，无法为所有这些称为“适应性行为”的活动做出一个满意的说明。

但是，如果自然选择并不是推动基因进化的驱动力，那么它到底是被什么所驱动的呢？木村的答案很简单——是混沌，是纯粹的机缘，是进化突变的骰子和遗传漂变（genetic drift）的扑克牌。在DNA这个层面上，进化大多数时候是偶然发生的，[①]基

① 尽管木村的结论引起了一番激烈的争议——一些新达尔文主义者认为他只是一位精于数学的上帝论者，但是他们不该下此论断。实际上，达尔文本人若在世，都有可能会同意木村的说法。在 1872 年出版的《物种起源》的最后一版中，达尔文表明了自己的立场：“因为我的一些结论最近被歪曲误传了，他们说我把物种的演变只归因于自然选择这一点。所以请允许我说明一点，在这本著作的第一版以及随后的版本中，我都会把以下话语放在非常显眼的位置上：‘我相信自然选择是基因演变的主要途径，但是并不是唯一途径。’可是这样的声明无济于事，以讹传讹的力量实在是太强大了。”

因组只不过是一连串偶然错误的记录。

也许这种任意性仅限于人类的DNA。像钟表一样精准的细胞必须恢复成一种有秩序的状态，难道不是吗？当然，我们基因组的转译过程——我们真正基因的表达，是一个十分具有条理性的过程，它没有任何混乱的迹象，否则我们的研究怎么可能继续下去？尽管分子生物学曾以为情况正是如此，但其实并不是这样的，生命是随机而无序的。在人类细胞中，核酸与蛋白质的碎片和微屑漫无目的地漂浮着，等待着相互作用的时刻，似乎没有什么无形的手去指引它们，也没有什么能够保证它们对接的精确性。

2002年《科学》杂志刊登了一篇名为《一个单细胞的随机性基因表达》(*Stochastic Gene Expression in a Single Cell*) 的文章，作者是加州理工大学的迈克尔·伊洛维兹(Michael Elowitz)，他在文中展示了生物“噪声”(“混沌”一词在科学中的同义语) 是基因表达自身时所特有的一项内在本性。一开始，伊洛维兹将从萤火虫体内盗取的两组单个DNA序列插入了大肠杆菌的基因组中。一组基因能够编码，发出指令生成能让生物放出霓虹绿光的某种蛋白质；而另一组基因则可以让细菌放出红光。伊洛维兹知道，如果两组基因以同等地位在大肠杆菌中表达自身的属性（正如经典生物理论所预言的那样），那么占主导地位的则会是黄色光（因为光波，红光加绿光会显现为黄光）。也就是说，如果生命中没有了内在特有的“噪声”，那么所有细菌都会被浸染成同样的霓虹色调。

伊洛维兹发现，当红绿光的基因在一般水平上被表达出来，而不是被过度表达出来时，系统中的“噪声”突然变得可见。一些细菌本来应该发出黄光，但是其他细胞在它们固有混乱的影响下，则发出了黛青色或橙色的光亮。所有颜色的变化都是由于能发出荧光的蛋白质表面上存在的难以解释的差异所导致的——这两种基因并没有顺理成章地获得均等的表达机会。本来，在每一项分子生物实验中都包含着这样一个简单的前提——生命必须遵循着有条理的规则，它应该让 DNA 忠实而又准确地转译信息，可是这样的合理前提却因为原核生物（prokaryote）的多彩性（因其不和蛋白质结合，故染色体裸露于细胞质中）而灰飞烟灭了。尽管严格来说细胞都是相同的，但是植入它们系统的随机性却产生了大量荧光式的变异。这种细菌颜色的差异是不可还原的，因为其“噪声”并不是来自一个单一的源头。它不容忽视地就出现在了那里，构成了让生命鲜活起来的必要驱动力。

另外，基因转译过程中固有的混沌会向上弥散，熏染并影响生命的所有方面。例如，果蝇的身上有用作感觉器官的长长的绒毛，这些绒毛的位置和密度在果蝇两侧之间分布不均，而且分布得也并不系统。尽管果蝇两侧的器官都有同样的基因编码，并且在相同的环境中发育，但果蝇细胞中原子之间随机的碰撞却形成了这般不可预测的差异，生物学家把它称作“发育噪声”[①]。（这也是你的左手和右手有着不同指纹的原因。）

① 发育噪声（developmental noise），在生物的发育过程中，随机事件导致的表型随机变异。

人类大脑中甚至也蕴含着同样的原理，脑神经学家弗雷德·盖奇（Fred Gage）发现，反转录转座子（retrotransposon）——那些在人类基因组周围随意“蹦跳着”的所谓的垃圾基因，在神经细胞中出现得异常多。实际上，这些制造麻烦的 DNA 碎片充斥着我们脑细胞 80% 的空间，任意地篡改着它们的基因程序。起初，盖奇对这一数据大惑不解，因为大脑看上去好像有意要自我破坏，决意要模糊和瓦解自己精确的指令似的。可是后来，盖奇顿悟过来，他意识到，所有这些对基因连续式的破坏恰恰阴错阳差地创造出了一个完全独特的大脑群体，因为每一个大脑都以自己的方式对反转录转座子做出了反应。换句话说，混沌创造了个性。盖奇的新学说是，大脑中的这些混乱状态都具有适应性，因为正是它们才使人类的基因能够生成无限多样的大脑。[39]

毋庸置疑，多样性终究是一件好事，至少从自然选择的角度来说确实如此。正如达尔文在《物种起源》中所观察的那样，“任何物种的后代在结构、组成和习惯上越是多样，就越能在大自然的国度里更加广泛地存在并占有属于自己的天地”。[40] 心理学证实了这一进化逻辑。从奠基了这一概念的基石之后，人类的神经系统就被构建成了一个前所未有的发明。就算是在具有同样 DNA 的同卵双胞胎的大脑内部，也一样充满了惊人的差异。当一对双胞胎在一个运转正常的核共振成像机器（MRI machine）中执行相同的任务时，他们的大脑皮层都在不同部位被激发。如果对成年后的双胞胎的大脑进行解剖，他们脑细胞的细节却是全然独特的。正如艾略特在《米德尔马契》的序言中所写的，“不确定性仍然存在，变数的界限远比任何人想象的要宽广”。

正如在神经生成学和“分子进化中性学说”中发现可塑性一样，生物学在混沌中会得到迅猛发展的发现同样是颠覆原有范式的举措。科学越是了解生命的精妙复杂，越是知晓 DNA 如何制造蛋白质的真实情况，就越会知道蛋白质到底是如何创造出我们的——生命并不是一块制式的劳力士手表，混沌无处不在。正如卡尔·波普尔曾说过的，生命并不是一块钟表，而是一片云。生命像云朵一样，是“非常不规则的，几乎是变幻莫测的”。[41] 被无数电流塑造并承载的云朵拥有神秘莫测的意志，它们在空中沸腾、翻滚，在每个时刻都有些许不同。我们也是如此。科学史上曾经多次证明，有关定性规律的固有观念只是海市蜃楼罢了。我们还是如以往一样，在神秘莫测的同时依然保有着自由。

意欲“解决生命之谜”的还原论者们的每一个可爱的失败都证明了艾略特是正确的，正如她在 1856 年所写下的名言：“艺术是最贴近生命的事情，它是丰富经历与体验的一种表现模式。”[42] 艾略特小说中潜藏的现实主义最终发现了人类的现实。我们不会被任何基因或社会物理学所禁锢，因为生命根本不是一台机器。**从广义上来说，我们每个人都是自由的，按照自己的选择来生活，受益于自己灵活本性的赐福，同时也承受着它给予我们的重担。尽管这昭示出人类本性并没有恒定不变的准则，但是也同时证实了我们总能够提升自己，因为我们并不完美。现在，我们需要的是看待生命的新视角——反映着我们的不确定性的视角。我们既不是全然自由的，也不是完全被定型的。尽管世界充满了限制，但是我们依然能够走出一条属于自己的路。**

这就是艾略特所信仰的那个复杂的存在。尽管她的小说精细地刻画了影响人们生活的外部力量，但最后它们都被归结为是某种自我选择的胜利。艾略特批判了所有那些不尊重人类自由的科学理论，并以自己的观念取而代之——她坚信“人与人之间的关系可能会被某些代数方程式所解决”。但是她写道：“这会存在各种各样的错误，没有一个能与对人真正地了解相提并论，并且留存至今。”**让人类变得独特的是，我们每一个人都是独特而唯一的这个事实**。这就是艾略特一直在争论，一直在坚持认为，一切想要盖棺论定人类本性的企图是一种无用的热忱，它很危险，注定要走上自我瓦解的道路的原因。她还写道：“许多既定的配方和公式无法以人类形象和个人经历为我带来庇护及温暖，我拒绝挪用那些公式中的任何一条。”[43] 她知道人类继承了这样崇尚个性的大脑，它会帮我们跳出所谓遗传基因框定的藩篱；我们总能够让意志提升至生物属性之上。“只有在你与必然论达到某种协调时，我才有可能会对你的哲学感到满意，”1875 年，她给一位朋友这样写道，“这需要你去练习运用自己的意愿，并让自己情愿竭力地意愿下去。”[44]

正如艾略特所预言的，自由源于我们的内心世界。在最基本的层面上，生命充满了随意伸展的余地，它柔韧可塑的特征否定着所有决定论。虽然我们只不过是碳基生命体，但是超越了“我们”这一源头的局限。因为进化赐予了我们一个珍贵的礼物——无限的个性。这是一种气势恢宏的生命观。

第 3 章

味觉的本质
“西厨之王”奥古斯特·埃斯科菲耶

—

其实是这样的……
当我书写饥饿感的时候，
写的其实是爱与对爱的渴求，
写的是温暖以及对温暖的爱与渴求……
而后，温暖、富足以及真真切切的饥饿感就会
得到满足……一切都合为一体。

M. F. K. 费希尔

奥古斯特·埃斯科菲耶发明了小牛肉汤。虽然其他人以前也的确煮过骨头，却没有人把烹饪法编成食谱。在埃斯科菲耶之前，小牛肉汤的最好做法一直蒙着一层神秘的面纱，烹饪就如炼金术一般，极具神秘色彩。埃斯科菲耶出现在实证主义的后期，在那个时代，不管是真是假，知识都会以一种让人眩晕的速度传播开来。百科全书在那个时代如鱼得水。面对这一科学思潮，埃斯科菲耶心领神会，跃跃欲试，就像拉瓦锡[①]在化学方面所做出的贡献那样，他想要把厨房里的旧迷信替换成一门新科学。

埃斯科菲耶洞见的核心（同样也是导致埃斯科菲耶在研究过程中几次心脏病发作的诱因）就是他对汤汁的使用。他在任何一种料理中都会使用汤汁——他把汤汁浓缩成凝胶状的冻，把它制成浓汤底，放入黄油使它更加香浓，添入一些酒把它制成调味汁。法国女人创造出家制汤汁也有几百年历史了—— 名为“蔬

① 拉瓦锡，与他人合作制定出化学物种命名原则，从而创立了化学物种分类新体系。拉瓦锡根据化学实验的经验，用清晰的语言阐明了质量守恒定律和它在化学中的运用，因而被后人称为“近代化学之父”。——译者注

菜牛肉浓汤”（pot-au-feu）的这道菜实际上都算得上是一道国菜了，可是埃斯科菲耶却赐予了这一富含蛋白质的浓汤以一种专业的味道。在他 1903 年出版的《烹饪指南》一书的第一章中，埃斯科菲耶强调了从骨头中提取味道的重要性，“确实，汤汁就是烹饪的一切，没有汤汁，什么都做不成。如果一个人的汤汁做得好，余下的工作就会变得很简单；而另一方面，如果汤汁做不好，或者仅仅是凑合，你就别指望这顿饭能让人心满意足了”。[1] 其他厨师扔掉的那些东西——肉筋和牛尾的杂碎、芹菜叶、洋葱根和胡萝卜长得不规则的边边角角，埃斯科菲耶都将它们炖出了极致之味。

尽管埃斯科菲耶在介绍他写的《烹饪指南》一书时，骄傲地宣称自己的烹饪法是“建立在美食学这一现代科学的基础上的”，但是在现实中他却无视现代科学的存在。在那时，科学家试图以他们古怪并且完全错误的健康观念创造一种保守的新式烹饪法。比如，猪血对你有好处，牛肚儿也一样。相反，西兰花却会导致消化不良，桃子和大蒜也一样。埃斯科菲耶无视这些伪科学（他发明了蜜桃冰激凌），大胆的厨房实验排遣了他心中的不满。比起理论的抽象，他更相信舌尖的欢愉感。他相信，对公众健康的最大威胁便是现代饮食把“让人愉悦的享受变成了没有必要的琐事”。[2]

埃斯科菲耶以百科全书式的烹饪书这一形式展示出了他的浪漫气质。尽管他喜欢把调汁师（负责制作调味汁的厨师）称为“有觉悟的化学家”，但是他真正的配方却很少明确规定黄油、面粉、松露或食盐的用量。相反，全书都是关于他烹饪过程的描写：让油脂化开，加入鲜肉，当听到“轻微爆裂的声音”时，将汤汁倒入，收汁。过程听上去就是这么简单：你要做的只是听从自己的感觉。埃斯科菲耶似乎在告诉你，这并不是科学实验，而是享乐主义。那么，让快乐成为你烹饪的指引吧！

埃斯科菲耶对舌头的重视是他烹饪革命的源泉。在厨房里，合格的厨师是极其敏感的，“在把自己烹调艺术的杰作呈献给顾客之前，要仔细地研究每一种味道的微小细节”。[3] 埃斯科菲耶的烹饪书一次又一次地提醒人们，对菜肴的感受——它实际上尝上去怎么样，才是唯一重要的事情，“只有感受才能指引一位厨师”。[4] 大厨必须是一位不失品位的艺术家。

埃斯科菲耶早知道他不能只端上些烤肉就算收工了。他的享乐主义必须“尝”上去很高级。毕竟，他曾是里兹酒店的大厨，顾客期待他们的食物对得起那金碧辉煌的环境和让人咂舌的消费。这时，埃斯科菲耶就要求助于他珍贵的高汤大集锦了。他可以用高汤使一份普通的煎炸食物立刻显得高贵起来，还可以赋予一道菜以无穷的回味和浓郁。当鲜肉在热锅上烹调之后（埃斯科菲耶偏爱用一种很重的平底锅），便被夹出来待用，接下来就要熔化粘在锅上美味的油脂和肉渣了。

熔化锅上的油脂和肉渣是埃斯科菲耶成功的秘诀。这个过程本身极简单——以非常高的温度烧一片肉，这样就会得到由美拉德反应①而产生的烧焦的一层硬皮，它是一种筋肉相连的、

---

① 美拉德反应（Maillard），一种普遍的非酶褐变现象，被广泛应用于食品添加剂中。——译者注

裹上了焦糖的氨基酸，然后再加上某种液体，比如香浓的牛肉汤①。液体的蒸腾会溶解粘在锅底的烧焦的蛋白质碎屑（溶解这些碎屑同样可以减轻洗碗机的压力），这些碎屑在法文中被称为“fronde”。被溶解的碎屑就是赐予埃斯科菲耶调味汁以神力的妙物，就是这种方法造就了勃艮第牛肉这道精美菜肴。另外，加一点点黄油会让菜品更加有光泽。瞧！这调味汁就做成了。

鲜味的秘密，舌头更喜欢那些身体需要的东西

除埃斯科菲耶不可或缺的基本厨艺之外，其他文化形式极少有在经受了 20 世纪的考验后依然能保持完好如初的。直到现在，几乎每一家高档餐厅还一直供应着埃斯科菲耶的各种菜肴，沿袭着他的做法——回收骨头和蔬菜的边角料，把它们加到肉汤里。从西班牙酱汁（espagnole sauce）到“维罗妮卡”小炒（Véronique），我们按照他告诉我们的方式来进食。“发现一道新菜要比发现一颗新的星球为人类带来的幸福更多。”[5] 让·安泰尔姆·布里亚－萨瓦兰②的这句话可能是对的，这样看来，埃斯科菲耶的重要性无论怎么说都不为过了。显然，他的烹饪方法中有一些特别的东西——可能是高汤，可能是熔解锅底碎屑的过程，也有可能是在最后 1 分钟的关键时刻把黄油搅拌进去的做法，

① 埃斯科菲耶还会用红酒、白兰地、葡萄汁、酒醋——如果旁边实在无酒可用时，就用水。

② 让－安泰尔姆·布里亚－萨瓦兰（Jean-Anthelme Brillat-Savarin），法国名厨和作家。西方美食文化经典著作《厨房里的哲学家》（*The Physiology of Taste*）的作者。——译者注

关键是这些特别的东西能让我们中的大部分人感到非常幸福。

为了寻找埃斯科菲耶的独创性，我们首先就应该阅读他的烹饪书。他教给我们的第一个烹饪秘诀就是布朗基础汤（brown stock，炖肉的褐色高汤）。他把这种汤形容为“为所有后来者做无声铺垫的地基”。第一步，埃斯科菲耶先在烤箱里将牛肉和牛骨进行褐变[①]处理。然后，按照埃斯科菲耶的说法，我们要在汤锅里先煎一根胡萝卜，还有一个洋葱。加入冷水、烤好的牛骨、一小块猪皮、为菜品做装饰的一小束西芹、百里香、干月桂叶、一头大蒜。用文火煨炖 12 小时，最后就是要确保锅里有足够的水。一旦骨头熬出来的汤浓郁起来，就在另外的深平底锅里用热油煎炸一些肉末。再加入骨头汤将它们溶解，然后收汁。反复做两遍。接着，缓缓加入剩余的高汤。仔细地撇去浮油（事实上高汤应该是无油的），然后用文火煨炖几小时。最后，用一个细网漏勺将其过滤。在熬了一整天汤汁之后，现在你已经准备就绪，要开始烹饪了。

在埃斯科菲耶“劳动密集型”的烹饪术中，几乎没有用什么讨好舌头的特殊东西。毕竟，谁都知道舌头只能尝出 4 种味道：酸、甜、苦、咸。埃斯科菲耶的高汤制法似乎故意回避加入这些味道中的任何一种。它包含非常微量的糖、盐或酸，并且如果不是做菜者把骨头烧焦了的话（这种做法我们不推荐），也不会出现苦味。如此看来，为什么还说高汤是必不可少的必需品呢？为

---

① 褐变，食物中普遍存在的一种变色现象，尤其是新鲜果蔬进行加工时或经过储藏或受机械损伤后，原有色泽产生变化的现象。——编者注

什么要把它称为埃斯科菲耶的烹饪艺术之母呢？在享用一道浓郁的炖牛肉时，我们能够辨别出来的是什么味道呢？等到腱子肉都到了入口即化的时辰，汤汁才煨到了火候，那么我们辨别出来的味道是来自汤汁中的肉末吗？或者，就这一点来说，我们“咕嘟咕嘟”喝下的所谓的鸡汤其实也不过是鸡肉高汤的另一个名字而已。到底是什么让我们对变性后的蛋白质（蛋白质变性后会凝结，使泡沫变硬，使气泡更稳定）产生了一种不可名状的痴迷呢？

答案就是“鲜味”①，也就是日文中的“鲜美”一词。从牛排到酱油，鲜味是你吃所有东西时都会尝到的一种味道。也正是鲜味使得混浊的水远不能与高汤相提并论，而溶解肉末则成了法国烹饪术里最核心的一个步骤。鲜味其实是 L– 氨基酸（$C_5H_9NO_4$）的味道，它是构成生命体的最主要的氨基酸。L– 氨基酸是通过蛋白质的水解作用从生命形态中被释放出来的（“蛋白质水解”是一个含蓄的科学词，它泛指死亡、腐烂或烹调过程）。当科学家还在争论牛肚儿会给健康带来何种益处时，埃斯科菲耶则早已忙于研究我们在餐饮的过程中是如何品尝食物的。他的才华在于让菜肴中拥有尽可能多的 L– 氨基酸。比如，他发现乳状的黄油就具备这种功能——既不会有损健康，也不会破坏 L– 氨基酸的结构。

鲜味主宰餐桌的故事始于埃斯科菲耶发明了罗西尼牛排

① 鲜味（umami）是食物的五大基本味道之一，与另外 4 种味道相比，它被人们发现得最晚。因此，排名也在最后。直到最近，人们还一直认为食物只有酸、甜、苦和咸这 4 种基本味道。据说鲜味自问世后，“umami”一词一直没有合适的外语翻译。世界各地的人们只能用“umami”这 5 个字母来表示。——译者注

（Tournedos Rossini）——一种小巧玲珑的里脊肉片，它与鹅肝酱一起搭配食用，上面浇有浓缩的牛肉汤，并放入了蘑菇一类的鲜菌。鲜味的发现还源于 1907 年日本化学家池田菊苗（Ikeda Kikunae）提出的一个简单的问题：日式味噌汤（Dashi）尝起来是什么味道呢？日式味噌汤是用昆布（一种晾干的褐藻）制成的一种传统、经典的日本汤。至少是从公元 797 年开始，日式味噌汤就已经像埃斯科菲耶的高汤一样，在日式烹饪中被用作一种万能溶剂，并被作为每一道菜的汤底。但是对于池田来说，妻子每晚为他烹制的菜品尝上去并不像四大经典味道中的任何一味。它尝上去更像是把这几种味道糅合起来的一种别致的味道。它就是如此美味。或者，按照日本人的话说，它就是如此鲜美。

为了寻找这未知之味，池田开始了他堂吉诃德般的探索。他提炼了各式各样的海藻——一碗热气腾腾的味噌汤会唤起一种神秘的感官享受，他想要找到的是支撑这种感受的精华所在。此外，他还探索了其他烹饪艺术。池田宣称：“有这样一种味道，在芦笋、番茄、奶酪，还有各种肉里都存在，但是它又不是耳熟能详的四大味道中的任何一种。”[6] 池田在化学实验中苦心孤诣地探索了多年。在这些岁月里，他竭力地想要提取出味噌汤和牛肉汤里都有的一种秘密的原料成分。池田找到了他的秘密分子，它就是 L– 氨基酸盐的前身——谷氨基酸。在《东京化学学会杂志》（*Journal of the Chemical Society of Tokyo*）上，他宣布了自己的发现。

谷氨基酸本身是无味的，只有在烹调或发酵蛋白质的过程中变成离子时，或是在阳光下被轻微灼熟的时候，才会被分解为舌头能够辨别出的 L– 氨基酸。“这项研究发现了两个事实，”池田在他得出的结论中写道，“一个事实是，味噌汤包含了谷氨酸；另一个事实是，谷氨酸引发了鲜味。”[7]

但是，池田还有一个问题要继续探索，那就是谷氨酸是一种不稳定的粒子，它总是渴望与其他化学物质相融合。在这些化学物质中，绝大多数都是一点也不美味的。池田明白，他必须把谷氨酸与一种舌头喜欢的稳定粒子结合起来。他天才的解决方法是什么呢？利用食盐！在多年的耐心实验后，池田终于能够从褐变的昆布中提取出一种金属盐了。这种白色无味粉末的化学缩写是“MSG”，或被称为谷氨酸钠（味精）。[8]它的确是盐类的一种，但是味道又不像食盐。同样，它既不甜，也不酸，也不苦。不过，可以确定的一点是，它很鲜美。

池田的研究无疑为对味道生理机能的探索埋下了种子，可是在当时，他的这项研究却完全被忽视了。事实上，科学以为自己早已经把舌头的事情搞定了。公元前 4 世纪，德谟克利特提出了一项关于味道的假说，他认为对味道的感觉是由食物所含颗粒的形状所影响的，舌头一直被视为一块简单的肌肉。依照德谟克利特的观点，甜的食物“具有又圆又大的原子”；与之相反，“酸涩的味道虽然也具有大原子，却粗糙、有棱角，不是球形的”。[9]咸味的感觉是由等边三角形结构的原子所致，而苦味则是由“球形的、光滑的、不等边的小原子”所引发。柏拉图相信了德谟克利特的观点，并在《蒂迈欧》（*Timaeus*）一书中写道，味道的不同是因为舌头上的原子进入了通往心脏的毛细血管所引起的。亚里士多德接下来又相信了柏拉图。在《论灵魂及其他》（*De*

Anima）一书中，亚里士多德描述的四大基本味道就是现已成为经典味道的酸、甜、苦、咸。[10]

在接下来的上千年中，这个古老的理论从未被广泛地质疑过。舌头被视为一个按程式运作的器官，食物的特性被按压在有细小突起的舌头表面上而被感觉到。19 世纪，味蕾的发现为这一理论提供了新的证据。在显微镜下，这些细胞看上去就像小钥匙孔，而被我们嚼碎的食物貌似与它的大小正好契合，两者的接触让味觉之锁就这样打开了。直到 20 世纪初，科学家们才开始为舌头勾勒出一张地图，为四大味道的每一种都分配了一个相对属于它们自己的领地：舌尖喜欢甜味，而舌头的两侧则更喜欢酸味；舌头靠后的位置对苦味很敏感，而咸味则遍布所有地方。味觉就那么简单地被“对号入座”了。

对于池田来说，不幸的是，舌头上似乎没有什么空间可以留给鲜味了。西方的科学家认为，鲜味是针对日式食物提出的一种似是而非的理论概念。在他们看来，不管怎么说，费尽心思致力于被称为美味的研究，本身就是一个愚蠢的想法。于是，一方面，全世界的厨师还在继续把他们全部的烹饪法建立在味噌汤、帕玛森奶酪（parmesan cheese）、番茄酱、肉汤、酱油之上；另一方面，科学界坚持着一种幼稚又不科学的信念，即相信，并且只相信那 4 种味道。

尽管池田有意无视科学，但他的观念还是吸引了一些狂热信徒。他推崇那种盐类白色物质谷氨酸钠——科学宣称这种粉末没有什么作用，因为我们没有办法尝出它的味道。可是，从物美价廉的菜肴到牛肉清汤中的肉丁，它都是被使用得不能再多的主要原料，在任何菜肴中似乎都要靠它来激发高汤真正的味道。在美国，谷氨酸钠甚至被挂上了“超级作料，特级口味”的牌子来销售。当食品的生产与加工达到了空前工业化的程度时，加入一定量的谷氨酸钠就成了使人产生味觉的最简单方法—— 一道用微波炉烹调的食物尝上去就好像在火炉上煨炖了好几小时的味道。话又说回来了，谁有那么多时间熬一碗肉汤呢？

随着时间的推移，其他先驱者也开始着手对自己当地的烹饪术进行研究，并不约而同地对 L- 氨基酸产生了浓烈的兴趣。从奶酪到番茄酱，这些食物都富含着这种神奇的氨基酸。鲜味这个说法似乎能够解释饮食世界中一些更复杂的特色风味：从罗马伊始，为什么这么多种文化都推崇鱼露？（用盐腌制的、轻微腐败的凤尾鱼会和谷氨酸盐迅速产生化学反应，犹如在玩一场球类运动，而比赛结果产生的是纯鲜味素。）为什么吃寿司要蘸酱油？（因为生鱼还是生的，它的鲜味素还很低，谷氨酸还没有被释放出来。）一滴酱油会立即让舌头感觉到鲜味四散开来。鲜味之说甚至解释了酸制酵母的原理（尽管它还不能为这种东西名正言顺地成为一种公认的食品种类而一锤定音），这是英国的一种用酵母提取物[①]制成的调味酱，它只是 L- 氨基酸的另一个名字而已（每 100 克酸制酵母中含有 1 750 毫克的谷氨酸。与其他所有加工食品相比，它含有的谷氨酸的浓度是最高的）。

① 窘迫的食品加工商们常常掩盖他们在食品中加入谷氨酸钠的事实，在产品标签上把它代称为发生过自溶反应的酵母提取物。（谷氨酸钠的其他“笔名”还包括原词“glutamate”的另一种写法“glutavene”以及钙酪蛋白化合物、钠酪蛋白化合物。）

当然，鲜味也是肉类尝起来那么好吃的原因，而肉类就是由氨基酸组成的。经过适当的烹调，肉类中的谷氨酸会成为自由态，然后人们就能够尝出它的味道了。这个过程同样适用于腌肉和奶酪。当意大利熏火腿腌制一段时间后，增长最多的氨基酸就是谷氨酸。[11] 与此同时，帕玛森奶酪是富含谷氨酸最多的食物之一，每 100 克帕玛森奶酪中含有 1 200 多毫克的谷氨酸。（只有洛克福奶酪含有的谷氨酸比它多。）当我们把经过久制后的奶酪放在意大利面中时，奶酪中的鲜味似乎使得这道菜中其他食物的鲜味大放异彩了。（这就是番茄酱和帕玛森奶酪是绝配的一对的原因。帕玛森奶酪使得番茄酱更加有番茄的风味了。）可见，一点点鲜味也是能够大有作为的。

当然，鲜味也解释了埃斯科菲耶的天才之处。锅底上烧焦的肉末是还没有被释放出来的蛋白质，富含 L– 氨基酸。高汤不过是饱含鲜味素的水，肉末在高汤中被溶解后，这些褐变了的肉末让你的口中充满了浓郁的香味。这种生命中最深沉的味道便是食物分解变性过程后所呈现的。

先于科学很久，厨房文化就阐明了舌头的生物学属性，这正是因为厨房文化担当着一项刻不容缓的任务——喂养人类。对于雄心勃勃的埃斯科菲耶来说，舌头是一个现实存在的难题，了解它是如何工作的是烹调美味佳肴的必经之路。每一正餐菜单都是一次新实验，是对他在烹饪方面本能创造力的一次感官体验。在他的烹饪书中，他写下的是每一个在家里做饭的“掌勺大厨”都已经知道的东西——蛋白质味道很不错，尤其是在它被破坏分解以后；在这里，久制奶酪会超越它腐败奶制品的原有属性；骨头里更是大有滋味。尽管实验科学已经有了大量基于经验的证明证实鲜味的存在，可是它还是在继续否定鲜味这个现实。这些傲慢自大、徒有其表的实验“专家”固执地认为，高汤的美味只存在于我们的想象中，舌头是尝不出它的味道的。

要想让科学相信自己，池田就必须有解剖学上的证据，只有它才能够证明我们真的能够品尝出谷氨酸的味道。尽管食谱上满是名人逸事一般的数据，还有那些做菜时将鱼露加入河粉、将帕玛森奶酪加入意大利面、用寿司蘸酱油的人，但是这些证据并不足以让池田的理论名正言顺。

在池田第一次从海藻中提取到谷氨酸钠的 90 多年后，他的理论最终得到了明确的证实。分子生物学家在舌头上发现了专门感受谷氨酸和 L- 氨基酸的两个明显的接收器。为了纪念池田，它们被命名为鲜味接收器（umami receptor）。第一个接收器于 2000 年被发现。一组科学家发现，舌头包含了一种可以感受谷氨酸的组织，而且已经验证了它是通过大脑中的神经细胞对谷氨酸加以识别的（谷氨酸同时也是神经传递素）。[12] 第二次发现并确定另外一个鲜味接收器是在 2002 年，这个接收器是从我们甜味的感受器中派生出来的。①[13]

在舌头上发现的这两种鲜味接收器彻底表明了鲜味并不是享

① 分子生物学同时也展示了我们是如何品尝辣味食物的。2002 年，研究者发现人的口中含有改进了的疼痛感受器，它的名字叫作 VR_1，其中凝聚着辣椒素——红辣椒中活跃的成分。因为 VR_1 感受器同时也会辨别高温食物，碰到任何激发了我们 VR_1 神经的食物，大脑都会觉得它们让人产生了一种过热的感觉。

乐主义者凭空臆造出来的。我们的生理机制中确实客观存在着一种只对牛肉汤、排骨汤和味噌汤产生反应的官能感觉。此外，正如池田坚持认为的，舌头要对美味下定义，要靠鲜味作为准绳。而酸甜苦咸要靠其他味道陪衬才能被更好地感知（就是因为这个，巧克力中才要加上一小撮盐，火腿边上总是要装饰着柠檬）。但鲜味并不像这 4 种味道，单单它自己就能被感觉到。[14] 它就是这么重要。

当然，这是再符合逻辑不过的了。为什么我们不能有一种味觉专门用来品尝蛋白质呢？我们自己就是由蛋白质和水组成的，我们喜欢变性后的蛋白质的味道，是因为我们需要它。我们的身体每天都要产出 40 多克谷氨酸，所以我们一直都渴望摄取和补充氨基酸。（天生是素食的物种会排斥鲜味素的味道。这对于严格的素食主义者来说很不幸，毕竟人是杂食动物。）实际上，我们生来就是被这样养育的，我们尽情地享受着鲜味：母乳比牛奶中含有的谷氨酸多 10 倍。舌头更喜欢那些我们身体需要的东西。[15]

无法解释的气味通感，用鼻子感受烹饪的交响乐

牛肉汤不能始终保守着法国食品富含谷氨酸的秘密。实际上，高级烹饪术并不总是美味的，有时甚至是不可食用的。在埃斯科菲耶为享乐派资产阶级开的新餐馆工作之前，所谓“精巧的食物”只是“徒有其表”的代名词。要是饭菜看上去不怎么样，人们往往连它的实际味道都不会过问。外表就是一切。马里 – 安托万·卡

雷姆①是世界上第一位明星大厨，他为塔列朗②和沙皇亚历山大一世做菜，还为拿破仑制作了婚礼蛋糕。他是精美烹饪风格的代言人。尽管人们常常把法式烹饪法的发明归功于卡雷姆，但是他烹饪的食物常常是冷食，由几十种甚至上百种洛可可风格般繁杂的菜肴组成。卡雷姆所在的巴黎，精巧的食物就像雕塑一样。照这样的美食风尚来说，卡雷姆的蛋糕雕塑的确不是徒有虚名。这道招牌菜以杏仁蛋白软糖、猪油和糖丝为原料精工雕刻而成。尽管这些雕塑非常漂亮，但它们却不是用来食用的。卡雷姆并不在乎这些。他曾说过："在我眼里，一道用于展示的精品菜肴已经达到了百分之百的完美程度。"[16] 这种无趣的奢侈是 19 世纪法式餐饮的典型。

埃斯科菲耶认为，所有这些浮华和推崇浮华的风尚都太荒唐了。食物本就是该用来吃的。他推崇的是俄式风格——一种把一顿饭分解成一定道数菜式的菜系。与卡雷姆华丽的自助餐不同，俄式风格的每一道菜都是独特的且单独占有一定的用餐时间，而且每一道菜都是刚从厨房里新鲜出锅的。这一餐交错安排，以烹饪活动特有的叙事风格自如地展开——汤的后面紧接着的是鱼，然后是肉。尽管是厨师写的菜单，但是上菜的节奏和内容却是由顾客自己决定的。最后，饭后甜点保证会为进餐者奉上一个快乐、圆满的大结局。

---

① 马里 – 安托万 · 卡雷姆（Marie-Antoine Carême），法国著名厨师与糕点师，被誉为"厨师里的国王"，对现代欧洲菜系的发展做出了重要贡献。——编者注

② 塔列朗（Talleyrand），法国近代资产阶级革命时代著名的政治家和外交家，历史上人们对他背叛拿破仑、埋葬法兰西第一帝国的行为指责颇多。——译者注

餐厅服务的革命要求厨房里同样要掀起一场与之平行的革命。厨师不能再忍受把几天时间都花在雕琢杏仁蛋白软糖、为花色肉冻铸造模型或混合制成卡雷姆丰富却有毒的炖汤上①。菜谱上的任何一道菜都必须在客人面前现场制作，并按照客人的需求烹饪。味道必须很快地加工出来。烹饪速度所达到的新水平使埃斯科菲耶将自己点石成金的烹饪咒语变得简单极了。他认为，每一道菜必须由它特有而必要的原材料组成，并且那些原材料必须是完美的。牛肉汤一定要包含小牛肉的精华，芦笋汤喝起来一定要有芦笋的原味，只有这样才算到位。

这种以简单和速度为基准的新式烹饪法还有另外一个好处：食物在端上来的时候是热气腾腾的。卡雷姆害怕热度（他的猪油雕塑品十分容易融化），而埃斯科菲耶却让自己餐厅中的进餐者提前就期盼着侍者端上一碗热气腾腾的汤。这些顾客想要他们点的鱼片在端上来的时候还“嗞嗞”作响，而且调味汁是刚刚在烹炸中才溶解的。实际上，埃斯科菲耶的烹饪法需要这种高效率——因为等到菜不温不热的时候才端上来，味道就会变得十分单一，让人困惑。在埃斯科菲耶的烹饪书里，他警告说：“菜肴一定要趁热的时候上，否则顾客就会觉得这道菜的味道平平、淡而无味。”[17]

埃斯科菲耶无意中又发现，他在食物刚刚端下炉灶时就立刻

---

① 一个典型的卡雷姆烹饪法在法语中被称作“les petits vol-au-vents à la Nelse”。这道菜需要两个小牛乳房、20 个鸡冠和鸡睾丸、4 个小羊的全脑（煮熟并切碎）、2 只脱骨鸡、10 个小羊的胰腺、20 只龙虾，除此之外还要用上好几品脱的多脂奶油，就为了把所有食材都搅拌在一起。

端给顾客的这种做法验证了我们嗅觉的重要性。当食物很热时，它的分子极不稳定，会挥发到空气中。慢慢煨炖到理想火候的高汤或一瓣在橄榄油中煎炸过的大蒜就能让整个厨房充满诱人的香气。然而，冷食则只停留在“地面”上，它完全依赖于味蕾去感受，鼻子根本派不上用场。

任何鼻子不通的人可能都曾感叹过，原来事物的乐趣多半源于它的芳香。实际上，据神经学家估计，被我们认为是味觉感受的有 90% 以上其实是嗅觉感受。某种东西的味道不仅仅会吸引我们去吃掉它（我们的唾液分泌腺会变得很活跃），但是考虑到食物是如此复杂，我们 5 种不同的味觉则只能够对它真正的味道小小地暗示一下。如果说是舌头给食物框定了一个界限，为我们提供质感、口感、味道的雏形等关键信息的话，那么首先让某种食物提前进入值得去框定的入选范围的则是鼻子。

埃斯科菲耶是充分肯定了具备灵敏嗅觉的鼻子之价值的第一位厨师。尽管他的食物预先设定好了满足舌头需求（尤其是对鲜味的需求）的各种指标，却仍要追求更高的目标——达到一种舌头所理解不了的艺术水平。这使埃斯科菲耶将他内容广泛的烹饪术完全建立在我们吸入的那些缤纷而多样的气味的基础上。实际上，他所痴迷的烹调上的微妙差别遍布于他烹饪王国的每个角落。它产生于让他联想起的旧式英国土风舞的龙虾汤中、英格兰奶油里香草的细语中、胡萝卜汤里漂浮着的山萝卜叶中，所有这些特有的细微差别正是我们那并不怎么细腻的舌头所察觉不到的。因此可以说，大多数饮食的味道都是由气味所致。

当我们进餐时，气流会在口中循环，升入鼻腔。在鼻腔里，热食物的气体微粒会紧紧地抓住分布在一个指纹大小区域中的那千万个气味接收器。当一个气味微粒紧紧地抓住接收器时（没人知道它们到底是如何做到的），离子涌动就这样产生了。它们游过尖细的轴突[①]，快跑过整个头颅，与大脑直接相连。

当然，鼻子中的感受器只是我们嗅觉的起点。这世界充满了芳香——有 1 万～ 10 万种不同气味。期望鼻子能为这么多分散气味中的每一种都营造一个不同的接收器，这种奢侈的想法似乎很荒唐。就像我们所有的感觉一样，嗅觉确实迷恋于将细胞作为捷径，实行效率优先、精确度次之的原则。虽然这种原则听上去可能不怎么样，但是进化实际上已经对我们的嗅觉极为慷慨了——气味接收器占据了人类基因组的 3% 以上。

为什么嗅觉需要如此多的 DNA 呢？因为我们的鼻腔配备了 350 多种不同的接收器类型，每一种都由一个与众不同的接收器基因所承载。这些连通接收器的神经细胞可以被许多不同种类的气味所激发，包括那些属于非常“显赫”的不同化学家族的味道。这就要求接收器必须协同运转起来，只有这样，大脑才能对特定的气味产生感觉。接收器必须把支离破碎的分散信息整合成一个连续统一的再现形式。

为了探明这个过程是如何发生的，诺贝尔奖得主理查德・阿

① 轴突是神经元的一个突出部分，负责将神经元的电信号传输到其他神经元或肌肉细胞。——编者注

克塞尔[1]的实验室启动了一项研究，研究对象是有着发光大脑的果蝇，它的每一个神经细胞都像一个小的霓虹灯。这是通过将荧光蛋白小心地注入这个昆虫的所有嗅觉神经中而达成的。但是，果蝇并不会始终都发光。

阿克塞尔对果蝇进行了基因改造，使荧光蛋白只能在细胞内部的钙达到一定浓度时才会发亮（活跃的神经细胞拥有更多钙质）。使用一些精度较高的显微镜，阿克塞尔的实验室团队就能够与果蝇感觉到同一种气味，观察到果蝇大脑中由气味所营造的活动范式。他们能够追踪到气味上升时果蝇产生了什么样的变化。接收器会首先闪动一下，毫秒之内，它就在小果蝇的神经系统中膨胀成了一大团兴奋状态的细胞了。此外，当闪着荧光的果蝇被放在不同的气味环境中时，它们大脑的不同区域就会相应亮起来。杏仁的气味与熟透的香蕉不同，它们会激活不同坐标位置上的脑电流。阿克塞尔由此发现了嗅觉功能的地图。

可是，即使这项以昆虫为实验对象的研究在技术上是多么了不起，它还是没有揭开气味的真正奥秘。阿克塞尔能够用霓虹神经细胞的方法观察果蝇的大脑，然后以让人惊叹的准确性按图索骥地辨别出果蝇嗅到的是哪一种味道。他是通过从外部观察果蝇这种半透明大脑来实施“读心术”的。但是果蝇是怎么知道它正在经历的变化呢？除非你相信在果蝇小小的躯壳里还存在着它的

---

① 理查德·阿克塞尔（Richard Axel），美国神经科学家，因在嗅觉受体和嗅觉系统研究方面做出的杰出贡献而获得了 2004 年的诺贝尔生理学或医学奖。——编者注

魂魄，它能够重建这已经被分解了的气味，否则这个奥秘是不可能说得通的。正如阿克塞尔所言：“在为果蝇的感觉回路勾画地图时，不管我们的发现是多么令人兴奋，始终还是存在一个问题：是谁在果蝇的大脑中审视着这一切？是谁读懂了这嗅觉的地图？这向我们提出了一个最深奥也最基本的问题。”[18]

为了说明这个悖论中悖谬的严重性，我们举一个自己会亲身经历的例子。想象一下，你刚刚吸入了一种浓郁、暗色的浓缩汤汁的气味，这是一种牛肉汤，它慢慢煨炖，变得越来越黏稠，直到骨头中的明胶都被炖了出来。尽管埃斯科菲耶想要他的调味汁成为从牛肉汤中提取的精华，但他却知道，这种提纯需要一张长长的购物清单来帮助实现。你不能只是在水中清炖牛骨。埃斯科菲耶烹饪的背后存在着一个反讽，就是他对朴素无华菜肴的追求——他想要做出一种尝起来原汁原味的调味汁。可是他却向高汤中加了一系列其他原材料，而且这些原材料中没有任何一样是与牛肉汤的精华味道有原始关联的。结果变成了我们的鼻子所熟悉的浓缩汤汁事实上是由许多不同种气味组成的。按照上述果蝇实验的逻辑，整个大脑的神经细胞都应该亮起来——这一气味的大杂烩式形态使我们的气味接收器全部活跃了起来。烤肉有一种肉的味道，配菜有一种树木的味道，奶油与面粉混合后产生的褐变的油脂面糊有一种舒缓的味道。依据这些明确的记述，我们至今还能得到植物性调味香料清香的蔬菜风味、番茄酱中强烈的焦糖味道以及雪利酒蒸腾后的坚果味。但是，所有这些不同原材料是如何成为有着某种特殊气味的浓缩汤汁，而使它尝上去像牛肉的精华的呢？从神经系统的角度来看，这样去追问明确的答案是会让人气馁的。

因为在浓缩汤汁被端上来的几毫秒内，大脑就会把上百个明显气味的接收器的活动连成一个整体。这就是所谓的通感问题。

可是，请注意，问题也许并不是那么简单。当我们经历一种感觉时，那感觉就好像不同的神经细胞网已经遍布在整个大脑中一样，就会出现所谓的通感问题。然而，在真实的世界中，大脑并不是一次只跟随一种气味，它往往会持续地遭遇着各种各样混合气味的“狂轰滥炸”。结果，大脑不仅要把各种各样的感觉结合在一起，还要对哪些神经细胞属于哪些感觉进行解码。举个例子，浓缩汤汁可能会作为嫩牛肉片的调味汁，旁边再加上用黄油搅拌的土豆泥。从浓缩牛肉汤到淀粉味的粗皮苹果酱，受埃斯科菲耶灵感启发的菜肴都会让鼻子瞬间充满密集而又特色十足的气味。面对如此美味的饭菜，我们或是吸入这道菜整体的香气，把层叠交织的香味作为一场烹饪交响乐来感受；或者选择分别去嗅每一种食物微妙的香气。换句话说，只有我们可以辨析自己放进去的东西——如果我们渴望这样做，我们可以选择只专注于土豆、浓缩汤汁或一片半熟牛肉的气味。尽管我们集中这种选择性所需的注意力似乎毫不费工夫，可是脑神经学家却一点都摸索不出它的存在规律。这就是所谓的辨析问题。

辨析和通感之所以成为问题，是因为人们不能够把它们彻底地解释清楚。不管我们所画出的大脑地图已经达到了怎样细致的程度，这张地图还是不能够解释，从一群细胞混乱的喧闹声中是如何过滤出某种统一的味觉或嗅觉的。或者在某一刻，我们如何在不同感官之间进行自由切换，从而把调味汁的气味与牛排的气味分开呢？脑神经学家在划分感觉的“底线”方面做得力道十足。而我们的餐食也表明，大脑需要有一个“顶端”。

科学鞭长莫及的个人口味

我们所经历的事情从不仅仅局限于实际的感觉，这让事情变得更加复杂了。基于感觉的印象总是不完整的，要想完整地呈现一件事情，需要一抹主观性来充当事物客观要素之间的黏合剂。在我们整体通感并进行逐项感觉的时候，其实是在判断过滤进我们想法中的自我感觉。这种有意识的阐释，大部分被自我意识周围交错感觉的暗示所驱使。如果你在一个不寻常的情况下“偶遇”到一种感觉，比如麦当劳浓缩汤汁的气味，你的大脑就会悄悄地开始修正它已有的感觉。吸入模棱两可的几种味道会让人合成一种独特的气味。比如，将牛肉汤的美妙气味合成“足三两牛肉汉堡”① 的味道。

我们的嗅觉尤其容易受到外界的影响。[19] 因为许多气味只是在分子的细节上有所不同——我们祖先在进化的过程中，曾以放弃原本灵敏的嗅觉能力为代价，换来色彩视觉感受能力的更好发展，所以大脑常常被迫要依赖于非嗅觉信息来破解气味密码。例

---

① 足三两牛肉汉堡（Quarter Pounder），麦当劳推出的一种汉堡包，是继“巨无霸”后的另一招牌食品。英文名称的中文意思是“1/4 磅汉堡”，“足三两”在这里并不是指实际重量，而是一种营销手法，用来形容汉堡的适中大小。——译者注

如，帕玛森奶酪和呕吐物都富含丁酸。这种酸有一种刺鼻的味道，还略带甜味。最后，被蒙上双眼的实验对象常常会把这两种刺激物搞混。然而，在现实生活中，这种感官上的错误却极为罕见。常识往往会凌驾于我们的真正感觉之上。

在组织结构水平上也能得到如此的解释——因为嗅觉“灯泡”已经被更高的脑区域产生的折射“光芒”所遮盖了，而这些折射会继续调节并加工嗅觉接收器储存的信息。[20] 牛津大学的一个科学家团队已经证明，仅仅一个词语标签就能深深地改变我们的想法，对我们认定自己的鼻子到底闻到了什么产生影响。当实验者让实验对象嗅一种无色气体，却告诉他闻到的是英国车达芝士时，实验对象的嗅觉区域就会因饥饿感而活跃起来。但是，一旦同样一种气味被附上“体臭”的标签时，实验对象则会关闭大脑嗅觉区域。[21] 也就是说，尽管气味本身并没有发生改变，始终是纯净的空气，但是大脑却完全修改了嗅觉产生的反应。我们不知不觉地欺骗了自己。

埃斯科菲耶懂得这项心理学原理。他的餐厅充满了暗示的力量。他坚持认为，菜肴要拥有高大上的名字，要放置在镀银浅盘中端给顾客。他的陶瓷餐具出自利摩日（Limoges），酒具出自奥地利，他那令人惊叹的擦得雪亮的器皿收藏则来自贵族财产拍卖会。埃斯科菲耶从来不把牛排与单纯的肉汁一块端给客人，他的牛排是经过浓缩收汁后才上的。他让服务员穿燕尾服，餐厅中所有洛可可风格的装修事宜他也参与审查和定夺。毕竟，一道完美的菜肴需要进餐者有一种高亢的兴致才会圆满。尽管埃斯科菲耶每天要在热锅后面花费 18 小时精心打造他的调味汁王国，可是他意识到，我们所品尝的其实是一种理念，我们的感觉强烈地受到它们所在环境的影响。埃斯科菲耶说：“一个人若在一种对的环境下享用食物，即使是马肉都可以很美味。”①[22]

这种观念听上去很可疑。它带有唯我论、相对论以及所有后现代的那些“主义”的意味，但这却是我们脑神经结构展示出来的事实。当感知到了某个事物以后，我们就会立即先入为主地参照先前的经历分析和框定这种感受。浓缩汤汁常常被归类在调味料、肉或菲力牛排的制作方法之下。正当大脑在考虑它要如何向我们交代关于这一款浓缩汤汁的信息时，先前的经历就会在我们的鼻子和舌头之前抢先帮我们破解它的信息：这是一款美味的调味汁吗？它跟我们记忆中的其他调味品有什么差别呢？我们点牛肉汤会不会后悔啊？这盘菜值这个价格吗？服务员是不是很莽撞呢？……诸多疑问，不一而足。

我们在无意识中为这一连串问题所提供的观念性答案决定了我们的感官感受，甚至在我们第二次伸出刀叉之前，浓缩汤汁就已经包含了我们的感受，而我们的感受则蕴含着已经审核完毕的主观性。因此，我们认为自己尝到的实际上只是这一食物的一部分味道，而与其同样重要的是大脑中包含的对往昔经历的总结，

① 8 世纪的教皇格雷戈里三世（Pope Gregory Ⅲ）曾写信给一位德国主教，认为吃马肉是一种“肮脏的、令人厌恶的习惯”，马肉是不洁净的。历史学家中也流传着一种观点，区分基督徒和异教徒的标准就是吃不吃马肉，不过也有人认为教皇此举不过是为了将马匹用在战争上。——编者注

正是因为这些回忆框定了我们现在的感受。

这种观念最具说服力的证据存在于酒之王国。2001 年，波尔多大学的弗雷德里克·布罗谢[①]指导了两项独立并带有恶作剧性质的实验。在第一项测试中，布罗谢邀请了 57 位品酒专家，并请他们说一说看上去是红葡萄酒和白葡萄酒的两杯酒给他们的印象。事实上，两个杯子中都是白葡萄酒，像红酒那一杯只是用食用色素染成了红色。但是在品尝后，这些专家对“红酒”的描述中，都不约而同地使用了那些形容红酒的专用语汇。一位专家称赞它的“果味”，而另一位专家则尤其喜爱它那“被碾碎的红色果肉”，但没有一个人发现它实际上是经过视觉伪装后的白葡萄酒。

布罗谢做的第二项测试更该死。他打开了一瓶还在酿造中的波尔多葡萄酒，将它倒在两个不同的瓶子中。一个瓶子上的标签是名贵的特级红葡萄酒（Grand Cru）；另一个瓶子上的标签是普通的餐酒（vin du table）。尽管事实上它们都是相同的酒，但专家们对标有不同标签的酒给予的评价却几乎是完全相反的。特级红葡萄酒是“令人心旷神怡、有着木质清香、复杂精妙、平衡而又完满的”，而餐酒则是“力道不足、味短、轻薄、平淡、有缺陷的”。40 位专家评论说有着名贵标签的那瓶酒很值得一品，而只有 12 位专家说另一瓶便宜的酒更值得一喝。

---

① 弗雷德里克·布罗谢（Frederic Brochet），法国葡萄酒研究专家，其研究主要集中于葡萄酒品尝、感官心理学和葡萄者消费行为等领域。——编者注

这些实验阐明的是主观性无所不能的引领作用。当我们抿一口酒时，酒的真实味道会让位于我们被实验设计者引导和塑造了的主观性，接下来才会去判定它是否便宜，抑或判定它的种类。在喝入口的是红酒、很昂贵等先入为主的观念之下，我们确实很直观地尝出了这些味道。结果，这些品酒专家很轻易地被实验设计者所蒙骗，把伪装的白葡萄酒当成了红葡萄酒，将便宜货混淆成了昂贵的酒。尽管可怜的他们犯下了可笑的错误，可是错误并不完全在于他们。人类大脑本身就会盲目地相信自己，为此它能够扭曲感受，让偏见成为事实，从而使真正的感受不能从个人观念中分离出来。如果“一杯酒是便宜货”已经进入了我们的观念中，那么它的味道尝起来也会是便宜货的味。如果我们觉得自己在品特级红葡萄酒，那么就会有高级的味道盈于口中。我们的感官能力在这些信息的指引下会变得犹疑，我们会依照这一直观的信息来辨析事物——凡是与事物表象相吻合的观念都会对我们起到暗示作用。正如布罗谢注意到的那样，我们对酒“尝上去应该是那种味道”的期待，“会比酒本身实际的质量更有力量”。[23]

感觉的不可靠性容易让我们出错——心理上的偏见和先入为主的观念在情感层面上表现得十分敏感，这就是神经还原论中的一个特殊问题。酒的味道就像其他任何事物的味道一样，不仅仅是酿造者向其中投入的物质味道的总和，是不能够在酿造中就被一锤定音的。问题的复杂性在于，我们不能从最单纯的单一感觉入手，然后再向上推导。这是因为我们所经历的并不是自己所感觉到的。相反，在经过大脑主观性的诠释后的综合知觉才是我们的经历。在这个过程中，大脑会把自己塞满个人记忆和特殊欲望的整个“图书馆”搜罗一遍，一股脑儿地作用于体验的那一刻。

从上到下反馈的重要性在大脑之外同样显而易见。举一个烤牛排的例子吧。埃斯科菲耶总是相信用高温烤出的牛排更鲜嫩多汁，因为烤焦的外壳会“把肉的原汁原味封存在其中”。这完全是错误的（就算是埃斯科菲耶也会犯错误）。从技术上来讲，在高温下烤出的牛排所富含的原汁往往更少，煎肉时那种诱人的“嗞嗞”声其实是牛排本身含有的液体蒸腾到空气中时所发出的声音（想要在牛排中保留最多的原汁，应该缓慢而稳定地软炸牛排，而且要到最后再加盐）。虽然如此，埃斯科菲耶所观察到的却是真的：尽管烤得好的牛排实际上水分更少，可是尝起来却有更多汁。这一烹饪错觉有一种让人不安的解释：一片烤得很棒的牛排——由美拉德反应而产生的烧焦的那层松脆的硬皮、牛排内部怡人的口感和半熟状态所留有的血丝，让我们期待得流口水。结果，在我们吃这道让人胃口大开，实际上却没有那么多汁的牛排时，给我们的感觉却好像更加有“汁”有味了。然而，我们感觉到的其实只是自己的唾液，这些唾液是由大脑诱导唾液腺而分泌出来的。流口水这一人的认知引领了我们对牛排感官体验的整个过程。

正如哲学家唐纳德·戴维森（Donald Davidson）所论述的那样，有一种基于主观生成的知识来自我们自身（他把这叫作“计划”），而另外一种基于客观的知识则来自外部世界（“内容”），想要清晰地将两者分辨开来终究是不可能的。在唐纳德·戴维森颇具影响力的认识论中，“组织系统和等待被组织的事物”[24]不可救药地相互依赖着。若没有主观性，我们就不可能解读我们的感觉；而反过来，如果没有感觉，我们也就没有进一步呈现主观性的载体。在品酒之前，你必须对它有一个判断。

然而，按照罗伯特·帕克①的客观性原则来说，就算能够以酒的原味来品尝它（而不受带有先遣计划的主观性的歪曲），我们每个人品尝出来的酒味也会不尽相同。科学早已证实，我们不同个体之间对特定气味和味道的感知有 10 倍的差异。从细胞上分析，这是因为人类的嗅觉神经皮层（负责阐释来自舌头和鼻子的信息的那部分大脑）具有极大的可塑性，它在我们个人经历的内容周围自由地排列组合着。当我们的其他感官平静下来很久后，味觉和嗅觉神经还是处于完全不稳定的状态。大自然是这样设计我们的：嗅觉的“灯泡”充满了新神经细胞的“灯丝”。细胞一直在新生，这些新生细胞的存活率取决于它们的活动状况，即只有那些对我们实际经历过的气味和味道做出反应的细胞才能够存活下来。其他的则会全部死亡。[25]最后的结果是，大脑开始映射出我们所吃食物的味道。

雄烯酮（androstenone）是一种化学物质，是尿液和汗水中含有的一种类固醇，它被看作人类的费洛蒙②。记录在案的一个最

① 罗伯特·帕克（Robert Parker），最具影响力的酒评家之一。他在葡萄酒鉴识功力上出类拔萃，拥有“百万灵鼻”的称号——即使是连续品 100 种酒，也不会减弱其嗅觉及味觉的敏锐程度。——译者注

② 费洛蒙，由外分泌腺分泌的一种极小的分子，可以随风传播到各处。费洛蒙因能够激发性吸引及其一系列反应，所以也被称为信息素或性外激素。——译者注

好的例子就是关于雄烯酮的。当闻雄烯酮时，人们往往会分化成截然不同的3组类型。第一组人压根儿就闻不到它。有着非常敏锐嗅觉的第二组人在雄烯酮微粒中能够分辨出的还不到万亿分之一，他们会觉得这一味道非常难闻（对他们来说，这种味道闻起来就像尿液一样）。第三组人的嗅觉并没有那么敏锐，却会令人诧异地对这种味道感到愉悦，会把它闻成一种甜甜的、有着麝香或香水的味道。使这种感官经历的差异变得更加有趣的是，此经历会对感受起到调节作用。反复闻过雄烯酮的实验对象会对它更加敏感，这是由大脑对它产生的反馈所导致的。[26] 这种反馈会让鼻腔里的干细胞新生出更多的对雄烯酮敏感的气味接收器。这些新生细胞的充沛状态会改变人的感官体验，曾经是香水的东西就这样变成了尿液。[27]

当然，在真实世界里（与实验室正相反），掌控着我们感受的无疑是我们自己。所以，我们在晚餐吃什么上完全有自主权。埃斯科菲耶是第一个明白这一点的人，他让顾客自己点菜，正是因为他不知道顾客究竟想吃什么。他们会点炖牛肉还是鲑鱼肉丸呢？是一碗牛肉清汤还是用鲜菌点缀着的小牛腰子呢？尽管埃斯科菲耶还是会让顾客遵守几项基本规定（吃牛肉的同时不能喝白葡萄酒，两道菜的间歇不能抽烟，喝完奶油浓汤后不能吃用白醋调味的小牛肉，等等），可是他却懂得尊重每一位进餐者自己独特的用餐意愿。这就是他发明了菜单这个东西的原因——这样，顾客们就能够根据自己的需求选择饭菜了。

每当顾客在埃斯科菲耶的餐厅选择了牛排而不是绯鲤并吃下

他做的菜时，舌头的感受都会产生变化。当埃斯科菲耶在伦敦萨伏伊酒店①就职时，他有一种信念——启蒙英国人的味觉。起初，新顾客对他精心安排的菜谱所持的否定态度令埃斯科菲耶十分惊骇。（后来他说，他拒绝学习英文是因为他怕这种语言会对自己产生潜移默化的影响，从而让他像英国人那样烹饪。）[28] 有些顾客会点两种带奶油的菜（这真是有失餐桌之仪），而另外一些顾客则想要没有放调料的肉，或者晚餐只喝一丁点汤。为了教会英国顾客如何吃好一顿饭，埃斯科菲耶决定，在餐厅中，凡是超出 4 个人的聚会只能听从他的建议——将什么样的菜摆在他们面前。作为餐饮教育的一种工具，埃斯科菲耶发明了厨师推荐菜单，因为他对顾客能够学会如何进餐这一点很有信心。他坚信随着时间的推移，在餐饮方面英国人能够变得更加“法国”一些。他是对的——因为味觉是非常具有可塑性的，它能够通过新的经历而被重新塑造。成为一位美食家永远都不会太晚。

自从 1903 年埃斯科菲耶百科全书式的菜谱出版以来，他的烹饪发明就一直在改变着不计其数的嗅觉神经皮层、鼻子，还有舌头。他的烹饪秘方的确改变了我们的感受，教会了我们应追寻什么，应如何端出我们最垂涎的佳肴。这就是极品烹饪的力量——它激发出一种新欲望。从埃斯科菲耶那里，我们学会了如何去热爱有滋有味的高汤、黏稠的调味汁以及所有美妙的法式食品所专用的银器。他让我们产生了这样的期待：不管其中还需要

① 萨伏伊酒店（Savoy），一家与“现代酒店之父”凯撒 · 里兹（César Ritz）合资的企业。——编者注

加入多少额外的原材料，食物品尝上去都应该是它们特有的精华之味。他对黄油的挚爱可能会让我们少许折寿，但作为补偿，他烹饪秘方中的智慧却让我们短暂的生命变得更加快乐了。

埃斯科菲耶是如何发明出这样振聋发聩、力道十足的美味大集锦的呢？这首先应该归功于他的亲身经历和精益求精的态度。他知道，美味是非常私人化的东西，对于味道的任何分析都必须从第一人称的角度出发。他那个时代的科学对待舌头就像对待一位陌生人一样。就像池田那样，他并没有听信自己那个时代的科学的说法，而是细心地捕捉着人们多种多样的渴求与变化莫测的奇思妙想和欲望。我们的欢愉是他实验的指南针。就像埃斯科菲耶在他菜谱的开头所警告的那样，“没有什么理论、公式或秘方能够取代真实的体验”。[29]

当然，我们经历与体验的个性化正是科学永远都无法解决的难题。事实上，我们每个人都拥有一个与众不同的大脑，它一直在接收我们私人欲望的高音频率。通过一生的进食，在我们神经细胞的层面上，这些欲望和渴求获得了实现的机会。埃斯科菲耶的《烹饪指南》长达600多页，因为他知道，无论用多少鲜味和奶油，单一的烹饪法还是不能够满足每一个人的口味。**从某种意义上来说，个人口味才是味道的关键，而这恰恰是科学解释鞭长莫及的领域。实验对象的经历是不能够被拆分简化的。烹饪既是一门科学，也是一门艺术。正如马里奥·巴塔利（Mario Batali）大厨对自己某种烹饪秘方所评价的，“如果灵验了，它就是真经”。**[30]

第 4 章

记忆的途径

“意识流文学先驱”马塞尔·普鲁斯特

PROUST

Was a

Neuroscientist

一只在抽屉里塞满了账单、诗词、
情书、诉状、抒情歌曲以及用收据
包裹着一些浓密的头发的大橱，
也不及我烦闷的脑子藏着这样
多的秘密。它乃是金字塔、大坟场，
它收容了比万人冢更多的死尸。
——我是一块连月亮也厌恶的墓地。①

波德莱尔[1]

---

① 波德莱尔 :《恶之花 巴黎的忧郁》，钱春绮译，人民文学出版社，2020，第176页。——编者注

马塞尔·普鲁斯特所著的《追忆似水年华》这部小说，就书名而言，既很平实，又很贴切。

这本书曾经有过两个版本的英文书名。第一个书名是 *Remembrance of Things Past*（意为：往事的回忆），是此版本的译者 C.K. 斯科特·蒙克利夫（C. K. Scott Moncrieff）取的。这个书名并不是直译过来的，而是从莎士比亚的一首十四行诗里借用的。一方面，这个书名的确可以顺畅地将读者引入普鲁斯特作品的内容中去；可另一方面，这个书名既不能传神地表现出普鲁斯特对时光的痴迷，又不能充分地说明他的这部小说是对某种事物追寻的过程。普鲁斯特本人对这本书的命名非常较真儿，绞尽脑汁地把书名想了个遍——从 *The Stalactites of the Past*（意为：过去的钟乳石），到 *Reflections in the Patina*（意为：铜锈中的感怀），再到 *Lingered Over Days*（意为：怀思往昔时日），最后到 *Visit from a Past That Lingers On*（意为：重回往昔时日）。对这几个书名选项思忖了几个月之后，普鲁斯特最终确定了 *A la Recherché du Temps Perdu* 这个书名。1992 年，译者 D. J. 恩莱特（D. J. Enright）为普鲁斯特的小说取了一个更直白些的英文书名：*In Search of Lost Time*（《追忆似水年华》）。

在这部小说里，普鲁斯特一直在寻找时间静止状态下的那一方隐匿的空间。普鲁斯特因“现实存在物本质上是不可救药的不完美”而深陷迷茫，觉得时光仿若冷水一般，无声流逝。所有的一切都随着退潮的海水一并散去。作为一位已过而立之年的病人，除积攒下各种病历卡、给母亲写一些自怨自艾的书信之外，普鲁斯特还没有用自己的生命之火烘烤出任何“成就的蛋糕”——此时的他怎会甘心坠入死亡的深渊？

后来，一直在追寻不朽滋味的普鲁斯特终于成了一位小说家。哮喘病让他不得不将自己关在卧室里。于是，被剥夺了现实生活的普鲁斯特用他唯一拥有的积蓄——他的记忆创造了艺术。乡愁成了为他止痛的药膏。因为“我们的生活若是奔波流浪、远走他乡，那么记忆就应该是宛若处子般静穆”。[2] 普鲁斯特深知，每当他在记忆中遗失了自己，同时也会相应地失去对时间的感知。嘀嗒作响的时钟已经被湮没在思绪和情愫此起彼伏的绵绵细语中了。但只有在那细语中，在自己的记忆里，他才能够永远地活下去。往昔将会成为一部杰作—— 一块不朽的“蛋糕”。

这一启示让普鲁斯特深受鼓舞，并开始写作。他奋笔疾书、笔耕不辍，渐渐地沉浸在了自己书稿的深处，而只在如他所言的“当我的记忆需要帮助时”，他才会浮出水面。普鲁斯特把自己对记忆的信念雕琢成了一部鸿篇巨制。写成这本书，他凭的是直觉，凭的是对自己的无限崇拜与臣服以及自身特有的艺术手法。在他静谧得近乎沉闷的巴黎工作室里，通过专注地聆听自己感伤怀旧的大脑之声，他发现了大脑运作的奥秘。

普鲁斯特发现的是一份什么样的秘密图纸呢？说他描绘了真实环境，展现了巴黎社会全盛时期的浮光掠影等已经是老生常谈了。很多文人学者对他遣词造句的风格饶有兴趣，尤其津津乐道于他对一场又一场宴会的描述，其语句的铺陈是那般迷狂与奢侈，酷似一段段具备催眠效果的旋律。在普鲁斯特的行文中，两个句号之间的距离往往非常远（其中有一个句子竟然有 356 个词语那么长），而且常常以模糊不清的细节开始（如纸巾的纹理或管道里的流水声），最终以对所有事物交叉感应的综合冥想做结尾。亨利·詹姆斯本人也是写作风格细致到繁复的行家里手，可是就连他也把普鲁斯特的风格定位为“与你能想象到的最高极乐相对应的无可言状的百无聊赖”。

尽管关于普鲁斯特辞藻华丽、艺术技艺精湛的类似评论都没错，却忽略了一点——普鲁斯特对记忆的思索是严肃且认真的。尽管普鲁斯特有他的弱点——对从句和法式蛋糕似乎有一种上瘾似的偏好，然而凭借着那些“拍岸”而来的形容词“浪花”和强烈的孤独感，他特有的直觉使自己懂得了现代神经学的一些最基本的原理。科学家们把人类的记忆分割成了一张由分子和不同脑区构成的列表，可是并没有意识到自己的科学成果同时也为一位离群索居的法国小说家开辟了新航道。普鲁斯特本人虽不能永远活下去，但是他关于记忆的理论却会流芳百世，经久不衰。

1892年，法国画家雅克-埃米尔·布兰奇（Jacques Emile Blanche）所画的马塞尔·普鲁斯特

激发顿悟的玛德琳蛋糕，从直觉中获取大脑的奥秘

普鲁斯特并不会对自己的先知能力感到惊愕。他相信艺术与科学虽然都通过“事实”说话（“印象之于作家就如同实验之于科学家”），但是只有艺术家才能够描述真正被体验过的现实。普鲁斯特确信他小说的每一位读者都会“在书中找到自己的影子……这一点就见证了小说的真实性”。[3]

从哲学家柏格森那里，普鲁斯特找到了一种信念，他相信艺术具有神奇的力量。[1] 普鲁斯特在写作中进行“大追寻”的起步阶段正与柏格森名气渐长的时期相吻合。这位形而上学学者剧场演讲的门票总是被一抢而光，那些文化型游客像着了魔似的倾听着他对生命哲学、喜剧和创造进化论的阐述和论辩[2]，柏格森著有一本名为《创造进化论》(*Creative Evolution*)的书。他的哲学在本质上是对宇宙机械论的一种激烈反抗。柏格森曾说过，科学定律的确适用于无生命的物质，能让我们认识到原子与细胞之间的关系。可是，宇宙机械论难道还要把科学定律应用于人类吗？要知道，我们可是有意识和回忆的，并且是鲜活存在的生命啊！柏格森认为，现实——我们自我意识中的现实是不能够以机械的方式被分解还原，或作为实验品被切割解剖的。柏格森还相信，我们只能通过直觉了解自己，而这个过程则需要大量的内省作为依托，需要我们在许多散漫的日子里放任自己的思绪，听任它们游丝般悬浮于内心不同板块的缝隙处。这基本上可以被归类为一种带有中产阶级色彩的冥想了。

普鲁斯特应该算是第一批接受柏格森哲学思想的艺术家了。

---

① 从 1891 年到 1893 年，普鲁斯特一直参加柏格森在索邦神学院（Sorbonne）主办的讲座。除此之外，他还在 1909 年读过柏格森的《材料与记忆》(*Matter and Memory*)一书，那时他刚刚开始动笔创作《追忆似水年华》的第一卷《在斯万家那边》。1892 年，柏格森与普鲁斯特的堂妹结婚。然而，普鲁斯特与柏格森之间被记录在案的谈话却只有一次，当时他们讨论的是睡眠的本质。这段谈话被转述在《追忆似水年华》的第四卷《所多玛与蛾摩拉》中。对于哲学家柏格森来说，普鲁斯特不过是送过他一副带包装盒的高档耳机的妻堂哥而已。

② 1931 年，柏格森在出席哥伦比亚大学演讲时，导致了纽约市的第一场交通堵塞。

他的文学成了直觉"精灵"们集体诞生的一场庆典，往日里那些我们躺在床上就能够静静思考出的所有真理，如今都生机勃勃地蹦跳出来，一起加入这场庆典狂欢的游行队伍中去了。普鲁斯特对柏格森为他带来的影响不无焦虑，他在一封信中写道："除了把柏格森的哲学写成一部小说，我还有很多事情要做！"[4]然而，普鲁斯特还是无法抗拒地选择了柏格森生命哲学的理念作为写作的主题。实际上，通过对柏格森哲学透彻地吸纳与理解，普鲁斯特得出了这样的结论——19世纪的小说里所描绘的所有东西其实都是本末倒置、颠倒错位了的，原因是小说家们习惯于让客观事物先于主观思考闯入读者的眼帘。普鲁斯特写道："这种文学的旨趣只在于'临摹实物'，从外部赋予它们寥寥几个抽象的线条和表面就停笔了。虽然他们宣称自己是'现实主义作家'，可他们与现实的距离其实是最远的。"[5]正如柏格森所坚持的那样，只有从主观角度才能最贴切地了解现实，只有直觉之路才能引领我们走向事物的本真。

可一部被杜撰出来的小说又如何能够展示出直觉的力量呢？柏格森认为，现实生活"归根结底是属于精神领域的，而不是物理学范畴的"，那么一部小说该如何证实柏格森所说的这种现实呢？普鲁斯特为此发明了一件能够穿越时空的"神器"，令人意想不到的是，这件"神器"竟然是一种形状酷似贝壳的柠檬味奶油糕点。就是这个小东西悄然无声地显露出其"精神架构"之玄机。一块小点心能使人"穿越时空，回归到最基本、最纯粹的心理世界中去"。[6]"追寻"就这样开始了——被这块叫作"玛德琳"（madeleine）的糕点触及了穴位之后，"我"的整个思绪便渐渐舒展、弥漫开来了。

> 带着点心渣儿的那一勺浓茶碰到了我的上腭，顿时使我浑身一震，我注意到我身上发生了非同小可的变化。一种舒坦的快感传遍全身，我感到超凡脱俗，却不知何故。我只觉得人活一世，荣辱得失都清淡如水，背时遭劫亦无甚大碍，所谓人生短促，不过是一时幻觉；那情形好比恋爱产生的作用，以一种可贵的精神充实了我。也许，这感觉并不是来自外界，而是它本来就是我自己。我不再感到平庸、猥琐、凡俗。这股强烈的快感是从哪里涌现出来的？我感到它与茶水和点心的滋味有关，但又远远超出了滋味的局限。那么，它从何而来？又意味着什么？哪里才能再次感受到它？
>
> 喝第二口时的感觉比第一口要淡薄，第三口比第二口的感觉更趋于微弱。该到此为止了，饮茶的功效看起来会随着时间的流逝每况愈下。显然，我所追求的真实并不在于茶水之中，而在于我的内心。[7]

这段华彩乐章浓缩了普鲁斯特艺术之魂的精华——存在的本真就如同一杯清茶的气息，香气四溢，随风飘逝。激发出普鲁斯特心中顿悟灵光的虽然是玛德琳蛋糕，但这部小说却并不是以它作主角。这种蛋糕仅仅是一个天造地设的合理缘由，让他信手拈来地探索自己最心仪的主题——自己。

普鲁斯特从具备了先知般启示的甜点、面粉和黄油渣儿那里学到了什么呢？他其实凭直觉获知了许多关于我们大脑的奥秘。1911 年，也就是普鲁斯特写出“玛德琳蛋糕”的那一年，心理学家们并不知道感觉是如何在颅骨中相互连接的。普鲁斯特一个最深刻的洞见就是，我们的嗅觉和味觉担负着记忆所施与的一个独特的担子：

> 即使物是人非，久远的往事了无陈迹，虽说气味和滋味更脆弱，可它们却更有生命力，唯独气味和滋味会在形灭之后依旧长存；虽说更虚幻，却更经久不散，更忠贞不渝，它们仍然对依稀往事寄托着回忆、期待和希望，以几乎无从辨认的蛛丝马迹，坚强不屈地支撑着整座回忆的巨厦。[8]

神经学家现在意识到普鲁斯特是正确的了。布朗大学心理学家蕾切尔·赫茨（Rachel Herz）发表过一篇科学论文，并将它巧妙地取名为《检验普鲁斯特式的假说》（*Testing the Proustian Hypothesis*），主要展示了我们的味觉和嗅觉是如何以极为先入为主的独特方式去进行运作的。[9] **其独特性主要归因于：味觉和嗅觉直接与海马相连，而海马正是大脑长期记忆的中心，它们的印记是不可磨灭的。丘脑是语言之源，是通往意识的第一道大门，所有其他感官的运行（视觉、触觉、听觉）都要首先经过丘脑。**所以说，单凭这些感官是没有能力使我们的往昔复活的。

普鲁斯特凭直觉知晓了这一原理。虽然一块玛德琳蛋糕的味道与茶香带他回到了悄然远逝的童年时光，[①] 但只是盯着贝壳状的小点心看，还不足以勾起记忆中的任何东西。普鲁斯特甚至为此怪罪起了自己的视觉，认为这是由于视觉先入为主地淡化了童年的记忆。“也许是因为玛德琳蛋糕对我来说很常见，我却从来没有品尝过它们吧，”普鲁斯特写道，“它们的形象已经与小镇贡布雷（Combray）毫无干系了。”[10] 对于文学史来说，幸运的是，普鲁斯特决定把这块小点心放在自己口中。

当然，普鲁斯特一旦开始追忆过去，就失去了对玛德琳蛋糕味道的所有关注。相反，他开始沉迷于自己对这块点心是怀有什么样的感觉，它对他意味着什么？这些糕点渣儿又会启迪他想起关于过去的什么事情？一口一口吃下这些充满魔力的面粉和黄油，还有其他什么记忆会跳出来呢？

在普鲁斯特眼里，玛德琳蛋糕之所以值得他赋予哲学上的阐释，是因为大脑中的一切都是相互关联的。于是，玛德琳蛋糕轻易地成了一种神的启示。虽然普鲁斯特那些接踵而至的精神联想是合乎逻辑的（例如，玛德琳蛋糕以及对贡布雷的记忆），但是

① A. J. 利布林（A. J. Liebling），著名的享乐主义者和《纽约客》撰稿人。他曾写道：“一个小小的刺激就能在普鲁斯特的笔下激起层层涟漪（玛德琳蛋糕中含有的白兰地量还不够把一只小虫子灌醉），照这样来看，普鲁斯特并没有拥有一个更好的胃口。真是太可惜了，这对于整个世界来说简直就是一个损失。”

利布林会很高兴知道普鲁斯特其实是一个胃口极佳的人。尽管他每天只吃一顿（根据医生的建议），但普鲁斯特的晚餐却极为丰盛。其中包括两个奶油酱煮蛋、三个可颂面包、半只烤鸡、炸薯条、葡萄、啤酒和少量的咖啡。

其他联想却让人感到异常随性。为什么小点心还会让他想起“日本人自娱自乐的一种游戏——在一个瓷碗里装上水，水中浸着一些纸条”？[11] 为什么上过浆的餐巾纸会让他想到波澜起伏的蓝色大西洋？可以说，普鲁斯特是自己大脑中那个忠实的编年史记录者，他欣然接受这种奇异的联想正是因为自己无法解释它们是怎么回事。普鲁斯特懂得，个人特质是人格特性的精华所在。不管自己大脑中那些若隐若现的神经联系有多么荒谬，但只有谨小慎微地追溯它们的始末，我们才能了解自己，真正的自我正是如此隐隐呈现的。普鲁斯特从一杯下午茶里采集到了这些关于智慧的样品。

记忆只是对现实的不完美复制

时间存在，记忆亦存在。普鲁斯特的那些非虚构故事大部分都探索了时间是如何让记忆产生变化的，所以，时间和记忆就这样以相互依赖的方式存在着。就在普鲁斯特抿了一口椴树花蜜茶之前，他对读者们发出了这样一个令人心灰意冷的警告：“重拾记忆只是白费工夫，我们所有的才智都是徒劳……”[12] 为什么普鲁斯特认为旧日难寻，而重拾记忆亦是“白费工夫”呢？

这些问题正切中了普鲁斯特记忆理论的核心部分。简单地说，他相信我们的记忆是不可信的。尽管人们感觉这些记忆很真实，但其实它们只是一些经过精心设计的虚构之物。以玛德琳蛋糕为例，普鲁斯特意识到在我们吃完点心的那一刻，瓷盘上留下的那一小撮点心渣儿就开始促使我们歪曲对点心的真实记忆了，其目的就是让这种记忆符合埋藏在我们潜意识中的个人叙事情结。因为“智力总是会重新加工我们的感受”，我们也总会因此篡改事实，使之适合自己所认定故事的需要。普鲁斯特因此警告我们，要以一些怀疑主义精神来谨慎地判断我们记忆中所含有的真实成分。

因此，普鲁斯特书中的叙述者也经常改变自己对人生百态所持记忆的描述，这种游移在对小说主人公的恋人艾伯丁的描写中尤其显著。在整部小说中，艾伯丁的美人痣从下巴移到了唇边，再就是到了眼睛下面的颧骨上。在其他任何一部小说中，这种“粗心”都会被看成是一个错误。但是在《追忆似水年华》这部小说中，记忆的不稳定性和不精确性恰恰成了小说的灵魂所在。普鲁斯特想让我们知道，我们永远也无从确定艾伯丁的美人痣到底长在哪里。普鲁斯特在一封写给雅克·里维尔（Jacques Rivière）的信中写道：“我有义务去描绘这些错误，而在同时我却不认为有必要挑明它们错误的性质。”[13] 因为任何记忆都会存在些许错误，所以没有必要把这些错误一一记录在案。

这则故事中奇怪的转折点是，现有的科学在普鲁斯特理论的背后发现了分子领域的一些真相。记忆的确是不可靠的。我们对往昔的记忆也并不完美。

弗洛伊德是首次科学地记录了记忆“不忠行为”的人。在进行精神治疗的过程中，他治疗过的女性患者有相当一部分都把神经性癔症（nervous hysteria）归因于童年时代所遭遇的性骚扰。

为了解释她们略带羞意的自白，弗洛伊德不得不面对两种同样让人错愕的情况，要么是这些患者们都在撒谎，要么就是性骚扰在维也纳的中产阶级中稀松平常。最后，弗洛伊德意识到，真正的答案不是他在诊所之内就能寻找到的。精神治疗专家根本无法发现到底发生了什么，因为当这些患者们“回忆”起她们遭遇性骚扰的那一刻时，同时也在心灵深处创造着这段记忆。即使她们遭受性骚扰的故事是捏造的，这些患者实际上也并没有说谎，因为她们对自己口中说出的每一个词语都深信不疑。我们对往事的追忆都会带有一星半点的私心，不管它们是否发生过，大脑会让我们觉得这些记忆就是那么真实。

在 20 世纪大部分时间里，神经学都追随着弗洛伊德在研究中树立的中立立场。虚构记忆的研究并不能引起神经学的兴趣，同样，对回忆过程是如何改变记忆的话题也丝毫引不起这些研究者的兴趣。科学家们设想，这些记忆知识被搁置在了大脑的储物架上，就像图书馆里落满灰尘的旧书一样。但是这种天真的设想终究不能对纷繁的问题予以解答。为了能够研究往昔的真实性，能够遵循我们的实际经历来理解自己的记忆，科学家们需要去直面记忆中幽灵般的谎言。

每一瞬间的记忆都是以改变两个神经细胞之间的联系开始的。第一个察觉到这一事实的是 1906 年获得诺贝尔生理学或医学奖的圣地亚哥 · 拉蒙 – 卡哈尔[①]。卡哈尔的科学实验过程非常

---

① 圣地亚哥 · 拉蒙 – 卡哈尔（Santiago Ramony-Cajal），西班牙神经学家和艺术家，被认为是现代神经科学的创始人之一。——编者注

简单：他只是透过显微镜盯着薄薄的脑切片，然后让自己的想象纵横驰骋。（卡哈尔把他的科学称为“思维的腾跃”。）①[14] 那时，科学家们认为人类大脑的神经细胞是以一种光滑无缝的网状结构连接在一起的。就像电线连成的回路一样。然而，卡哈尔却认为每个细胞实际上都是一座岛屿—— 一座完全被自己的细胞膜束缚起来的岛屿（直到 20 世纪 50 年代，人们才在电子显微镜的辅助下证实了这一观点的正确性）。然而，如果神经细胞并不接触彼此，那么它们是如何形成记忆、交换信息的呢？卡哈尔设想，那些被称为“突触间隙”的细胞间的空隙才是秘密的交流站点。约瑟夫·康拉德（Joseph Conrad）对地图的说法同样适用于大脑——最有趣的地方往往是一些空白处，因为变化就在那里发生。

卡哈尔是正确的。我们的记忆依靠突触力量微弱的变化而存在，它使得神经细胞间的交流更加轻松。最后的结果就是，当普鲁斯特品尝玛德琳蛋糕时，处于点心味道下游位置的那些与贡布雷和利奥妮（Leonie）姨妈相连的神经细胞都会亮起来。当这些相关细胞紧密地缠绕在一起时，记忆就这样产生了。神经学家并不知道这是怎么一回事，② 但是他们却知道记忆的生成过程需要新的蛋白质。这的确很合乎逻辑——蛋白质是搭建生命的基石，

---

① 卡哈尔在他所著的《给青年研究者的建议》（*Advice for a Young Investigator*）中写道：“若不是凭着某种直觉，无论他的观察天赋有多高，都没有办法构想出一个合乎情理的解决方法。这种直觉是一种占卜的本能，它会预测事实背后的思想以及现象背后的法则。”

② 有可能的解释包括：神经传递素接收器密度的增大；伴随每一项有刺激作用的事件，都会有更多神经传递素被释放出来；某种如一氧化二氮的逆序信使所导致；或者以上这些情况的交错发生使然。

而记忆的搭建同样也需要我们提供诸如此类的材料。时间长河中的某些瞬间就这样被纳入了大脑的巨厦之中。

但是，2000年，卡里姆·纳德、格伦·谢夫、约瑟夫·勒杜①等人在纽约大学所做的一组令人惊叹的实验演示了记忆的过程本身也会改变你自己。[15]他们让小白鼠将大音量的噪声与微弱的电击联系在了一起，从而证明了自己的论断（只要事关疼痛，大脑总会学得很快）。正如所预料的那样，注射一种让新蛋白质停止产生的化学物质同样会预防小白鼠生成恐惧的记忆。因为它们的大脑不能够提前把自己所处的情景与电击相联系，所以突如其来的电击总是能够把它们吓一大跳。

然而，纳德、谢夫和勒杜又把这组简单的实验推进了一步。首先，他们确保了小白鼠对电击与噪声的前后联系有着非常稳固的记忆。他们期望这些啮齿动物在噪声响起时会害怕得缩成一团。在这种记忆稳固45天以后，他们再次把小白鼠放在了这种能够唤起恐惧感的噪声环境中，并把一种蛋白质抑制因子注射到其大脑内。这个实验的与众不同之处在于对时间的把握。实验者并没有阻断生成一段记忆的过程，而是恰好赶在小白鼠刚好要回忆起噪声意味着什么的时候给它们注射一些有害的化学物质，从而阻断了这一回忆过程。依据关于回忆的常规，似乎什么都不该发生。长期记忆应该存档在大脑中一个受保护的文件柜中，不依

---

① 卡里姆·纳德（Karim Nader），加拿大神经学家；格伦·谢夫（Glenn Shafe），美国心理学家和神经学家；约瑟夫·勒杜（Joseph LeDoux），美国神经学家和心理学家。——编者注

赖于任何提醒而存在。在有毒物质冲出细胞后，小白鼠应该记得恐惧才对，而噪声还应该让它们回想起被电击的情景。

可是事情却并非如此。当纳德和他的实验小组阻断了小白鼠在脑中重演那段充满恐惧的记忆时，原有的记忆也不见了踪迹。可见，仅在回忆过程中打断了一小下，就足以消除小白鼠的恐惧。这群小白鼠由此成了失忆者。①

乍看上去，这项实验观察似乎很不协调。毕竟，我们喜欢把记忆想象成不可磨灭的印记，与回忆这个动作本身似乎根本不是一回事儿。但是记忆并不是这样的。事实上，它只在你上一次想起的时候才是真实的。**你越是用力回想，记忆就会变得越不精确。**

纳德的实验看似简单，却需要科学去重新想象回忆的过程。它把记忆视作一个永不休止的过程展现了出来，而不是作为一种毫无活力的信息储藏库。它向我们展示了我们回想任何事物时的情景，而此时记忆的神经细胞结构就已经产生了精细的改变，这个过程就叫作记忆的再巩固现象（reconsolidation）。弗洛伊德把这个过程叫作“事后性”（nachtraglichkeit）或者“溯及力”（retroactivity）。**记忆是在原始刺激不在场的情况下改变的，它会变得越来越不取决于你所回想出的真实客观事实，而在于你本身所处的具体心境。**所以，纯粹的客观记忆——那个如“实”反

① 神经学家现在正把记忆的再巩固看作创伤后应激障碍（post-traumatic stress disorder，PTSD）和毒瘾的一种可行性疗法。通过在具有杀伤性回忆被唤起时的屏蔽，科学家们希望将焦虑和各种瘾症全部祛除。

映了玛德琳蛋糕味道的记忆是你永远也无法知晓的。你回想起点心味道的那一刻，其实已经忘掉了它真正的滋味。

普鲁斯特预见性地发现了先行于记忆的再巩固现象。对于他来说，记忆就像一个个行文句子——它们永无止境地根据上下文情境的变化而变化。最后，普鲁斯特不仅成了一位热衷于多愁善感的人，还成了一位让人无法容忍的“改稿作家”。他在手稿的边上草草记下了一些文字，之后，当这些旁注密密麻麻地写满后，他又会在这一页补充一些文献资料，他甚至会把这些内容剪裁成一小张一小张的纸片贴在手稿上面。他写下的东西没有持久不变的。对于他来说，为了再修改作品而自掏腰包让印刷厂停印都是常有的事儿。

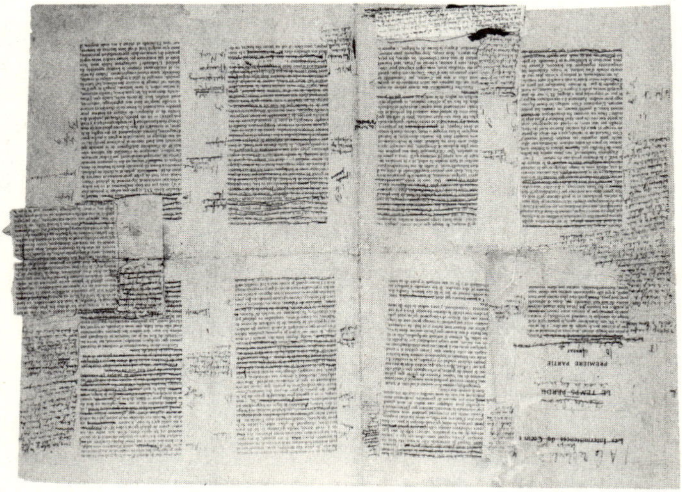

普鲁斯特的手稿

显而易见，普鲁斯特更相信写作是一个过程。他从不事先勾勒故事框架。如同小说并没有忠实再现的记忆一样，他觉得小说必须自然地舒展开来。《追忆似水年华》一书最开始还是针对文学评论家查尔斯·奥古斯丁·圣伯夫（Charles Augustin Sainte-Beuve）而写的一篇议论文，在其中普鲁斯特论辩说，诠释文学不能只参照艺术家的真实生活。后来，这篇短文迅速地膨胀为一部浩瀚的史诗，它写的是童年、爱、嫉妒、同性恋，还有时间。第一次世界大战爆发后，印刷厂如同一往无前扩展疆界的装甲坦克一样——普鲁斯特的非商业性小说从强大的 50 万字膨胀到了犹太法典般厚度的 125 万字。与此同时，普鲁斯特一生的挚爱阿尔弗雷德在开飞机的途中悲剧性地沉海而亡。普鲁斯特愤然把自己的哀悼之情都写进了另外一个新的故事情节中，艾伯丁——这个阿尔弗雷德在这部小说中的双生幻影也香消玉殒了。

在关于记忆的小说里，叙述的塑造性是最现实的元素之一。普鲁斯特总是会通过改变他以前写下的字句来反映现有的状态，用新知识来进一步雕琢小说中的句子。在生命的最后一夜，普鲁斯特在吃过冰激凌、喝完啤酒和安眠药后衰弱地俯卧在床上，他把贴身女仆莎莉丝特召唤来，要她记录他要说的话。普鲁斯特想要改写小说中描写一位人物慢慢死亡的那个段落，因为现在他又新了解了一小点垂死时刻的体验。

令人不安的现实却是，我们也是采取如同普鲁斯特所写的那种方式去回忆过去的。**只要我们拥有要唤回的记忆，那些记忆就会一直不断地被我们修饰，从而与我们后来知晓的东西相吻合。**

突触被删除了，树突组织被扭曲了，原先感觉中如此真实的事实被记忆在瞬间修改了。在他的生命中，普鲁斯特从未见过完整版的《追忆似水年华》被印刷出来。对于他来说，这部作品宛如他的记忆那样，永远都处于可以变化的状态中。

在 2002 年纳德创造出那些失忆的小白鼠前，神经学家们一直在回避回忆和“记忆再巩固现象”这一黑暗领域。相反，科学家们把自己的研究聚焦在了一丝不苟地勾勒储存记忆的分子轮廓方面。他们认为记忆就像一张照片，是对一个瞬间的固定抓拍，所以人们到底是如何回忆一段记忆的就变得无所谓了。他们要是读过普鲁斯特的书该多好啊！

《追忆似水年华》中的一个信条就是，每段记忆与重拾记忆的那个瞬间都是不可分割的。这就是普鲁斯特在冗长的 58 页中描述的都是主人公吃一块玛德琳蛋糕之前的精神状态的原因。普鲁斯特想展示的是，叙述者当前的状态如何扭曲了他对往昔的感觉。毕竟，当马塞尔[①]在贡布雷还是个心满意足吃着玛德琳蛋糕的小孩子时，他的全部渴望便是逃出这个小镇。可是一旦逃出来了，马塞尔便不断梦想着重新修复被他挥霍掉的那段珍贵的童年时光。这就是普鲁斯特式乡愁所蕴含的讽刺——记忆中的事物总是比以前实际存在的要美好得多。但是，普鲁斯特对于隐藏在自己大脑中的以假乱真性起码是明察秋毫的。他知道自己所渴望的

① 马塞尔·普鲁斯特是《追忆似水年华》中的主人公，被认为是普鲁斯特自身的化身，并且其经历和观察反映了普鲁斯特自己的生活和思想。——编者注

贡布雷并不是当初真正的贡布雷。（正如普鲁斯特所写的，“失掉的天堂才是唯一存在的天堂”。）这并不是他的错误——根本就没有一种方法能够一点不说谎地描述高保真的往昔。我们的记忆并不像小说，它们本身就是小说。

普鲁斯特的小说以非常后现代的方式把玩着记忆的虚构性。尽管普鲁斯特总是把“我”作为句子的开始，但小说的叙述者在 3 000 页中仅有一次与普鲁斯特的身份一致①。与普鲁斯特一样，叙述者翻译过罗斯金（Ruskin）的著作，出入过高层社会的客厅，是正在写一本名为《追忆似水年华》小说的一位疾病缠身的隐居者。虽然普鲁斯特矢口否认，可是不难看出，小说中有些人物只是轻纱蒙面，其实是普鲁斯特所熟识的人。在他的书中，虚构与现实不可分割地缠绕在了一起。但是普鲁斯特却总是遮遮掩掩、故作神秘，否定这一貌似真实的情况：

> 在这本书中，没有一件事儿不是虚构出的，没有一个人物是真实的，全是由我根据论证的需要而臆造出的，但我在赞扬我的国家时应该这样说，只有弗朗索瓦斯那样为帮助无依无靠的侄媳妇而退隐的百万富翁的表兄弟，只有那些人才是实际存在的人。[16]

这个段落出现在《追忆似水年华》最后一卷《重现的时光》

---

① 下面便是能够印证普鲁斯特是叙述者的一句话：“如果我们为叙述者取与本书作者相同的名字，在‘我的——’或‘我亲爱的’后面加上我的教名的话，它就会变成‘我的马塞尔’或者‘我亲爱的马塞尔’。”

（*Time Regained*）中。与其说这是对小说反映现实的否定，不如认为它只是想要打消人们对作者现实生活进行追查和考证的念头。普鲁斯特只在现实与文学、真实与记忆唯一一个相交汇的地方设定了一个具有讽刺意味的情节点（弗朗索瓦斯的那些百万富翁亲戚）。普鲁斯特在这里表现得不够坦白。小说与生活、纪实与寓言真的完全交汇在了一起。普鲁斯特就喜欢这样一番景象，因为记忆正是这样的。正如他在《在斯万家那边》的结尾处所警告的那样："在现实中去寻找记忆中的图景是何等矛盾……对某个形象的记忆只不过是对某一片刻的遗憾之情；而房屋、道路、大街，唉！都跟岁月一样容易消逝！"[17]

在普鲁斯特的观念中，记忆并不直接代表现实。相反，它们是对实际发生过的事情的不完美复制，是对原版照片的油印复印品的再复印。普鲁斯特凭直觉知道，记忆需要这种变更过程。如果你想要设法防止记忆改变，那么只能终止它的存在。贡布雷就这样遗失了。这就是普鲁斯特满怀歉意的秘密：**对于某一件事情，我们为了记住它，就必须记错它。**

多愁善感的蛋白质，奇妙变化的记忆

有些记忆存在于时间之外，就好像在我们大脑中精心叠好的魔毯。无意识的回顾是普鲁斯特的记忆模式，因为即使记忆能够定义我们到底是谁，它们却似乎独立于我们之外。《在斯万家那边》一开篇，普鲁斯特一点也没有想起来他童年时代的甜点。贡布雷也只是一个常见的巴黎郊区。可是到了后来，当他吃到让他想起利奥妮姨妈的玛德琳蛋糕以及嗅到那优雅地配合着餐巾细腻质地的茶香时，遥远的记忆便重返了他的心间，并且好似幽灵一般萦绕不去，失落的时光便又被寻得了。普鲁斯特膜拜这些对往昔的骤然顿悟，因为它们似乎更真实——还没有被回忆过程中掺杂的谎言所败坏。普鲁斯特就像弗洛伊德所描述的爱丢弃玩具的男孩一样——不断丢失是因为他太喜欢重新找到它们时的那种感觉了。

但是这些无意识的回忆是如何持续的呢？我们又是如何在遗忘它们多年后重新将之拾起来的呢？整整一部小说，或者其中的 6 卷又是如何藏在大脑中，耐心地等待着一块玛德琳蛋糕的出现来赐予它们生命的呢？

直至十几年前，神经学还不能解释普鲁斯特的幸运时刻（moments bienheureux），它们是记忆如幻影般浮现之际所产生的零星顿悟。记忆的标准科学模式总是围绕着酶和基因展开，这些酶和基因则需要通过许多增援和巩固的推动才能够被激活。成为实验品的可怜动物必须一次次地接受训练，它们的神经细胞已经恶化到了可以改变突触连接的地步。毫无意义的重复似乎成了记忆的秘密。

对神经学来说，不幸的是，在只有一次的生命里，这并不是大多数记忆的形成方式。普鲁斯特在《在斯万家那边》中回忆起玛德琳蛋糕的滋味，并不是因为他吃过许多。恰恰相反。普鲁斯特萦绕不去的记忆尤其具体确凿，而且完全意料不到。寻着偶然出现的点心渣儿线索，他对贡布雷的记忆不合逻辑地、“不知缘由”地闯了进来，就这样打乱了他的生活——普鲁斯特的往昔着实使他震惊。

这些真实的记忆正是那些旧的科学模式所不能解释的。这些模式似乎不能够囊括既随机又古怪的记忆，它们在我们的大脑之中以此为生，它们并不描述记忆的整体性，也不描述记忆是如何浮现、变化、巩固和消失的。或者说，记忆之所以让我们沉迷，正是因为它们违反逻辑，因为我们永远不可能知道自己会记住什么、忘记什么。

但是让科学如此美妙的正是它自我修复的习性。像普鲁斯特对待手稿的态度那样——付梓之前一直在推敲字句使之趋于完美，科学家们对事物的现有版本也从来不会感到满足。迄今为止，在科学对记忆所做的最后一版结论中，将记忆理论化的过程经历了显著的情节翻转。某些记忆似乎是被我们全部忘掉之后，往往还能够死灰复燃般地存在下去，现在甚至出现了一种科学传言，声称能够从分子的内部机理层面解开这一谜题。

2003 年《细胞》（*Cell*）杂志上发表的这一理论至今还颇有争议。[18] 然而无论如何，仅凭这种逻辑中所蕴含的优雅品性就足以让人着迷了。考斯克 · 斯伊（Kausik Si）博士曾在诺贝尔奖获得者埃里克 · 坎德尔（Eric Kandel）的实验室做研究，他相信自己发现了记忆的“突触痕迹”（synaptic mark），这是一种一直存在于神经细胞电流所处位置的活性颗粒。① 他和坎德尔发

① 恕我直言，我曾与斯伊博士共事多年。

现的分子很有可能就是普鲁斯特所要寻找的往昔源头的答案。

斯伊博士的科学研究是以尝试回答玛德琳蛋糕所产生的问题开始的——记忆是如何持续的？它们是如何逃脱时间这让众生枯萎的“浓酸”的侵蚀的呢？毕竟，大脑细胞就像所有其他细胞那样，一直处于更新换代之中。一个大脑蛋白的半辈子也就是 14 天左右，海马神经细胞会成群地自生自灭，而大脑则一直处于再生的状态中。斯伊博士懂得，往昔对我们来说好像是不可改变的。他下了这样一个结论：记忆一定是由一种非常强大的材料生成的，这种材料一定比我们的细胞还要结实。

但是神经性记忆不仅仅是强大而已，还非常具体。神经细胞虽然只有一个细胞核，但是它细小的树突分支（dendritic branches）却数不胜数。这些分支向周围旁逸斜出，从而与其他神经细胞的树突连接起来（想象一下茂密森林中两棵枝杈交叠的树吧）。记忆生成的地方正是这些微小的交汇处，它们位于覆盖它的树冠里，而不是位于神经这棵大树的树干中。[19]

细胞是如何改变它遥远的疆土的呢？斯伊博士意识到，没有一种关于记忆约定俗成的已有模式能够解释这种现象。① 一定还有某种东西——某种未知的成分可以在特定的分支上留下印记，使之成为记忆。而价值百万的问题是：究竟是什么样的分子留下

① 在斯伊博士之前，对于长期记忆的惯有解释都是围绕着环磷腺苷效应元件结合蛋白（cAMP-response element binding protein，CREB）进行的。CREB 是一种巴甫洛夫条件反射下在神经细胞中被激活的基因，但是它的影响只限于细胞内，并不能够通过特定树突对记忆的构造做出解释。

了印记呢？那种分子难道真的秘密地潜伏在我们神经细胞密集的树突分支中间，静静地等待着一块小点心的出现吗？

斯伊博士的研究便始于对以上这些问题的思索。他知道，任何突触痕迹都有可能激活 mRNA（信使核糖核酸），因为 mRNA 会帮助细胞生成蛋白质，而新的记忆正需要蛋白质。另外，因为 mRNA 既在记忆中受到控制，又在树突中接受调整，所以激活它的同时会使神经细胞有选择地完善目的细节。这一结果促使斯伊博士开始研究蛙卵。他听说有一种分子能够在卵细胞成熟的过程中激活 mRNA 中特定的片段，[20] 而其恰巧同样出现在海马和大脑的记忆中心。[21] 这个“江洋大盗”的名字叫作细胞质多腺苷酸化元件结合蛋白（cytoplasmic polyadenylation element binding protein），英文缩写为 CPEB。

为了检验 CPEB 是否真的对记忆十分重要（而不只适用于蛙的受精卵），斯伊博士开始选用紫色海参作为实验对象——它们是神经学家的实验室里最受欢迎的动物。他惊喜地在海参的神经细胞里发现了 CPEB。更让他惊喜的是，CPEB 悄悄地躲藏在树突分支中，而且正出现在突触痕迹应该在的位置上。

斯伊博士和坎德尔被眼前的景象迷住了。他们现在正通过阻止 CPEB 加深对它的了解。如果去掉 CPEB，神经细胞还能够生成记忆吗？这些细胞还能够在突触上留下痕迹吗？尽管他们觉得这些数据难以置信，但答案却很清楚：没有 CPEB，海参的神经细胞就什么都回忆不起来了。

但是他还是琢磨不出 CPEB 是如何运作的。这种分子是如何游离于时间之外而存在的呢？是什么使它如此强大？它是如何经受住大脑中无情的“气候”变迁的呢？斯伊博士在他破解蛋白质的氨基酸序列时得到了最初的线索：大多数蛋白质的序列读上去就好像随机的信件清单一样，它们的结构是不同氨基酸个性状态的综合穿插。然而，CPEB 却展现出了完全不同的一番景象——蛋白质的一端有着一系列氨基酸重复的奇怪现象，就好像 DNA 当时忽然口吃病发作了一样（Q 代表氨基酸谷氨酰胺）：

QQQLQQQQQBQLQQQQ

斯伊博士立即开始寻找与之相似的其他奇怪分子。在寻找的过程中，他一不小心进入了生物学最有争议的一大领域——他发现了貌似朊病毒的物质。

朊病毒一度被视作地球上恶性疾病部落最邪恶的病原体：疯牛病、致死性家族性失眠症（患者失去了睡眠能力，3 个月之内就会因缺乏睡眠而死亡），除此之外，它还是其他神经退行性变性疾病[①]的元凶。朊病毒至今依然是导致这些病患死亡的罪魁祸首。但是生物学家们同时也开始意识到，朊病毒几乎随处可见。它被粗略地定义为以两种状态存在的一种蛋白质（其他蛋白质一概只能以一种自然状态存在），这两种状态各自拥有的功能截然

① 神经退行性变性疾病（neurodegenerative disease），由于神经细胞逐渐死亡或受损而导致的神经功能障碍的疾病。常见疾病有阿尔茨海默病、帕金森病等。——编者注

不同：其中的一种状态是活性的；另一种则是非活性的。此外，朊病毒还能做到不受任何上级的指示，在两种状态间随意转化（让自己随时处于激活或休眠状态）。它们在不改变 DNA 的前提下，就能够改变蛋白质的组织结构。一旦朊病毒被激活，它不以传输基因材料为必要条件，就能够将自己具有传染性的新结构散播到邻近的细胞中。

换句话说，朊病毒侵犯了生物界最神圣的规则。它们时时都在提醒我们还有好多好多知识自己都不知道。不过，大脑中的朊病毒也许就是改变我们对记忆这一科学概念看法的关键。这种 CPEB 蛋白质以其不可摧毁性而闻名，不仅强大到能够克服时间的痕迹，而且能表现出惊人的柔韧性。CPEB 不仅不会受到遗传基质的羁绊，反过来还能够比较轻易地改变它们的形态——生成或抹掉记忆。在人类进行思考时，神经细胞会释放出两种神经传递物——5- 羟色胺或多巴胺，它们会刺激蛋白质转变为活性状态，从而改变 CPEB 的结构。

激活 CPEB 以后，它会将一个特定的树突标记为记忆。在 CPEB 的新规则中，它能够召集维持长期记忆所必备的 mRNA，同时不会引发更多刺激或遗传突变。蛋白质会耐心等待，安静地在突触中游荡。一个人可能永远不会再吃玛德琳蛋糕，可是贡布雷还是会在那里——在流逝的时间中。就在小点心蘸上茶水、记忆从泛着微光的水面上被唤起时，CPEB 就会活跃起来。点心的味道激发了一群新的神经传导物涌向那些代表着贡布雷的神经细胞。如果达到了一个特定的触发点，被激活的 CPEB 便会传染周围的树突。伴随着由此产生的细胞涌动，记忆便诞生了。

正像普鲁斯特所强调的那样，记忆并不只是坚韧地承受着，还一直在持续不断地改变着。CPEB 支持了普鲁斯特的假设。每次我们召唤起自己的过去时，回忆的分支都会更具可塑性。虽然给我们记忆留下痕迹的朊病毒是不死之身，但它们的树突却一直是在变化着的——在回忆与遗忘之间穿梭往复。往昔一会儿变得永恒，一会儿却又变得短暂易逝。

这一理论的基本框架对关乎记忆的神经学有着强烈的暗示作用。首先，它证明了朊病毒并不是生物学某种奇异的杜撰品。在现实中，朊病毒是一种真实的存在，有着一系列令人惊叹的功能。紧随斯伊博士和坎德尔的研究，瑞典科学家甚至发现了导致疯牛病的朊病毒基因与受到不断巩固的长期记忆之间的联系。从本质上说，神经细胞越容易歪打正着地形成朊病毒，记忆力就会越强。[22] 其他实验也取得了相应的成果——实验将小白鼠海马中缺乏 CPEB 的现象与长期记忆中特定的盲点联系到了一起。[23] 尽管细节还有待明确，但朊病毒和记忆之间具备着深刻联系这一点应该是确信无疑的了。

但是 CPEB 模式还需要我们转换对记忆的比喻。我们再也不能把记忆想象成是对生活的完美映射了。普鲁斯特坚信，对往昔事物的回忆未必是要对事物原封不动地重现。朊病毒便反映了这个事实，因为其结构中被嵌入了一种随机性元素——它们不介意自己撒撒小谎。虽然 CPEB 在既定的一系列实验环境中能够转换为活跃状态（比如少量 5- 羟色胺），但是斯伊博士的实验同样展示了蛋白质可以无条件地变为活性的这一事实，因为它的转化大部分是由蛋白质的组合状况和化学计量所决定的。就像记忆本身，CPEB 总会对意外事件所产生的诸多影响兼收并蓄。

这种不确定性是 CPEB 内在结构的一部分。作为一种蛋白质，朊病毒拥有自己独特的自由。从生命的循环到人类的细胞，它们似乎可以无视 DNA 所发出的任何指示。尽管它们存在于我们的机体之中，但它们在本质上却远离了我们，遵从着自己的运作法则。正如普鲁斯特所说的，“过去是隐藏着的……隐藏在我们连模糊的印象都没有的那些物质实体中”。[24]

尽管记忆依然高深莫测，可是 CPEB 的分子（如果理论正确的话）却存在于时间之外的突触细节中。斯伊博士的观念可以说是开创了寻求“多愁善感的想法是如何持续的”这一问题答案的第一个构想。这就是在普鲁斯特笔下贡布雷能够安静地存在于水面之下，存在于意识幕后的原因。这也是马塞尔在《追忆似水年华》的第 58 页而不是第 1 页想起了贡布雷的原因。这一点证实了关于真实感觉中存在确凿而明晰的记忆分子的理论。为什么这么说呢？因为它顺畅地接受了存在于我们本质中的随机性；因为它是朊病毒，拥有不可预测性和不稳定性；因为记忆只遵循自己的意志。**这就是普鲁斯特早已知晓的道理——往昔从来不会逝去。只要我们还活着，我们的记忆就还会那般奇妙，那般变化无常。在它善变的水银镜中，我们看到了自己。**

第 5 章

视觉的过程

“现代绘画之父”保罗·塞尚

人们是如何通过思考获得真知的?
要知道,
画一张脸会让你更清晰地看到这面容。

路德维希·维特根斯坦

伍尔夫在一篇名为《小说中的人物》(*Character in Fiction*)的文章中郑重声明:"大约在 1910 年的 12 月,人类的本性会顿然改变。"[1] 这一有趣的结论其实并不是夸大其词。貌似拿不准的日期暗指后印象派绘画展的第一次"粉墨登场"①,而保罗·塞尚则是这次画展的明星。他具有革命性的绘画作品多数都是描绘一些朴素低调的东西——水果、颅骨、热气中被烤得焦干的法国普罗旺斯的风景。这些朴素、低调的主题却强烈地凸显了塞尚在绘画形式上的独特追求。正如罗杰·弗莱②在画展的开幕词中所说的,塞尚公然抛弃了"俗套的表现方式"。弗莱声称:"艺术的旨趣不再是以科学高保真的方式呈现事物的外观了。这是塞尚发起的一场视觉革命……他的画作并不是要制造幻觉的'外在真实'

① 伍尔夫在这里同时也暗指伯特兰·罗素(Bertrand Russell)在同年发表的《数学原理》(*Principia Mathematica*)。罗素的这部"逻辑史诗"激起了一场唇枪舌剑的争辩,对现实是否能够被拆分成逻辑基础问题,人们各执己见。详见安妮·班菲尔德(Anne Banfield)所著的《幽灵的席位》(*The Phantom Table*)一书。

② 罗杰·弗莱(Roger Fry),英国美术评论家、画家和展览策划人,他对现代艺术的启蒙和推广起到了重要作用。——编者注

或表现抽象的理念，而是致力于呈现被描绘对象的内在真实。”[2]

改变“真实”的定义并不是一件易事。面对当时展出的塞尚的画作，新闻界评论说：“除可以为病理学学生和研究变态课题的专家提供素材之外，别无他用。”[3]批评家们断言，塞尚根本就是一位精神病患者，所谓“艺术”也只不过是些丑陋的谎言和对自然本质的一种蓄意扭曲罢了。学院派风格的绘画素来侧重对细节准确地描摹，推崇呈现事物细密纹理时的视觉逼真，一直以来它都执着地拒绝退出历史舞台。

学院派保守的美学思想是有科学依据的。那个时代的心理学界坚信，人类的感官能够完美地反映外部世界。眼睛就像一部照相机：它借助于光拾取物体影像的像素，并被动地将其忠实地传输给大脑。这一心理学说的创始人是著名的心理学实验研究员威廉·冯特（William Wundt）。他一贯主张，感觉是可以划分成更简单的感知信息的。科学能够剥开层层意识，直白地展露出其内在的刺激——反应过程。

塞尚则把一直应用在视觉活动上的这一观点翻转了过来。他的绘画作品展现的是视觉景象经主观观点整合之后的效果，揭示了作为幻觉表象背后的结构性真实。塞尚之所以开创了后印象派，是因为印象派的视觉革命来得还不够奇异和彻底。塞尚说：“我竭力想要解释的是一种更加神秘的体验，它盘根错节在存在之根的最深处。”莫奈、皮埃尔－奥古斯特·雷诺阿（Pierre-Auguste Renoir）以及埃德加·德加（Edgar Degas）认为视觉映象只是各路光线的聚合。在这些印象派画家美妙的作品中，他们力图捕捉的是映入眼帘的那些稍纵即逝的彩色光点，想要描绘的是那些沐浴在七色光谱之下的自然万物。然而塞尚却认为，光只是视觉的起点。“光凭眼睛看是不够的，”他断言说，“还需要思考。”[4] 塞尚悟出的道理是，印象需要被阐释过滤，观察本身其实是对我们所见之物的一个创造过程。

现在我们才知道塞尚的观点是正确的。我们的视觉始于光子（photon），但是这只是视觉革命的开端。无论何时，只要你睁开双眼，大脑就会与之同步，开始异彩纷呈的想象之旅。在此过程中，大脑会把聚集到的光线转化成能够纳入我们习惯与理解的那个由景象与空间组成的世界。科学家们通过对颅骨内部世界的探索得知感觉是如何产生的，视觉皮层的细胞是如何默默无闻地构建出视觉影像的。“现实”并不是等在那里被我们原封不动地复制，而是需要经过我们大脑的过滤与创造。

塞尚的艺术展示了这种经过大脑过滤的视觉运作过程。他的绘画作品尽管被评论为“抽象得多余”——甚至连印象派都取笑他的画法，可是这些作品事实上却展示了当下世界在我们脑中所呈现出的样子。典型的塞尚式的绘画作品没有边缘线，没有任何黑色线条把某一事物与它邻近的另一个事物划分开来，取而代之的是五颜六色的笔触的叠合。还有一些地方，凝结在画布上的颜色看上去似乎正变成另外一种颜色。这便是他视觉革命开始的地方：在经过大脑处理之前，现实看上去就是如此。这时，光线还没有被加工成形象。

然而，塞尚并没有就此停止探寻的脚步，对他而言，这未免太简单了。尽管塞尚以追求奇异为己任，可在艺术再现的过程中，他还是会忠于物体视觉原始信息的基本属性。因此我们会发现，塞尚所画的事物总是能够被识别出来。因为他向大脑传递的那些信息恰到好处，所以鉴赏者还是有能力解读塞尚的绘画作品的——能够凭借画家对原始信息的那份忠实，把画面上的物象从模糊的边缘拯救回来。（他作品中的形式可能是脆弱的，但是风格在逻辑上却一向严谨合理、与自我统一。）那层层堆叠的笔触在模糊游移中是那般精准而有序地殊途同归，它们在塞尚的笔下最终变幻成了碗中的桃子、花岗岩山峰或者一幅自画像。

这就是塞尚的才能——他迫使我们在同一个静止的画面上目睹自己视觉过程的开始与结束。色彩在一开始还呈现为一组抽象的马赛克，后来却过渡成了一种真实的描绘。绘画作品似乎不是由颜料与光线展示出来的，而是从我们大脑深处一步步登上视觉舞台的。我们曲径通幽地走进了塞尚艺术作品的世界——奇妙与幽秘来自大脑的“过滤之舞”。

塞尚没有活到文化和科学真正能够理解自己前卫作品的那一天。他在印象主义还没有被广泛接受的时候就已经成了一位后印象主义者。但是对于弗莱和伍尔夫来说，塞尚的风格简直就如先知一般预言了现代艺术雨后春笋般的问世。1912 年秋天，在塞尚于普罗旺斯孤单辞世的6年后，弗莱在格拉夫顿画廊（Grafton Gallery）举办了第二场后印象派绘画展。此时，塞尚的艺术已经被公认为一场新运动浪潮的起点，他的艺术实验再也不形单影只了。画展的墙上同时还出现了野兽派画家亨利·马蒂斯（Henri Matisse）、新俄罗斯画派（New Russians）以及伍尔夫的姐姐瓦妮萨·贝尔（Vanessa Bell）的前卫绘画作品，抽象派画风就这样成了一种新型的“现实主义”。

在大脑面前举起一面理性的镜子

抽象画的故事要从摄影开始讲起。“摄影”（photograph）这个词的本义就是“用光影写作”。所谓“摄影”的意义，就是用凝固的光影绘制成图像。自从文艺复兴以来，艺术家们就一直在用一种叫作“暗室”（camera obscuras）的装置来将三维的现实世界压缩到二维空间中去。达·芬奇在笔记本上描绘了一种仪器，把它作为关于眼睛的一个比拟。波尔塔（Giovanni Battista Della Porta）在他 1558 年出版的《自然的奥妙》（*Magia Naturalis*）一书中，赞同在创作中苦苦挣扎的艺术家们把相机的成像原理作为辅助工具的做法。

到了感光化学物质被发现的 19 世纪，绘画作品便失去了在再现事物领域中一统天下的地位。逼真的照相术成了一门技术。商业画艺术家路易斯·达盖尔（Louis Daguerre）便是感光照相底板的发明者。通过把涂银后的铜板浸入碘水中，达盖尔创造了一个可以感光的平滑表面。然后，他把这些平板暴露在了一个原始相机里（一个可以控制小洞开关的暗箱），将感光后的底板放置在加热过的汞蒸气中使之显影。随后，密密麻麻的像素感光点就像鬼魂一样显现了出来。最后，达盖尔再通过把平板浸入盐溶液使这些魂魄永远留在了底版上。光影就这样被永久地钉在了被称作照片的“十字架”上。

那些还在靠复制现实立足的画师把这项新技术看成一种严重的威胁。人类双手的准确度怎么能赶得上光子投影呢？据说，英国浪漫主义风景画家透纳（J. M. W. Turner）在听闻达盖尔银版照相法之后说了这样一句话——他很庆幸自己出生尚早，得以辉煌一时，因为绘画的时代已经过去。但是并不是所有艺术家都相信照相机能获得毋庸置疑的胜利。象征主义诗人波德莱尔对科学天生持有怀疑态度。在对 1859 年的一场摄影展的评论中，他就曾圈点过这一新媒介的局限之处。他认为，这种精确是靠不住的，只不过是对实际事物的一种伪造和虚拟而已。摄影师们甚至是一些物质主义者。只有在传统绘画艺术面临生死存亡这一重大问题时，波德莱尔才对摄影如此断言。在波德莱尔浪漫主义的视野中，摄影的真正职责是“为科学与艺术服务，并且是谦恭的仆人，就好像印刷或速记一样，既不能创造文学也不能为文学做补充……如果允许摄影侵入想象的疆域，侵入任何完全以构建人类灵魂为己任的领域，那么情况对我们来说就更糟了”。[5] **波德莱尔希望现代艺术家们描绘出摄影无能为力的一切——短暂性、飞逝性、偶然性。**[6]

波德莱尔的作品和爱德华·马奈（Edouard Manet）极具挑衅性的写实主义绘画手法激发了一群形形色色的法国青年画家，他们决定反抗。这些青年画家们认为，相机其实满口谎言，它的准确性也是虚假的。为什么这么说呢？因为现实并不是由静态的画面构成的。**相机使时间静止了，但时间是不会停下脚步的。照相机的看家本领是对准焦距，把每个事物都拍得很清楚，可是任何事物其实都不是能够准确对焦、完全清晰的。因为我们的眼睛不是镜头，大脑也不是机器。**

这些反抗者们统称自己为“印象派”。就像相机胶片一样，他们的惯用语是“光”。印象派意识到，光既是一个点，也是一抹模糊的光斑。如果相机捕获的是光点，那么印象派再现的则是模糊的光斑。他们想要在绘画作品中捕获时间的脚步，向世人展示一堆稻草垛是如何随着午后的光影变化而魔幻般“变脸”的，驶离圣拉扎尔车站（Gare Saint-Lazare）的火车汽笛上的烟雾是如何氤氲腾起、消失不见的。正如波德莱尔所期待的那样，他们画出了照相机力不从心而遗漏的东西。

比如莫奈的早期作品《日出·印象》（*Impression Sunrise*）。1872 年春天，莫奈画下了巴黎外港勒阿弗尔（Le Havre）那片烟云弥漫的景致。橘色的日头悬在灰蒙蒙的天空上，一位孤独的渔人航行在由起伏跌宕的笔触所交织成的大海上。如果你的眼睛在这里留意一下就会发现，莫奈的兴趣不在于船只本身抑或其颠簸的航程，也不在于波平如镜的海面。他忽略了摄影能够察觉出的所有静止的事物。相反，令莫奈着迷的是那动态中的物象、瞬息万变的光影，还有对那稍纵即逝的画面的印象捕捉。他把自己的情绪调进了颜料之中，让自己的主观感受和观察到的客观影像交织在了一起。在这幅画中，他塑造了任何照片都捕获不到的景象。

随着时间的推移，印象派变得更加激进了。其中的一部分原因听上去十分具有戏剧性——眼疾。莫奈在晚年失明了（可是他仍未停止绘画吉维尼小镇的桥）；泡在煤油、松节油和苦艾酒里的凡·高变得越来越恍惚，直到他觉得画布中的星星和在街灯四周涂抹圣像光环般的日冕是绝对忠于真实的举措。德加后来视力高度近视，不得不放弃绘画，转向雕塑创作。“我现在必须学些盲人的手艺了。”德加哀叹道。因长期使用粉彩颜料而中毒的雷诺阿也好不到哪儿去——他患上了严重的风湿性关节炎，不得不坐在轮椅上。

然而，不管他们革命性的画法是被病理学激发的还是被哲学激发的，有一点越来越清晰——印象派早已与一板一眼的学院派现实主义传统分道扬镳了。① 他们描绘的不再是那些虔诚的英雄、史诗般的战争场景或皇家肖像了。与之相反，他们反复描绘的是那些不变的主题——中产阶级星期日的野餐、浴盆里的女人、漂浮在日影斑驳水面上的紫色睡莲……当批评家们嘲弄他们的作品，说它们浅薄而矫揉造作的时候，这些印象派画家们只是不屑一顾地耸耸肩罢了。归根到底，印象派艺术是一场绘画技艺的盛典，只要是有光的地方，他们就能用画笔创作。

这就是印象派让人感觉是现代主义，而欧仁·德拉克洛

① 印象派画家在风格上的创新仰仗了当时颜料制作技术的新发展。例如，莫奈常用于画海洋和天空的钴紫色就是在他创作绘画的几年前，工业化学家发现的。莫奈很快就意识到，这种新型颜料具有描绘光影效果的巨大潜力。莫奈称：“我终于发现大气的颜色原来是紫罗兰色了。”

瓦（Eugene Delacroix）、让-奥古斯特-多米尼克·安格尔（Jean-Auguste-Dominiqu Ingres）和威廉·布格罗（William Bouguereau）则不会让人觉得现代的原因。印象派意识到，画家面对的不仅仅是他们必须履行责任去展现他的主题。画家应该是艺术家，而在艺术家的世界里，这些画作正是他们强烈意欲的表达。在那些卖不掉的画作里——卢浮宫当时都不肯接收这些捐赠的作品，印象派画家创立了涂绘抽象（painterly abstraction）的思想。颜色变得充满象征意味，模糊氤氲成了一种别致的时尚。专注的凝视过了时，匆匆一瞥则成了潮流。

可是，艺术运动的一大特性就是，它们本身也在“运动”。把艺术家从逼真术的羁绊中解放出来后，印象派就注定要踏上莫奈笔下那些睡莲们做梦都想不到的命运之路了。如果莫奈和德加是因为受了照相机革命的“地震”刺激而转向了印象派画法，那么塞尚则是在“余震”中步人后尘的。在事业初期，塞尚就曾狂放不羁地宣称：“我想让印象主义变得坚实而持久，就像博物馆中的艺术品一样。”[7]

塞尚常常会花几小时对着画上的某一个笔触反复琢磨。在室外的时候，他会一直盯着要画的景物，直到它们在他的凝视下溶化，直到世间原本明晰的实物衰减为一片无形的混沌。塞尚力图通过让他的视觉经由一个非整体化过程而回到起点，也就是说，把自己变成“一块敏感的银版”。过程的缓慢迫使塞尚将注意力集中在了一些简单的事物上，比如摆设在梯形桌子上的几个红苹果，或者向远处望到的一座孤零零的山峰。但是他早知道这与景物本身并无干系。他的绘画想要证明，通过足够强有力的凝视，已知宇宙的法则便能够从任何事物中浮现出来。塞尚曾说过："只要一个苹果，我就能震惊整个巴黎。"

塞尚这位后印象派的奠基人曾跟随印象派的一位典范级人物毕沙罗学习绘画。可以说，这两个人天生就不是能合得来的主。毕沙罗是一位来自西印度群岛的法国克里奥尔犹太人，而塞尚则是一位粗俗的甚至被某些人说成是粗鄙的普罗旺斯人。他们的友谊建立在共有的疏离感上——当时，两个人都被放逐在学院风之外。在那个把安格尔奉为神灵的时代，"天才"这一称谓已经成了在画布上营造细密纹理和高清视觉效果的代名词。毕沙罗和塞尚对这种艺术既没有兴趣，也没有耐心。待人友善的毕沙罗是一位无政府主义者，还曾经建议过要烧毁卢浮宫；那么塞尚呢？据早期教过他绘画的老师们说，他曾宣称："所有老师都是被阉割过的卑鄙小人、混账东西。他们一点胆量都没有。"[8]

这样，天各一方、形单影只的两个人恰恰又不孤单了，毕沙罗与塞尚完全陶醉在了自己的风格之中。为了弄懂毕沙罗印象派画法的精髓所在，塞尚开始从手法上临摹他的画。"要把一切尽收眼底，"毕沙罗这样教导他，"不要遵循什么原则、规定。要画你所看到的，画你所感觉到的。在大自然面前千万不要害羞。"[9]以往喜欢库尔贝①绘画风格的塞尚听从了毕沙罗的忠告。之后不久，也就是在塞尚早期的绘画中，那些烧焦的木材和红木上面竟

① 库尔贝的绘画风格强调对真实、生活的直接表现。——编者注

然层层铺满了印象派典型的清淡柔和的油彩。《埃斯塔克的岩石》（*Rocks at L’Estaque*）描绘的是塞尚最喜爱的普罗旺斯的风景，它清楚地展示了毕沙罗对他的影响。画中断断续续的笔触非常突出，色彩都是基本色，却能在无数色调的笼罩中显现。精神与结构甚至是一天中的时间——这些都能根据颜料中色彩的细小差别来加以判断。但是闪烁着印象派光彩的《埃斯塔克的岩石》同时也在向人们展示，塞尚创造出了属于自己的前卫艺术。

1873年塞尚创作的油画名作《绿苹果》（*Green Apples*）

出现以上结果的原因是塞尚停止了对光的膜拜。印象派似乎只是对眼前翩翩起舞的光线的描绘，而塞尚发现这些印象主义的意象太不可靠了。（塞尚曾说过：“莫奈只是一只眼睛。”他口吻中的优越感可不止一星半点儿。）在《埃斯塔克的岩石》中，遥远的大海并不以毕沙罗固有的方式闪烁。花岗岩并不会在阳光下闪闪发光，也没有什么东西投下任何阴影。与印象派不同，塞尚对一切简化为闪光表面的视觉效果不感兴趣。他不再与照相机争辩什么了。相反，在他的后印象派画作中，塞尚想要展现的这一类瞬间在价值上要高于它所承载的光线。如果说只满足于反映鲜活视觉影像的印象派在人们眼前举起的是一面感性的镜子，那么塞尚的艺术就是在大脑前举起的一面理性的镜子。

塞尚在这面理性之镜里看到了什么呢？他发现了视觉形式——静态中的苹果或景物中的群山只是我们无意识地强加于知觉的精神创造物。“我尽力去描摹自然，”塞尚坦白说，“但是我做不到。我找啊找，回过头，四面八方都瞧了个遍，可还是没有用。”[10] 不管怎么苦心争取，他还是不能摆脱大脑轻车熟路的阐释习惯。在风格鲜明的画作中，他想要展现出一个心理过程，让我们意识到他大脑创造现实的特有方式。他的艺术展示了一些我们看不到的东西——我们看事物的方式。

大脑创造视觉，把打碎后的景象重建起来

了解视觉究竟如何开始，而眼球又是如何将光线转变为一个电码的？这些问题是现代神经学最让人拍手称快的发现。没有什么其他感官被剖析得如此彻底。我们现在知道了，视觉始于原子的颤动。光子颗粒改变了视网膜感受器中精细的分子结构。这种细胞颤动会激起一系列连锁反应，最终以瞬间涌出的电压结束。

光子能量就这样成了信息。[①]

然而，塞尚知道，光的电码只不过是视觉的开始。若我们的视觉仅仅是视网膜的光感光器，那么塞尚的画布也只能是一大团模糊的颜色而已。他笔下普罗旺斯的风景便只会是一些由橄榄绿和赭红等诸多颜色无意义的排列与过渡构成，静物画也不过是一块调色板而不是有生命力的水果。这样一来，世界都会被他化为无形。可是事实相反，在我们进化了的系统中，眼球中光线的分布图一次又一次地转换，直到毫秒之后，画面进入了我们的意识之中。在色彩的旋涡中，我们看到了苹果。

在这个无意识活动的眨眼之间究竟发生了什么？大脑又是如何处理从眼睛接收到的数据的呢？科学初探到这一点是在 20 世纪 50 年代末，这项令人惊叹的实验是由大卫·休伯尔和托斯坦·维厄瑟尔[②]完成的。那时，神经学还不知道大脑皮层会对什么样的视觉刺激做出反应。光会使视网膜兴奋，但是什么样的视觉信息才会让大脑兴奋呢？尝试回答这些问题的实验其实简单至极——光点会闪入动物的视网膜内（这项实验常会用到倒霉的猫咪），与此同时，从名为 V_1 的脑区——视觉皮层开始作用的地方，电击针（galvanic needle）会记录细胞传出的电流。如果勘测到了电压，就说明细胞看到了东西。在休伯尔和维厄瑟尔之

① 视网膜感受器的电信号实际上是不存在的，因为光子会使我们视网膜感受器内部的钠离子通道关闭，从而导致细胞过度极化。因此，眼睛以无声之音交流。

② 大卫·休伯尔（David Hubel）和托斯坦·维厄瑟尔（Torsten Wiesel）是神经科学家，因研究大脑的视觉系统而获得诺贝尔生理学或医学奖。——编者注

前，科学家们曾认为眼睛就像照相机，而大脑的视野则完全由时空中整齐分布的光点组成。就如一张照片是像素织成的织物一样，眼睛也必须创造出一个二维空间的再现物，展现从眼睛天衣无缝地传入大脑的那些光。然而，当科学家们试着在大脑中找到这个照相机时，寻找到的只是一片沉寂，只是电流在漠然的细胞中陷入昏迷状态的景象。

这真是一个讨厌的悖论。动物自然也看得见，可是在仅有光线的情况下，它们的细胞却是安静的。这就好像动物的视觉是从一块空白的画布中显现出来的一样。休伯尔和维厄瑟尔勇敢地踏上了探索这一奥秘的冒险征程。开始时，他们得出的结果只确认了一点，即用单一的光线去激活大脑皮层中的神经细胞是不可能的。但到了后来，一个完全偶然的机会让他们发现了一个处于兴奋状态的细胞—— 一个对自己所见世界感兴趣的神经细胞。

是什么使这个细胞产生了兴奋感呢？休伯尔和维厄瑟尔搞不清楚了。在两个实验的休息期间，这个神经细胞本应该很平静，可现在它恰恰变得很活跃。问题是它并没有受到光的刺激啊！休伯尔和维厄瑟尔在仔细回顾了实验步骤之后，才想通到底是怎么一回事。在把一块玻璃片嵌入投光器中时，他们失策地将“一道模糊却又犀利的影子”投到了猫的视网膜内。那只是转瞬即逝的一道光——指向一个方向的直线，却正是细胞所渴求的。

这项发现让休伯尔和维厄瑟尔震惊不已。他们瞥见了视觉的原材料竟然是完全抽象的。脑细胞真是奇怪的东西，它们对光点并不敏感，却对光线的角度着迷。[1] 比起明亮本身，它们更喜欢明暗反差；比起曲线，它们更喜欢棱角。1959 年，在一篇开创性十足的论文《猫的纹状皮质中单一神经细胞的感受区》（*Receptive Fields of Single Neurons in Cat's Striate Cortex*）中，休伯尔和维厄瑟尔成了最早描述现实呈现于视觉皮层上早期景象的科学家。这景象也就是人们看见世界之前的样子，此时的大脑还处于创造视觉的过程中。

视觉皮层察觉到了这个潜藏于线条中的几何图案，塞尚的绘画记录了这个过程。这就如同塞尚在大脑上钻了孔洞，看到了视觉过程是如何发生的一样。举个例子，让我们来看《黑城堡附近洞穴上面的岩石》（*Rocks Above the Caves at Chateau Noir*）这幅作品，塞尚选择了一个典型而简单的物体，那就是由凌乱树丛包围着的几块巨石。蓝色的天空之窗冲破了树叶的间隙。然而，塞尚画作的意义并不在于天空、巨石或树木。他把这些元素都打碎成了感觉的元件，而把这一景象解构开来的目的就是形象地展示出大脑是如何把打碎后的景象重建起来的。

随着颜料的严谨堆积，塞尚将这一风景单纯地再现为笔触所编织成的一方锦被，每一笔都是由色彩构成的一条独立的生命线索。他摒弃了乔治·修拉（Georges Seurat）和保罗·西涅克（Paul

① 对我们视觉皮层早期部分的刺激来自与皮特·蒙德里安（Piet Mondrian）的绘画极为相似的视觉输入。蒙德里安是受塞尚影响极为深远的一位画家，他花了一生的时间寻找被称为“关于形态的永恒真理”的东西。他最终让艺术的本质扎根于直线上。至少从 V_1 脑区的角度来看，他是正确的。

Signac）的点画法（pointillism）——这一画派将一切都切分成了分离的光点。与之不同的是，塞尚踏上了一条让人更加惊奇的道路，他驾驭着纷繁的色彩碎片与笔触创造了整幅作品。他浓墨重彩的颜料本身就十分引人注目，逼迫我们把画布看成一个建构的过程，而不是一个静止的画面。艺术史学家迈耶·夏皮罗（Meyer Schapiro）发表过这样的看法，在塞尚的绘画作品中，“画家眼前好像不存在任何独立、封闭、现成的物体。塞尚保留的只是对感官能力不断探索而相继生成的多样性”。[11] 塞尚并没有呈现出一幅形式完整的场景，他呈现给我们的是残留着轮廓痕迹的一些只可意会的图层。从这些图层中，形式慢慢伸展开来。如果说视觉是由线条构成的，那么这些线条在塞尚的笔下就变得尤为分明。

这就是由 V_1 脑区的神经细胞再现出来的抽象现实。正如塞尚的画面所证实的那样，感官能力在最原始的层面上充满了矛盾与困惑。散乱的光线如潮水般涌进了视觉皮层细胞，使得这些细胞看见了向四面八方延伸的线条。这些线条从各种角度交叉在了一起，每一个笔触又不尽相同，从而使物体的表面不顾一切地混杂在了一起。世界似乎还是没有什么清晰的形状，只不过是鲜艳色块的拼贴。但是这种含糊却是视觉过程最本质的一部分，因为它无形中为我们的主观诠释留有了余地。人类大脑天生就是这样运行的，而且这种既定的现实不容分辩。在我们搞清楚塞尚的抽象风景之前，大脑的运行肯定会介入视觉运行之中。

迄今为止，视觉故事一直围绕着我们感觉到的东西而展开——那是视网膜以及视觉皮层早期阶段侦察到的光和线条。这些就是我们的前馈投射（feed-forward projection），它们再现了反射光子的外部世界。虽然视觉始于这些印象，但它会快速超越这些印象留下的模糊迹象。毕竟，一向功利而现实的人类大脑对照相机一样确凿的纯客观现象并不真正感兴趣，它想要的只是一道说得通的风景线。从大脑中视觉处理过程的早期，一直到光泽可鉴的最终意象，它强调的是一致性和对比性，而这往往是以牺牲精确性为代价的。

神经学家现在知道了我们最后所见景象的生成过程——它被称为“自上而下式”的处理过程，这个术语描绘了大脑皮层是如何向下投射，继而影响（有些人可能会把它称为“腐化”）我们真实的感官能力的。当视觉输入大脑以后，它们会立刻开设两条单独的路径：一条速度快；另一条速度慢。快速路径飞快地将一幅模糊的画面传到前额叶皮质中，在这个阶段，大脑区域已经有了有意识的思考。同时，缓慢路径却穿过视觉皮层，走上了一条弯弯曲曲的路，这时视觉皮层谨慎地开始了对光线的分析与加工。在快速画面抵达大约 50 毫秒以后，缓慢画面抵达前额叶皮质。

为什么大脑会分两次对一件事物进行感受呢？[12] 因为视觉皮层需要帮助。在前额叶皮质接收了不确切的图像之后，大脑的“顶端”快速决定了“底部”看到的内容，并开始诊断这些感知到的数据。形象就这样被强加在 V_1 脑区这无形的碎石上了，外部世界也由此被迫接受了我们预期的整合。如果去掉这些阐释，现实会变得面目全非。所以说，只有光线是不够的。

神经学家奥利弗·萨克斯（Oliver Sacks）曾有一位叫作P博士的患者。这位患者所栖居的世界看上去就像塞尚画布上的景象一样。由于大脑皮层受损，他的眼睛接收不到一点来自大脑的输入。他只能凭借未经处理过的形象来看待世界——在他眼中，世界就像一个光怪陆离和色彩杂糅的迷宫。换句话说，现实是什么样子，他看到的就是什么样子。不幸的是，这意味着他的感官能力完全是超现实的。为了探索患者的疾病，萨克斯让P博士描述了一下《国家地理》（*National Geographic*）杂志上的照片：

> 他（P博士）显得非常好奇。眼睛会从这个东西跳到那个东西，搜罗起一些微小、单一的特征，对我的脸也是一样。一块非常艳丽的亮光、色彩或形状都会引起他的注意与评论。但是，他没有一次能够从整体上把握一个情景。对于一片风景或一个情景，他一点都感觉不到。[13]

P博士的问题在于，光一旦穿越了视网膜以后所发生的事情，他就没有整合能力了。他的眼睛没有问题，能够完好地吸收光子。只是因为他的大脑不能够解释他所感觉到的，他才把这个世界看成了一个由碎片组成的喧嚣尘世。一张照片在他看来也是抽象的——因为他辨认不出自己大脑中的映象。萨克斯描述了P博士站起身来离开办公室的情景："他（P博士）开始四处环顾寻找帽子。他伸出手来，抓住了妻子的头，想把它掀下来戴上。他显然把妻子错当成了帽子！而他的妻子看似已经习惯了这样的事情。"[14]

萨克斯这段既悲哀又搞笑的描写展现了视觉过程的最基本元

素——自上而下式视觉处理过程的功能之一就是辨认物体。前额叶皮质的指令使我们能够把一个物体的不同元素——V_1 脑区看到的所有线条和棱角整合成关于这个物体的一个统一概念。这件事情 P 博士就做不了，他根本无法把对光的映象凝固成一件事物。于是，在 P 博士“看到”一只手套、他的左脚或妻子之前，必须煞费苦心地破解自己的感觉。他需要遵循一定的方法分析每一个形象，就好像是第一次见到它们一样。例如，当 P 博士收到了一枝玫瑰花时，他是这样向萨克斯描述自己的思维过程的：“它看上去有 15 厘米长，是一个回旋着的红色形象，上面还连着绿色直线状的附属物。”但是这些精致的细节却不会引发出玫瑰花的意象。P 博士在识别这个形象之前必须嗅一嗅这朵花。就像萨克斯所说的，“P 博士看见的东西没有一样是熟悉的。在视觉上，他迷失在了一个没有生命的抽象世界中”。

去看一看塞尚的绘画作品，我们就会深切地感受到 P 博士缺少的是什么了。凝视着塞尚的后印象派艺术，我们会感觉到自上而下式视觉处理过程正在自己的大脑中运转。这是因为塞尚知道仅有映象是不够的——大脑还要完善映象。于是，他创造了一种比印象派更抽象，同时也更真实的风格。尽管当时的人们觉得他的后印象派风格激进得似乎没有什么必要——马奈称他为“用泥铲绘画的砖瓦匠”，可是事实并非如此。塞尚对自然的抽象源自自己的意识，他认定我们看到的一切都是一种抽象。在搞懂自己的感觉之前，我们必须在画面上盖上幻觉的印记。在塞尚的艺术作品中，他使这个精神过程变得显而易见。他把自己的作品一直解构到几乎被彻底打散的边缘，可是他的画作终究还是没有被打散，这可以被称为这一“擦边球”的秘密。那些没有被打散的东西就在存在的边缘上战栗着，充满了亟待解决的裂痕和罅隙。达到如此精巧的平衡真是一件不容易的事情。塞尚很少卖得出什么作品，在他卖出一幅画之前，他会一直校正自己的笔触，设法使之更加接近自己想要描绘的那个精巧的现实。他的画布总是覆盖着厚厚的颜料，精心打造的色彩涂了一层又一层。然后，颜料会崩裂开——被自己的厚重所劈裂。

为什么绘画对于塞尚来说带有如此的矛盾性与抗争性呢？因为他知道，错了一笔就会毁了整幅画。印象派画家的作品主题往往是反映自然的室外画（enplein air）。与印象派不同，塞尚的艺术坚定地走着“晦涩路线”。在绷紧的画布上，他希望提供给大脑恰到好处的线索以作为破解码，而绝不画蛇添足。如果他的艺术再现过于具象或抽象了那么一点点，似乎都会把一切搞砸。如果这样，大脑就不会被迫在艺术作品中入镜了，而线条也会失去原有的提示意义。

大脑创造了世界，正如画家创造了画作

1858 年，塞尚 18 岁。他最好的朋友埃米尔 · 左拉[①]刚刚离开塞尚所在的普罗旺斯地区的艾克斯，只身前往巴黎。左拉

① 埃米尔 · 左拉（Emile Zola），19 世纪法国的一位重要作家，自然主义文学运动的代表人物之一，以揭露社会丑恶、批判旧体制为主题的作品而著称。——编者注

已经决意成为一位作家，但是谨遵父令的塞尚则正在忙法学院的退学事宜。左拉对塞尚大发雷霆，生气地质问道：“难道作画对你来说只是一时兴起吗？只是一种消遣、一个谈资吗？如果真是这样，我就能理解你的所作所为了——你避免给家里找麻烦是对的。但是如果绘画是你的职业，那对我来说你可真是个谜了，是狮身人面的斯芬克斯，是个不可理喻、令人费解的人。”[15] 就在这次对话的第二个夏天，塞尚逃往巴黎。此时，他决定成为一位艺术家。

城市生活十分艰辛。塞尚过着孤独而贫穷的日子，但说他过着波希米亚式的生活①，那是言过其实了。白天，他会溜进卢浮宫，在那里耐心地临摹提香和彼得·鲁本斯（Peter Rubens）的画。晚上，他也会像当时巴黎的每个文化人那样光顾当地的小酒馆，烂醉如泥地谈论着政治和艺术。

塞尚觉得自己很失败。他在抽象画方面的最初尝试就被误当成了偶然的错误，这些被认为没有力度、毫无才情的现实主义作品被一次次地拒绝。他用手推车装着画作围着城里转了一圈，可是没有一个画廊愿意买他的作品。唯一的慰藉就是，现实的文化大气候终于开始向有利于他的方向发展了，沉闷的巴黎艺术世界终于开始有所改变了——波德莱尔开始攻击安格尔；马奈正研究

① 波希米亚式的生活，追求自由的波希米亚人在浪迹天涯的旅途中形成了自己的生活哲学。这种生活方式崇尚自由，豪放不羁，十分颓废。在法国人的眼中，波希米亚人会让他们联想到四处漂泊的吉卜赛人，他们独立于传统，还十分不讲卫生。——编者注

委拉斯开兹[①]的画；作品表面充满砂砾般质感的库尔贝也正渐渐地赢得尊重，而他信奉的箴言是“让我们表现得更真实吧，即使我们是丑陋的”。

到了 1863 年，所有这些新的“丑陋”都不再受到压制，因为它们到处都是。于是，拿破仑三世决定在艺术年展上展出这些被正规艺术学院所拒收的绘画作品。就是在这个画展——落选者沙龙中，塞尚才第一次看到马奈的《草地上的午餐》(*The Luncheon on the Grass*)。这是一幅令人震惊的作品，画的是一位似乎毫不自知的裸体女人坐在公园草地上的情景。塞尚为之着迷。他对马奈情色意味浓重的野餐进行了重新想象，并为此画创作了一系列作品。马奈笔下的女人有一种颇具讽刺意味的淡漠，与马奈不同的是，塞尚则把自己绘入了作品中间——凌乱的胡子和秃头泄露了他的行踪。这回鄙视马奈的评论家又开始残酷地批判起塞尚了。一位评论者写道：“人们都对他的艺术嗤之以鼻，塞尚先生给人的印象就像是个在迷乱状态中作画的疯子。他必须停下画笔！”

20 年后，一切都变了。法国在普法战争中战败，法国皇帝被扫地出门。为了避免服役而逃出巴黎的莫奈在伦敦目睹了透纳充满预言性的抽象画作。他带着新的灵感回到了法国。到了 1885 年，莫奈的印象派风格已经是真正的前卫派了。以迷蒙光

---

① 迭戈·委拉斯开兹（Diego Velaiquez），17 世纪西班牙最具影响力的现实主义画家。——编者注

线著称的画家也有了自己的艺术沙龙。

那纷纷扰扰的岁月同样对左拉很友善。他那所谓“卢贡－马卡尔家族式”（Rougon-Macquart）的小说让他一跃成为文坛名人，他信心十足地享受着当时的争议。自然主义是文坛上的新流派，有志写出所谓“科学的小说”。而左拉正是自然主义骄傲的创始人，他宣称，“小说家必须真正成为科学家才行”，而且应该将实验方法应用于对人的研究上。[16]

成功使左拉意气风发，他决定写一本关于画家的图书。他给这本书取名为《作品》（*L'Oeuvre*），因为他说自己再也想不出一个更贴切的名字了。出于写作方法的需要，左拉这部小说取材于真实生活——窃取他最好的朋友塞尚的生活。该小说于 1886 年春天出版，此后塞尚和左拉再没有说过一句话。

《作品》的主人公是克劳德·朗梯尔。像塞尚一样，他是一个大胡子、秃头的普罗旺斯画家，可是他的画作却因太古怪而无法展出。左拉甚至为朗梯尔虚构了与塞尚一模一样的处境：两个人都患有无法治愈的眼疾、被自己的父亲讥讽、在当地的杂货店用画换食物。朗梯尔是一位典型的挣扎在贫困线上的艺术家，而他最好的朋友——浅薄的作家皮埃尔·山度士却获得了巨大的文学声誉，写下了一套系列丛书，共有 20 本，记录了“微缩世界里人类的真性情”。

然而，左拉对朗梯尔艺术的描述才是对塞尚真正的冒犯。左拉这样写道："他的抽象艺术只不过是'野蛮的精神活动……是吞食自己大脑的一场可怕的戏剧'。"[17] 另外，作家山度士却"如实地描述了人"，[18] 他的作品是"与将要来临的科学新世纪相匹配的新文学"。[19]

显然，左拉背叛了自己那些热爱印象派风格的朋友们。莫奈、毕沙罗和象征派诗人斯特芳·马拉美（Stéphane Mallarmé）还因此组织了会议谴责此书。莫奈写信给左拉说："我们的敌人会利用你的书将我们贬为愚蠢的人。"[20] 但是左拉并不在乎，他已经旗帜鲜明地反对了一切抽象的艺术手法。如果说塞尚的绘画作品描绘的对象是我们的主观性，那么左拉的小说就是决意要把人变成另外一种东西。左拉认为，艺术家必须"隐藏自己，只展示出他看见的东西就行了。就连作家温柔的介入都会削弱一部小说的力量——在事实中带入一些奇怪的元素，从而破坏了小说的科学价值"。[21]

左拉的风格并没能持续多久。而他那自诩很科学的小说，伴随着对遗传学和生物决定论的纯真信仰，从此一蹶不振，再没有半点优雅可言。他的作品没有成为自己期望中的"人类真理不朽的百科全书"。正如王尔德所言，"左拉坐着向我们展示了一幅关于法兰西第二帝国的画卷，但是现在谁还关心第二帝国呢？它过时了。生命行进的步伐远比现实主义的发展快"。更坏的是，左拉《作品》中抨击的前卫艺术的地位开始上升了。接下来的前卫运动又让后印象派篡夺了"王位"。直到1900年，左拉被迫承认他曾错误地评判了塞尚的抽象艺术。"我能够更深入地理解他的绘画作品了，”左拉说道，“很长一段时间里我都做不到这一点，因为我原以为它很夸张。可实际上，它是真诚的，而且真实得让人难以置信。”[22]

不过，最终让左拉和塞尚分道扬镳的并不是《作品》。左拉从来没有向塞尚道过歉，但是道不道歉都一样—— 一声抱歉并不能够统一他们哲学立场上的分歧。他们是发小，后来各自对现实的本质下了相互冲突的结论。如果说左拉设法在艺术中逃避内心，最终逃到了科学事实冰冷的王国中去的话，那塞尚对现实的寻找则是通过在自己的内心中冒险而实现——他知道是大脑创造了世界，正如画家创造了画作。

这一启示传遍世界后，塞尚便成了现代派艺术的创始人。他的画作非常有新意：为了展现视觉过程的法则，他打破了绘画的法则。如果他遗漏了一些细节，那也是为了展现自己的思考而付出的一点代价。当然，在接下来的几十年中，想要打破法则的新一代现代派画家在巴黎应运而生，接踵而至。毕加索和乔治·布拉克（Georges Braque）领导的立体主义将塞尚的技法升级，并得出了与之大相径庭的结论。（毕加索曾经宣称塞尚和水牛比尔[①]是对他影响最大的两个人。）尽管立体主义者喜欢开玩笑说自己提前预测到了量子物理学中那些奇怪的事实，可是塞尚的大脑却还是无人能敌。他的抽象展现了人类本性构造的奥秘。

---

① 水牛比尔本名威廉·弗雷德里克·科迪（William Frederick Cody），他的一些创作理念和艺术观念对毕加索的创作产生了很大的影响。——编者注

视觉就像艺术，我们永远也无法解释我们看到了什么

随着年龄的日渐增大，塞尚的绘画作品越来越爱留白。他有一幅作品叫《非限定形式》(*Nonfinito*)，这是一幅看上去未经完成的画作，以前从来没有人这样做过。作品没有完成，怎么能算得上是艺术品呢？可是塞尚在面对人们的评论时却表现得泰然自若。他知道自己的作品只是表面上留有空白罢了。[①]不完整性其实只是对视觉过程的一个隐喻。在这一未完成的画布上，塞尚为观赏者留下了想象的空间，设法为之找到了可以用大脑完善艺术作品的方法。于是，他的模糊性变得尤为慎重，含糊也是基于精准性的。如果塞尚想让我们填补他艺术作品中的空白，那么必须让这些留白恰如其分。

让我们来看看塞尚《圣维克多山》(*Mont Sainte-Victoire*)这幅作品。在晚年，塞尚每天清晨都要散步到雷罗威小镇（Les Lauves）的山顶。在那里，普罗旺斯平原大片大片的景色会在他的眼前铺展开来。他会在一棵酸橙树的阴凉下作画。塞尚说，从那里他能看到大地隐藏的图式，看到河流与葡萄园交叠地排布在一起。背景永远是群山，等边形的嶙峋的岩石似乎将干旱的土地与无限的天空连在了一起。

① 正如斯泰因对塞尚的一幅风景画的评论："完成的或未完成的，看上去总是蕴含着油画的精魂，因为一切尽在其中。"

《圣维克多山》，塞尚在雷罗威小镇望到的圣维克多山，作于1904—1905年

当然，塞尚的醉翁之意并不在于对风景的如实描摹。在他对山谷的描绘中，想要画的只是最基本的元素，即支撑形象所必需的骨骼。所以，他将河流简化为一道婉转的蓝色；栗树丛成了几抹短促的亚绿色，偶尔还被巧妙地加进一笔琥珀黄。然后便是群山了，塞尚总是将冷峻的圣维克多山浓缩成几笔淡色的线条，在辽阔的天空中一扫而过。这条细细的灰线——山峰的剪影，完全被周围的空间所环绕。它是广阔无垠虚空中的一道脆弱的痕迹。

然而群山并没有消失，它就在那里，是一种坚定而固执的显现。观赏者的大脑可以轻而易举地创造出由颜料轻描淡写出的形象。尽管山峰从表面上几乎看不见——塞尚只是暗示了它的存在，可它隐约的重量却为整幅画找到了支点。我们不能确定画家的画笔停在了哪里，而我们又该从哪里开始寻找。

塞尚对空白画布的欣然接受——他决意让留白展示一切，是他最关键的创造。学院派风格推崇画作的清晰感和细致的纹理；而塞尚的后现代派绘画则注重描绘对象的含糊性。在对事物有与无的精心混淆下，塞尚《非限定形式》这幅作品质疑了形式的本质。他那不完整的风景画是一个证明。它证实了即使没有感受——画布是空白的，我们还是能够看得见。群山也还在那里。

在塞尚开始研究空白画布时，科学仍无法解释为什么画作会比它们实际的样子更显充实。《非限定形式》的存在——大脑能够在一片空白中找到意义这一事实，似乎提出的都是反证。这些反证让任何将视觉简化成单个光点的心智理论都显得站不住脚。

形式的幻觉是塞尚早已驾轻就熟的问题，但 20 世纪早期的格式塔（Gestalt）心理学家们却是面临这一问题的首批科学家。Gestalt 的字面意思是“形式”，这也正是格式塔心理学家们所感兴趣的问题。卡尔·斯顿夫（Carl Stumpf）、库尔特·考夫卡（Kurt Koffka）、沃尔夫冈·柯勒（Wolfgang Kohler）、马克斯·韦特海默（Max Wertheimer）在 20 世纪初发起了德国形式主义运动，反对当时的简化主义心理学是这场运动的起点。简化主义心理学当时还推崇威廉·冯特和追随他的心理学家的理论。冯特曾辩论说，视觉最终可以被简化成几样最基本的感觉。就像镜子一样，大脑也能够反射光。

然而，大脑并不是镜子。格式塔主义者试图证明视觉过程会改变我们所观察到的世界。就像他们的哲学先驱康德所认为的，

“许多我们本以为会存在于那里——我们对外部世界的感觉，实际上都来自这里，从大脑内部中来”。（康德写道：“想象是感知能力本身必要的原材料之一。”）[23] 格式塔主义者把对光的幻觉用作感知理论的证据。这些幻觉包括从电影中产生的视觉运动的错觉（电影实际上是一组每秒钟翻动 24 次的静态照片），到似乎在两种不同形象间转换的图画（经典案例就是花瓶的两边可以看作人脸的剪影）不等。按照格式塔主义者的说法，这些日常的幻觉就足以证明我们看到的一切都是一场幻觉。关于形象的指令是自上而下下达的，冯特的追随者们总是从感觉的碎片处着眼，而格式塔主义者们则与之不尽相同，他们的大前提是把我们实际感觉到的经历作为现实。[24]

关于视觉皮层的现代神经学研究确认了塞尚和格式塔主义者的直觉判断——视觉经历是超越视觉感受的。塞尚的群山能够从空白的画布上平地而起，是因为大脑执着地要从这幅绘画作品中探个究竟，从而填补画作的细节，这是一个必要的本能。如果大脑没有对眼睛施加严格的控制，那么视觉就会漏洞百出。举个例子，因为感光神经没有与视网膜的视锥细胞连接，所以我们每个人的视野中心事实上都有一个真正的盲点。但是我们对这一盲点视若无睹，大脑能够诚实地记录这个天衣无缝的世界。

这种整合我们不完整感觉的能力是人类大脑皮层构造的产物。视觉皮层被划分为几大块区域：从 1 至 5 整齐划分。[25] V_1 脑区是视网膜信息第一次作为线条集合显现的地方，如果在 V_1 脑区到 V_5 脑区中寻找光的回波，你就能够看到视觉场景是如何获得无意识创造力的。在主观性吞噬掉那些不完整画面的原始感受之前，现实总是在不断地被雕琢完善。

在视觉皮层中，神经细胞对幻觉和实际感觉这两种意象做出反应的第一块区域就是 V_2 脑区。在这里，大脑开始改变视觉过程。于是，当仅有一条细细的黑线时，我们也能够看见群山。从这个观点来看，我们不能够把自己精神上的造物与真正存在的事物分离开来。在我们实际看到一座山和想象一座山时，是相同的神经细胞在参与反应。所以说，根本不存在什么完美的视角。

视觉皮层的其他区域在快速处理完数据后，色彩和动态便被整合到了画面中。数据流入了内侧颞叶（medial temporal lobe，也被称为 V_5 脑区），这是大脑中产生意识观念的区域。在靠近头部后侧的这个脑区里，小的脑细胞的子集会最先回应复杂的刺激，比如塞尚的一幅画着山峰的作品或一座真正的山峰。当这些特定的神经细胞亮起来时，所有的视觉处理过程就都已经结束了。[26] 此刻，意识所需要的感知也都备齐了。

因为颞叶皮层中的神经细胞在再现形象时都非常特定地表达了它们所代表的信息，所以一丁点脑损伤都会擦除形象的整个体系，这种综合征叫作“视觉失认症”（visual agnosia）。某些患有这种综合征的人可能会识别不了苹果、人脸或后现代派绘画。即使患者能够意识到物体所具有的各种元素，但还是不能将这些碎片连成一个完整而有序的实物影像。关键是，形象世界存在于神经反应过程的后期，存在于远离外部世界光照的颅内大脑沟回的褶皱中。

另外，对意识神经的补充本身就会受到意识的影响。一旦前额叶皮质觉得它看到了一座山，就会开始调整自己的输入信息，直到在空白的画布上想象出一个形象为止。这也解释了保罗·西蒙（Paul Simon）的一句话，“一个人会看见他想要看的东西，而置其他于不顾”。事实上，在外侧膝状体（lateral geniculate nucleus，LGN）中，粗神经将眼球与大脑连接起来，从皮层投射到眼部的神经纤维要比从眼部投射到皮层的多 10 倍。这就是我们让自己的眼睛说谎的原因。正如威廉·詹姆斯在《实用主义》（*Pragmatism*）中所写的，“‘感觉’更像是一位把自己的案子交给律师的客户，然后只能在法庭上被动地聆听律师为他所提供的权宜之计”。[27]

所有这些分析的意义是什么呢？大脑不是照相机。正如塞尚所理解的，观察就是想象的过程。可问题是，根本没有什么办法能够量化我们“觉得”自己看到的东西，我们每个人都被锁在自己特定的视野中了。如果我们把自我意识从世界中移除，如果我们的眼球以一种公正的态度去审视的话，那么我们只能看到闪现在无形空间中的几点光，不会有群山，画布也会空空如也。

塞尚引领的后印象派运动将不诚实的主观性作为艺术主题的第一风格。他的画是对绘画作品的批评——这些画的非现实性会引发人们的注意和深思。[28] 从塞尚的画中可以看出，风景是由空白空间所构成的，水果拼盘是笔触的集合。为了迎合画布，一切都经过了调整：三维被压缩成了二维，光线被换成了颜料，整个情景都是虚构的。塞尚提醒我们：艺术的四周布满了诡计和欺骗。

令人震惊的事实是，视觉本身就像艺术。**我们看见的并不是真的。经过改造后的景致只是符合了我们“画布”的要求——大脑的要求。当睁开双眼时，我们就进入了一个幻觉的世界，这是一个被视网膜打破而又经过皮层重新组合的世界。**正如画家阐释画面一般，我们同样阐释着自己的感觉。但是无论我们的神经地图多么精细，也永远解释不了我们真正看到了什么，因为每个人看到的景致都不同。视觉经验会超越视网膜的成像以及视觉皮层中破碎的线条。

我们通过艺术途径表达自己内心的所见之物，而不是通过科学的方法。如此看来，离现实最近的便是绘画了。绘画会让我们最贴近所经历过的事物。当盯着塞尚所画的苹果时，我们其实就在他的大脑中。通过设法再现自己的精神图景，塞尚展示了艺术是如何超越现实主义艺术的神话的。正如赖内·马利亚·里尔克（Rainer Maria Rilke）所写的，“塞尚让水果变得如此真实，以至于它们都没法吃了。它们变得如此物体化、真实化，倔强地存在于那里，不容销毁”。[29] 苹果的形象就这样永恒了——一幅由大脑创造出的绘画作品，一幅抽象得绝对真实的图景。

第 6 章

音乐的源头

“音乐界的毕加索”伊戈尔·斯特拉温斯基

只有那些肯冒险远行的人
才有可能发现自己能走多远。

T. S. 艾略特

芭蕾舞演出在晚上 8 点钟开始。这是一个炎热而潮湿的巴黎夏日，就连夜晚都闷热难耐。剧院的空气让人窒息。观众们在去剧院之前通常会喝些酒。待到灯火渐暗，微醺的人们会放下节目单，不再咕哝。先生们会脱下高高的礼帽，擦擦前额，而女士们则摘下了长长的围巾。幕布缓缓升起了。

身着燕尾服的伊戈尔·斯特拉温斯基坐在第四排，他很紧张，一直在流汗。由他谱曲的芭蕾舞剧《春之祭》即将接受面向公众首演的考验。这位满怀壮志的年轻作曲家渴望向大都市的人们展露自己的才华。他想要通过这部音乐新作出名，想要他标新立异的音乐震撼人们，让人难忘。摩登时代就需要摩登的声音，斯特拉温斯基想要成为当时音乐圈里最现代的作曲家。

那晚的第一场舞蹈并不是《春之祭》。俄罗斯芭蕾舞团的主办人、委托斯特拉温斯基创作此曲的谢尔盖·佳吉列夫（Sergey Diaghilev）选择了一首经典曲目《仙女们》（*Les Sylphides*）来引爆当晚的演出。肖邦的乐曲配上总是那般优雅的米歇尔·福金（Michel Fokine）的舞蹈设计，这一讨大众欢喜的波洛奈兹舞曲（Polonaise）代表了斯特拉温斯基所反叛的一切。肖邦梦幻般的和弦启发了福金的灵感，他将芭蕾舞转化成了一场浪漫主义的白日梦，萃取了纯净的诗意，设计出了一部甜美、抒情的作品。它唯一的情节就是“美”。

这段音乐之后没有中场休息。掌声渐落后，观众席声响的短暂停顿似乎在酝酿着什么。这时，几个打击乐器演奏者挤进了乐队的缝隙中，而管弦乐演奏者则恭顺地下了台。待到交接完后，乐队指挥皮埃尔·蒙特（Pierre Monteux）也准备就绪了。他首先指向了巴松管（bassoon）——《春之祭》就这样开始了。

一开始，《春之祭》的节奏惊人地单调。震颤的巴松管以最高音演奏着（听上去好像一根坏掉的竖笛所发出的声音），回应着一段古老的立陶宛民谣。对于天真的耳朵来说，这段悦耳、轻柔的音调听上去好像是一个让人感到温暖的诺言。冬天就这样结束了。我们听到的是一串仿若在死寂大地上渐渐萌生出的新芽吐翠般的琶音[①]。

但是正如 T. S. 艾略特所指出的，春季同样也是最残酷的时节。丁香花一开，斯特拉温斯基交响乐总谱中暗藏着的那一段不和谐之音就开始席卷泛滥，扑面而来，仿若“自然焕然一新时万

① 琶音（arpeggio）是一种演奏技巧，指的是将一个和弦中的音符分别进行演奏，以突出和弦的音符。——编者注

物都经历过的恢宏感受”。[1] 在那段最暴烈的音乐转变中，斯特拉温斯基以一个足以致人偏头痛的怪异声音开启了作品的第二乐章。尽管音乐才刚刚开始，斯特拉温斯基已经迫不及待地沉浸在完全打破我们预期的乐趣中了，他把这一乐章叫作《春天的征兆》（*The Augurs of Spring*）。

可这份“征兆”并不是个好兆头。几秒钟之内，巴松管演奏的绚丽民谣就被一阵癫狂的节奏碾轧过去，号角不对称地与固定反复的乐句相撞。春天的所有造物都欢呼着要出风头。张力不断地聚集，聚集，再聚集，却没有一个得以释放的出口。不规则的冲击力毫不留情，就像迎合世界末日的配乐一样，拍子聚集成了一个灾难性的高音。

这时，首演场下的观众们开始尖叫。《春之祭》引起了一场骚乱。

尖叫声一旦开始，便再也停不下来。在受到带有“不祥之兆”色彩的音乐和声的接连摧残以后，在场的中产阶级听众开始在剧院通道里闹事。上了年纪的妇人开始对喜欢新奇事物的年轻听众大打出手。芭蕾舞演员也受尽了辱骂。四处顿时都乱哄哄的，就连蒙特都听不清他指挥的音乐了。交响乐团分裂成混乱乐器的杂声。现场真正的混乱代替了舞台上演奏的不协和音①。混

---

① 不协和音（dissonance），指两个或多个音在同时响起时听起来不和谐的音程，会产生紧张、不安和不稳的音响效果。——编者注

乱激怒了斯特拉温斯基，他的艺术被愚蠢的大众给毁了。怒气扭曲了他的脸，他疯也似的逃离了座位，跑到了后台。

此时待在剧场侧面厢房的是佳吉列夫，他发狂似的把观众席上的照明电源拉下合上、合上拉下，但那频闪的强烈灯光让这一疯狂变本加厉。刚刚退场的芭蕾舞舞蹈设计家瓦斯拉夫·尼金斯基（Vaslav Nijinsky）站在椅子上，朝着舞者喊拍子。舞蹈演员们听不到他的声音，但是没关系，因为恰好这段舞蹈就是要表现无秩序的律动。

就像音乐一样，尼金斯基的舞蹈设计也是对传统芭蕾舞艺术的有意反叛。学院派芭蕾舞优雅、轻盈的形体，胳膊和腿的美妙姿势，那种轻快，让人赏心悦目的抱臂、足部外旋以及芭蕾舞裙婆娑的抖动——所有这些传统的看家本领都被嘲弄了。在尼金斯基的指导下，观众们只看到了舞者的侧影——他们弯腰驼背，头部垂下来，内旋的足部猛敲着舞台的木地板。舞蹈者们后来抱怨说，这场舞蹈震伤了他们的身子骨。这是一场与音乐同样激烈疯狂的芭蕾舞表演。

巴黎警察最后到达了剧院，但他们的到来让场面变得更糟。斯泰因这样描述了这个场景：“我们听不到任何声音……我们能够亲眼见到的是，舞蹈很不错，可是注意力却总是被一个人打断，那个人就在我们旁边的包厢里挥动着拐杖，最后与旁边包厢的一位狂热者发生了激烈的口角，他的拐杖落了下来，正好打在了一位义愤填膺者的‘大礼帽’上，这个倒霉蛋刚刚穿戴整齐准备离场……这个场面简直太激烈了。”[2] 喧闹直到音乐停止才结束。

如果说那个晚上的暴动有什么事情可以聊以自慰的话，那就是它获得的公众效应。斯特拉温斯基的交响乐作品成了满城皆知的话题。他一下子变为比柯莱特时尚店（Colette）还要酷的存在。在斯特拉温斯基后来的回忆中，那个夜晚是喜忧参半的。过去没有人欣赏他的艺术，但是后来他却成了一位名副其实的名流，一座前卫艺术的圣像。

当演出结束后，剧院空空如也时，尼金斯基只对斯特拉温斯基说了一句话：“这正是我想要的。”[3]

那天晚上人们为什么会暴动？一段音乐为什么会让一向优雅的观众成了暴力分子？这就是《春之祭》的秘密。对于听众来说，斯特拉温斯基的新作是无情的原创之声。人群正期待着演奏更多的肖邦音乐，可他们直面的却是现代音乐血淋淋的诞生。

这种痛苦之源在乐谱上是真实可见的——结结巴巴的音符一页接着一页。黏稠的黑色，声音的凝块……只有远处传来惑人耳目的黑管独奏打破了纯粹、痛苦而又浑厚的呻吟之声。《春之祭》的乐器在规则上甚至都冒犯了交响乐的传统。斯特拉温斯基忽略了弦乐器——浪漫主义作曲家的快马，他发现它们脆弱的声音太像人的嗓音了。所以，他想把人声从交响乐中抽离出去，使交响乐成为“在美崛起之前”[4]纯粹音乐的声音。①

《春之祭》中一章加有注释的乐谱，摘自作曲家列奥波尔德·斯托科夫斯基（Leopold Stokowski）收藏集。斯托科夫斯基后来把这段交响乐编在了迪士尼动画片《幻想曲》（*Fantasia*）中

斯特拉温斯基不会因为迁就听众就妥协让步，正是这种坚决使他创造出了那种效果。他摧毁了审美的传统，拆解了随之而来的幻觉。首场演出的人们以为美是不可改变的——传统和弦就是比其他音乐更好听，但斯特拉温斯基却懂得更多。

作为一位天生的现代主义者，斯特拉温斯基意识到我们对

① 《春之祭》会使人多痛苦？F. 斯科特·菲茨杰拉德（F. Scott Fitzgerald）曾让赴宴的客人二选一，要么听一段有刮痕的《春之祭》的录音，要么看截肢士兵的一些照片。显然，他们觉得这两种痛苦不相上下。

"漂亮"的感受是容易受到影响的，我们所膜拜的和声以及主和音并不是神圣得天经地义的。大自然其实是噪声的组合。音乐只不过是我们学会如何去聆听后，用声音锻造出来的一件"银饰"。斯特拉温斯基以《春之祭》宣告，该是听众们学习一些新东西的时候了。

我们大脑所持有的信念源自它与生俱来的延展性——我们本来就具备适应新型音乐的能力。这也是斯特拉温斯基坚持的见解。从他在瑞士第一次为《春之祭》作曲，在自己的钢琴上尝试弹奏不协和音时，一位邻家的小男孩就养成了在窗边嚷嚷"错啦！错啦！"的习惯。斯特拉温斯基只是耸耸肩，他知道大脑最终会改正他的错误。听众们会适应他晦涩的曲子，并发现锁在艺术内层的美。**正如神经学现在所明确验证的那样，听觉是一部一直在改进的作品，而听觉皮层中的神经细胞正一直被我们所听的歌曲和交响乐所改变。**没有什么是永远晦涩的。

不协和音的诞生，听觉是一部一直在改进的作品

斯特拉温斯基出生于 1882 年，是一位少数派贵族的第三个儿子。他的父亲是圣彼得堡剧院的歌唱家。尽管家人坚持让他去法学院学习，但斯特拉温斯基讨厌法律。法律系统：法规、表格、法官，代表了他觉得乏味无趣的一切。在课程中煎熬的小斯特拉温斯基沉浸在无尽的烦恼中。后来他把童年时代描述成"等待着让一切制造烦恼的人和事物下地狱的时光"。[5]

父亲的过世让斯特拉温斯基一直期待的这个瞬间终于来临了。他获得了自由，终于可以从法学院退学了。退学之后，他马上进入了尼古拉·里姆斯基–柯萨科夫的音乐学院（圣彼得堡音乐学院），这个人是唯一一位让斯特拉温斯基感到受益匪浅的老师。成熟后的斯特拉温斯基萃取了古老的民谣，将其运用到现代交响乐的创造中。

与斯特拉温斯基一样，柯萨科夫是一位以展示自身内在矛盾冲突为特征的作曲家。他是一位热爱德意志音乐的俄罗斯民族主义者，也是一位有着 19 世纪末期典型帝王情结的沙皇拥护者。

在圣彼得堡音乐学院中，柯萨科夫向斯特拉温斯基灌输了现代作曲家的创作焦虑。柯萨科夫说，现代音乐所面临的问题很简单——交响乐已经变得很无聊了。理查德·瓦格纳[①]所吹嘘的大部分志向已经差不多被欢快的模仿作品所代替了，而且绝大多数都是为芭蕾舞写的。更让人担心的是，现代主义革命似乎把作曲家甩在了后面。画家们忙着发现抽象艺术，但是音乐已经很抽象了。诗人们正在隆重地庆贺象征主义，但音乐一直都极具象征性。音乐再也不可能比瓦格纳的《指环》（*The Ring Cycle*）更宏伟，比巴赫的音乐更精确了。现代作曲家们为往昔的成就所羁绊。由于这个，声音的革命必然会由一场毁灭来开启。正如在半个世纪以前，瓦格纳在他对自己音乐风格独创的激烈革新时所宣

---

① 理查德·瓦格纳（Richard Wagner），19 世纪德国作曲家和剧作家，被誉为西方古典乐史上最具影响力的人物之一。——编者注

布的那样，"艺术作品不能在当下被创作出来，要想准备好它们，只能通过革命的方式，只能通过毁灭并碾碎那些值得被毁灭和碾碎的一切"。①

1908 年，阿诺尔德·勋伯格（Arnold Schoenberg）决定摒弃古典乐的结构，这打响了现代主义音乐改革的第一枪。这是一场美学反叛，相当于一位小说家在创作时抛弃了情节一样。在勋伯格之前，所有交响乐都要遵循几个简单的规则：首先，作曲家会导入一段三和弦②——由 3 个音叠置构成的一段和弦。这段和弦隐匿在音乐的核心中，是为音乐展开发出指令的"地心引力"。然后，作曲家们会小心翼翼地从三和弦那里游移开来，但是不会走得太远。（离主音的距离越远，不协和音就越强，而不协和音过多在当时会被认为是不敬的表现。）音乐常常以主音的凯旋作为结束，这个和谐的尾声往往很欢快。

勋伯格觉得这种音乐形式沉闷得让人窒息。他想通过自己创新的音乐结构满足自我表达的需要，而不是迁就"平庸媚俗者"的陈词滥调。就这样，他开始做白日梦，梦想着"有朝一日能够把不协和音解放出来"，到了那时，交响乐会从八音阶的陈词滥

① 当时有很多人说《春之祭》所引发的骚乱是自 1861 年观众在瓦格纳的《唐豪瑟》演出发出尖叫声后最严重的一次音乐骚乱。在自己的首演失败后，斯特拉温斯基安慰自己："他们在瓦格纳 45 岁时嘘声连连，而我现在只有 35 岁。在我去世之前，我也会见证我的胜利。"

② 三和弦包含了一个基本的"根音"，另外一个音符在这个根音上的 1/3 处，还有一个在上一个音的 1/3 处。例如，C 调的三和弦包含了 C-E-G3 个音符。这紧跟着 C 大调的八度音阶 C-D-E-F-G-A-B-C。

调中解脱出来。“如果我必须牺牲我的艺术前途，”勋伯格说，“那么肯定是因为我不得不依靠艺术挣得收入苟活于世。”[6]

仰仗于音乐无调性①所做出的“牺牲”，勋伯格终于在 1908 年写就的升 F 小调第二弦乐四重奏中让人们聆听到了自己的探索成果。这段四重奏是对音调无序状态所做的一项研究：我们听到了升 F 小调琴键的缓慢消亡。到了弦乐四重奏的第三乐章，在女高音准备开唱时，“我成了预言之声的轰鸣”，音调的结构彻底消失了。没有一个和声能幸运地长过几秒钟。整个音乐作品只受局部的指引——古典音乐就这样被解构了。

在那天晚上的节目中，勋伯格尝试着解释自己“魔窟”背后的逻辑。他需要脱离形式的自由，因为音乐形式不再有任何意义了。“不协和音压倒性的多样化”[7]不会再受到压制或审查了。勋伯格从此不会再遵循别人的规定——是时候写下自己的音乐了。

当斯特拉温斯基第一次听说勋伯格时，他就立即意识到了这位老一辈音乐家的重要性。这是一次界限的穿越。作曲家现在能够自由地表达任何东西了，甚至连丑陋的事物都可以。斯特拉温斯基在一封早期的书信中写道：“勋伯格是我们时代最具创新精神的人。”[8]

奥地利维也纳的公众却对此不以为然，甚至在勋伯格完全抛

① 无调性（atonality）是指一种现代音乐的创作风格，不使用传统的调式系统。——编者注

弃音乐的调性之前，他的作曲就已经放宽了所谓“好品位”的限度。19 世纪 90 年代，他根据瓦格纳的风格所写的即兴而反复的音乐片段《升华之夜》(*Verlaerte Nacht*) 在维也纳的音乐界被禁，因为它包含了一个不为人知的不协和音。如果一个不协和音广为人知的话，也就没有那么不和谐了。勋伯格喜欢用化学来比喻他的音乐，因为在这门科学中，一个小小的改变就足以创造一种威力不凡的化学物质。勋伯格写道：“多了一个氢原子，少了一个碳原子，就会将一种毫无生气的物质变成一种颜料，甚至变成一种爆炸性物质。”[9]

到了 1913 年，也就是《春之祭》上演的那一年，勋伯格发现了让音乐产生爆炸效果的方法。因为他的音乐艺术不单单是无调性的，他还把无调性升级到了让人痛苦的程度，所以在他第 9 号室内交响曲的音乐演奏会期间，也就是《春之祭》首演的两个月前，他与公众之间的脆弱关系终于崩溃了：勋伯格音乐会席上的听众因受不了他的创新，跑到舞台上尖叫，迫使警察来到现场，并要求取消节目；① 医生们代表深受创伤的听众宣布说，勋伯格音乐的无调性导致了人们情感和精神上的焦虑；小报上满是官司诉讼和打架斗殴的头条新闻。但勋伯格毫不后悔：“若是艺术，它就不会符合所有人的口味，如果它能取悦所有人，就不会是艺术。”[10]

---

① 他们也对阿尔班·贝尔格（Alban Berg）的《阿尔腾贝格歌曲》(*Altenberglieder*) 和《终极地带》(*Uber die Grenzen*) 表达了反抗。在这些音乐中，音调序列中的 12 个半音会同时发声。贝尔格是勋伯格的学生，而勋伯格正是当晚音乐会的指挥。

《彼得鲁什卡》(*Petrushka*)是斯特拉温斯基跟随勋伯格“厚颜无耻”的前卫音乐路线的第一部主要作品。但是与勋伯格不同，斯特拉温斯基并不是通过打散音乐的调性来破坏传统根基的。他担心无调性太过沉闷，担心只讲“理智和原则”[11]的勋伯格最后可能会变成“花枝招展的勃拉姆斯”①。相反，斯特拉温斯基决定通过过量的重叠调性来折磨听众。《彼得鲁什卡》讲述的是一个玩偶复活的故事，是出自佳吉列夫之手的芭蕾舞剧。斯特拉温斯基在其中运用了两个旧民谣的曲调，让它们彼此捣乱，就像上了发条的玩具娃娃一样。于是，音乐就变成了双调的，同时以两个基调展开（有几乎全是黑键的升 F 大调，还有全是白键的 C 大调）。于是，音乐便有了分辨不清的含糊感觉，由于过多协和音物极必反式地产生了不协和音，所以颇具讽刺意味的是，我们的耳朵必须选择去听哪个旋律。

动态的噪声，连贯的旋律

当一段声波以每秒 330 米的速度传入耳朵并与我们的鼓膜相撞时，听觉就产生了。这种震颤推动了身体里 3 块最小的骨头（它们是藏在耳朵里的骨骼），将它们紧贴在了耳蜗处含流体的薄膜上。这流体将压缩空气的波转化成了含盐液体的波，后者接着便触动了毛细胞（之所以取这样的名字，是因为它们看上去

① 约翰内斯·勃拉姆斯（Johannes Brahms），德国古典主义最后的作曲家，是一位创作与演奏并重的作曲家。他的作品具有浪漫主义精神，情绪变化多端。——编者注

像细小的毛发）。这一小小的动作开启了细胞膜的离子通道，使细胞随电流膨胀起来。如果细胞被挤压到一个足够锐利的角度并保持一定时间，就会向大脑发射一个电流信息。寂静被打破了，声音出现了。

耳蜗由 16 000 个这样的神经细胞组合而成。在喧闹的世界中，它们不停地弯曲。空气中充满了震动，每个震动都会再次将震颤传递到耳朵的回声室里。（毛细胞对原子维度的声音十分敏感。我们能够真实地听到布朗运动①的声音，即原子随机相撞发出的声音。）但是从电流刺耳的杂声中，我们是否听到过一个连贯的声音呢？

这个问题的答案与身体结构有关。毛细胞像钢琴的琴键一样排布。在一端，它们适应了对高频声音做出反应，而在另一端，低频的砰砰声却让它们弯曲。当演奏一个音阶时，毛细胞反映了逐步上升的音符。它们随着音乐游走，灵巧地将噪声的能量转化为电流的空间代码。每个声音最初都是毛细胞当时的式样（pattern），可那只是听觉的开始。在演奏第 16 个音符期间，耳朵将听到的感官信息一次次地在大脑中排练。最后，声音到达了主要听觉皮层，那里的神经细胞要探明具体的音高。听觉皮层并没有对耳中震颤声波的所有频率一视同仁，而是专心地在噪声中寻找音调。我们自动屏蔽了理解不了的杂音。（这就是我们能够辨

---

① 布朗运动，又称维纳过程。1827 年，英国植物学家 R. 布朗观察到悬浮在液体中的微粒子在做不规则的运动，因此得名布朗运动。——编者注

识出不同乐器演奏出来的同一个音高的原因。尽管小号和小提琴能够产生不同声波，但是我们生来就会忽视这些差别。我们所专心留意的就是音高。）当听觉皮层中这些具备选择功能的神经细胞兴奋起来时，空气中茫然的震动终于变成了一个音调。[12]

一部音乐作品不仅仅是按照时间顺序排列的一组彼此毫不相干的音符。孤立的音高会融合为一个式样，这是大脑局限性产生的后果。音乐是愉快型信息的盈满而溢。无论噪声在何时超出了我们的处理能力，只要我们处理不了敲打在毛细胞上的不同声音时，大脑都会投降。在这种情况下，大脑不会再设法理解个别音符，而是去理解音符之间的关系。**通过运用对声音的短期记忆（在大脑左半球后部），人类才能够发掘措辞、主题、乐章中更高层的式样。这一新能力善于感知相似性，从而让我们能够在空间中将所有偶然掠过的音符提炼出某种秩序，而大脑则一贯是深深地迷恋着秩序的。我们渴望自己的感受是有意义的感受。**

这种心理本能才是音乐的源泉——它包括神经细胞寻找着定型的式样乃至包括对任何式样的摸索。当聆听一段交响乐时，我们听到的是动态中的噪声，每一个音符都与下一个音符模糊地连在了一起——声音似乎是连续的。当然，在物质现实中，每一个声波其实都是独立的，就像写在乐谱中的音符一样离散着。但是，我们对音乐的感受并不是这样的。我们不断地提炼着自己的能量，以便于输入，为了让脚步跟得上噪声的急流，我们发明了结构性的式样。一旦大脑找到了一种式样结构，就会立刻开始做预测，想象着接下来的音符会是什么。它将想象出来的秩序投射为未来的图景，将我们刚刚听到的旋律迁移成我们期待的旋律。[13] 通过对式样的聆听，通过我们的期待诠释每一个音符，我们将声音的碎片编织成了交响乐风起云涌的组织结构。

音乐的发动机是冲突

音乐结构反映了人类大脑对式样的嗜好。有调性音乐（也就是大多数巴洛克音乐、古典乐和浪漫主义音乐）会先通过主音三和弦建立起一个曲调式样，这一式样定的音调是框定整首乐曲的关键。而大脑会继续维护着这种结构，因为这种结构能有效地组织音符的顺序。一个主旋律或主题会以一种便于记忆的式样被表述出来，然后在这个曲调消失之后，它又会在和谐、安宁的那一刻悠扬起来。

但是，式样在塑造出大脑的渴望之前，必须欲擒故纵。音乐只有让听觉皮层经过努力发现它的秩序时，才会让我们兴奋不已。如果音乐动机过于浅显，音乐·式样总是被没有悬念地摆在眼前，反而会无聊得让人生厌。这就是作曲家会在乐曲开始时引入主音，但直到结束之前都会故意避免让它再出现的原因。因为只有我们所期待的式样在稍纵即逝后被藏匿得越久，当它再次完好无损地归来时，我们情绪的释放才会越强烈。为此，听觉皮层会释放出欣喜的感觉，因为失而复得了一直在寻找的秩序。

为了展示这一心理学原理，音乐学家伦纳德·迈尔（Leonard

Meyer）在他 1956 年出版的经典著作《音乐的情感与意义》（*Emotion and Meaning in Music*）中分析了贝多芬弦乐四重奏 131 号作品（升 C 小调）的第 5 乐章。迈尔想要展示的音乐特性正是音乐对我们所期待的秩序的躲闪性挑逗，而不是俯首的顺从。[14] 他剖析了贝多芬这首杰作的 50 个小节，向人们展示了贝多芬如何在一开始就清晰地交代了一个有节奏的和弦，然后，在这首复杂的舞曲中，又故意回避去重复它。贝多芬所做的是暗示曲调有多种多样的变式。他自己就是这一曲调难以捉摸的影子。如果 E 大调有主旋律的话，那么贝多芬演奏的则是 E 大调和弦的不完整版，即总是谨慎地避免直接表达。他的音乐保留了不确定元素，让我们的大脑一直祈求着那个他拒绝完整地施与我们的和弦。贝多芬一直到音乐最后才再次呈现了这个和弦。

按照迈尔的说法，音乐感染力的源泉就是音乐悬念带来的张力（由我们未被满足的期待来支撑）。先前的音乐理论都致力于研究噪声是如何反映现实世界的——这个世界由表象和表象后的蕴意所构成。而迈尔则争辩说我们在音乐中发现的情感来自音乐自身叙述的事件。他认为，这种“象征性含义”是在交响乐所唤起以及所回避的式样中产生的，是在交响乐从自身形式中创造出的模糊性中产生的。

迈尔写道：“对于人类的大脑来说，这种怀疑和疑惑的状态非常可恶。面对它们，大脑会想要做些什么，以让它们变得清晰明确。”[15] 所以，我们满怀期待地等待着 E 大调最终会对听众有个交代，等待着贝多芬在乐曲初始建立的式样会在最后变得完整。迈尔说：“这份焦急的期待是整首音乐演奏过程中真正的价值，因为它的目的正是要延缓音乐的主调。”[16] 不确定性唤起了情感。音乐本身就是一种违背期待定律的美妙形式。

这种悬念填满了斯特拉温斯基音乐篇章的每个角落。长久以来，被旧式音乐熏陶的公众以为音乐只不过是以整齐的节奏所演奏的协和音的集合，而斯特拉温斯基却意识到他们犯了错——美妙的“噪声”很无聊。音乐只有在展示给我们张力的时候才有趣，而张力的源泉则是音乐元素之间的戏剧性冲突。按照斯特拉温斯基的洞察，听众真正渴望的是被音乐家拒绝施与的东西。

《春之祭》是表达这种对抗哲学的第一部交响乐作品。斯特拉温斯基早已料到听众的预想，然后全然拒绝奉送给他们想要的东西。他拿来了一首标准的“春之曲”，然后反其道而行之，创造出了一种另类的艺术。在这种艺术中，不协和音永远都不会向协和音低头，秩序永远无法战胜混乱。混乱集结起来的大量张力就在那里，永远都不能平复。一切都只会变得越来越糟，然后结束。

对于我们敏感的神经来说，这种音乐作品简直就是一种侮辱。大脑这一包含了突触质的器官无可奈何地失望了。我们开始与舞台上暴烈的祭典之舞产生共鸣。这就是斯特拉温斯基的意图——他的音乐是明目张胆的挑衅。不用说，他的做法灵验了。但这究竟是为什么呢？斯特拉温斯基又是如何在艺术中铺陈出这极大的痛苦的呢？

这个问题的答案让我们重新回到了秩序的概念上。尽管音乐是伴随着我们对式样的偏好开始的，但按照迈尔的说法，音乐情绪却是在我们期待中的式样坍塌以后才爆发出来的。当然，《春之祭》算是一个漫长的坍塌过程了，斯特拉温斯基不仅创造了一些新的音乐式样，还执意要谋杀旧有的那些式样。他引入了民谣乐曲中的片段，然后用半音阶作为子弹一枪把它们击毙了。他拿来大调和弦，铿锵有力地挥洒了几笔，然后就把它们扔进了立体主义的切割器。至此，约翰·施特劳斯[①]的作品被朋克化了，瓦格纳被颠覆了，而肖邦则被无情地嘲笑了。古典主义的各色面纱就这样被他一一戳破了。

《春之祭》引起普遍不满的秘密是它在艺术式样上施虐狂式的创新，它固执地拒绝遵循我们后天习得的对艺术的期待。通过违背我们自认为了如指掌的规则，斯特拉温斯基迫使我们面对一个事实——我们总是有所期待，大脑先是期待着某种类型的秩序，随后便是期待这种类型的释放。但是《春之祭》却把这些期待变成了毫无价值的累赘。我们不知道下一个音符会是什么，这足以让我们气急败坏。

音乐的张力催生出了情感，它在人们的身体中跳动。斯特拉温斯基把这种音乐张力提升到了怪异的程度。管弦乐团一开始演奏，听众们的身体就开始发生一系列改变——瞳孔张大，脉搏和

① 约翰·施特劳斯（Johann Strauss），19世纪最著名的维也纳华尔兹作曲家之一，被誉为“华尔兹之王”。——编者注

血压升高，皮肤的导电性降低，与身体动作相关的小脑变得异常兴奋。血液甚至都涌向了腿部肌肉。（于是，我们的脚开始随着节奏打起了拍子。）声音从生理最底层煽动了我们，正如叔本华所写的，“被琴弦折磨着的正是我们自己”。

斯特拉温斯基似乎对如何让我们的血压攀升驾轻就熟。乍一看，这可能是一个备受质疑的成就。现代艺术就非要如此残酷吗？“美”又该怎么办呢？但是斯特拉温斯基的“恶毒”扎根于他对人类大脑的深刻理解——他意识到音乐的发动机是冲突，而不是和谐。让我们切身感受到的艺术也是那些给我们留下“切肤之痛”的艺术。没有什么比无情的交响乐更使我们痛苦的了。

音乐为什么能够引起这种痛苦呢？因为它可以直接搅动我们的情感。除此之外，没有什么观念能够介入人类的情感。这就是“所有艺术都艳羡着音乐得天独厚的条件”的原因。[17] 交响乐可以带给我们不确定性中的惊悚元素—— 一种在摸索式样时产生的愉悦性焦灼感，但是不会让我们用真实的生活冒风险。当听音乐时，我们会感觉到自己正被一种大而抽象的东西所感动，却不知何故。

从不协和音到协和音，大脑会学会诠释噪声

斯特拉温斯基最初是在一架钢琴上为《春天的征兆》这一乐章作曲的——就是引起骚动的那个可怕的声音。一只手弹奏 E

大调和弦，另一只手弹奏降E大调七和弦（E-flat-major-Seventh Chord）。他在这些黑白琴键中弹奏着这一片段，节奏就像闹钟一般强劲、持续。这还不够让人头痛的，他又另加进了一些切分的曲调，以至于恐吓的音符簇拥成了一团。当佳吉列夫第一次听到《春天的征兆》这一乐章时，只问了斯特拉温斯基一个问题："这还会持续多久？"斯特拉温斯基的答案是："直到最后，亲爱的。"佳吉列夫不由得眉头一皱。

具有讽刺意味的是，《春天的征兆》这一乐章的可怕之处并不是无调性的。它的声音其实仅仅是由无调性做连接而已，是用错置的古典主旋律编写而成的。斯特拉温斯基将两个独立的谐波极①融合在了一起，从而形成了一种短路的效果——耳朵听到了旋律的碎片（E大调、降E大调和C大调），但是大脑却不能把这些碎片组合起来。这是怎么回事？

因为声音是全新的。斯特拉温斯基将人们所熟悉的声音进行了电气化处理。在音乐史上，没有一位作曲家胆敢给予我们这种类似由压缩空气时形成的特殊颤动，也没有一位作曲家胆敢涉足这种纯粹的断奏。此时，大脑陷入了迷惑之中，脑细胞也困惑不已。我们一点都想不出这是什么声音，它将会有何进展，或者下一个音符会是什么。我们感到自己正深陷于一种张力之中，但是又想象不出该如何释放。这就是新事物所带来的震撼。

① 谐波极（harmonic pole）是控制系统的一个重要概念，用来描述系统的稳定性。——编者注

斯特拉温斯基对创新是顶礼膜拜的。“《春之祭》几乎没有继承什么传统，”他后来这样吹嘘道，“没有什么理论支持，帮我的只有我自己的耳朵。”[18] 斯特拉温斯基认为音乐就像大自然一样，需要持续的动荡。如果作品不是原创的，可就太乏味了。于是，在斯特拉温斯基的整个职业生涯中，他都在持续不断地更新自己，把生命分配给自己风格显著的时期。首先出现的是现代派的斯特拉温斯基，在音乐方面他与毕加索齐名。当现代派变得无聊时，斯特拉温斯基又重新将自己冠名为巴洛克风格的嘲讽者。从那时开始，他便冒险尝试了极少主义风格，这种风格后来又变形为所谓的新古典主义。晚年时，他又转而采用勋伯格式的十二音阶作曲法。一生中，他未涉足探索过的“主义”真的很少。

斯特拉温斯基这种追求新奇的劲头为什么会保持不变呢？正如另外一位音乐“变色龙”鲍勃·迪伦曾经说过的那样：“一个人如果不是忙着生，就是在忙着死。”斯特拉温斯基最怕的就是，在万事尽在意料之中的过程中慢慢走向死亡。他想要每一个音符都带着惊悚的震颤能量，让听众们就站在声音的悬崖边上聆听。与美和真理相反，他认为胆量才是“最优秀、最伟大艺术的驱动力。我拥护胆量，我不会给它任何限制”。

斯特拉温斯基的放肆言论镶嵌在他音乐的每个缝隙中。凡是见过的节奏，他都想加以切分，没有一个旋律能逃过他的嘲笑。但在规避旧式音乐范式的同时，斯特拉温斯基对于动荡的热切渴望表现得最为明显。他知道随着时间的推移，新的不协和音就会变成协和音——大脑学会了如何诠释晦涩的噪声。于是，交响乐就变得不再吓人了。

斯特拉温斯基本人并不反对主音和弦以及过去那些优美的音乐式样。实际上,《春之祭》充满了协和音调,其中借用了不少古老的俄罗斯民谣曲调。但是斯特拉温斯基需要张力,他想要自己的音乐具备厚重感,具备狂飙突进式的原创性。创造这种音乐的唯一办法就是创造一套新的音乐词汇,创造一种听众从未听过的不协和音。"我的管弦乐会吐露出一种巨大的恐惧。面对世间潜在的可能,这种恐惧会让每一个敏感的灵魂都感到沉重。"[19] 斯特拉温斯基在《春之祭》的一篇介绍文章中写道。斯特拉温斯基在春之萌动中听到的是众多新生事物所发出的可怕声响,一种潜在的可能发展为任何形态的形式,一种不受限制的恐怖之音。

当然,当乐队演奏斯特拉温斯基的音乐时,音律均衡存在着一些问题。面对这些问题,作曲家要求在赶上时代的同时不乏连续性,虽然演奏起来很困难,但也不是不可能的。尽管《春之祭》在首演当晚就被贬斥为纯粹噪声的典范和无休止的混乱,但它其实是由复杂的图样编织而成的一块锦被。斯特拉温斯基是最注意细节不过的了,只是他在《春之祭》中编织的图样不同于西方音乐中常见的式样罢了。听众们的大脑并不认得这些式样,因为斯特拉温斯基抛弃了所有常规,在这些交响乐作品中创造了一套自己的和声和旋律系统。拿《春天的征兆》的和弦节奏来说,人们常说其中的节奏是多么偶然和随意。其实不然,斯特拉温斯基用这些瞬间为和声与旋律制造了悬念,所以我们听到的都是不协和音的短促声响。他想要我们专注于自身的痛苦之源。

《春天的征兆》中连续跳动的节奏看似突然出现，殊不知斯特拉温斯基是认真地为之做过铺垫的。在序曲里蜂拥而至的民谣旋律中，斯特拉温斯基用小提琴勾勒了和弦（D 大调、B 大调、E 大调、B 大调）以及节拍（2/4 拍）。这样，当《春天的征兆》真正开始时，我们听到的便是它们时不时踩上节奏的结结巴巴的声音。它们颤抖的随机性其实是计算好了的（这真是个讽刺），这反而会加强它们自身的随意性。斯特拉温斯基虽然继续为颠覆节拍而苦心经营着，即用《春天的征兆》的和弦去一层层地拆解他刚刚创造出的曲调式样，但同时也会让听众稳定地把握好节拍。他迫使我们将他特有的曲调式样投射到未来的习惯与适应中去。事实上，我们迟早会意识到自己才是“稳定性”唯一的源头。曾经大有用处的小提琴安静了下来，斯特拉温斯基借助我们对式样的嗜好赋予了他的混乱以秩序。所以说，这种秩序只属于我们自己。[20]

这就是《春之祭》的创作方法。首先，斯特拉温斯基拉动了“机器摇柄”，使我们凭借潜意识制造式样的过程开始运转。他故意大肆颠覆了我们自以为知晓的一切。（这是《春天的征兆》中的和弦显而易见的意图。）然后，在清除了我们大脑中古典主义的“垃圾”以后，他又迫使我们从音乐本身中“打捞”式样。抛弃了过去的常规，我们在他的芭蕾舞音乐中找寻不到任何固有的式样。我们若想将一个外界的式样套用在《春之祭》上，或者试着用贝多芬、瓦格纳或《彼得鲁什卡》的式样去破解曲调的新意，那么那些式样便会遇到阻碍，从而反弹回来。就算我们分辨出了斯特拉温斯基的音符，也搞不清编曲的脉络，因为斯特拉温斯基把一切都变成了碎片。他的想象是一个大熔炉。

所有的这些新奇都让我们苦闷得摸不着头脑。如果我们想要找到《春之祭》中秩序的回声，就必须仔细聆听。如果我们不仔细聆听，或者没有跟上它搭建起来的脉络，那么整场交响乐都会变成噪声的集体哗变——音乐消失了。这是斯特拉温斯基想要达到的效果。“聆听是要费力的，”他曾说道，“光是聆听没有任何益处，因为连鸭子都能听得到。”[21]

但是斯特拉温斯基却让《春之祭》听起来很费力。他的交响乐作品是一群溃散的鸟兽，其中若有什么脆弱的秩序，那也是暗中隐藏着的。我们听到了式样，却又那般依稀缥缈。我们感觉到了其中的结构，但是它又似乎只存在于我们的大脑中。我们想知道，这是音乐，还是噪声？这些颤音是随机的，还是另有其道？斯特拉温斯基并没有停下来去回答这些问题，更没有去着手解决这些问题，他只是任凭声音四散逃窜着。

《春之祭》所发出的声音纯粹是一片模糊，音阶也高得吓人。当斯特拉温斯基说“音乐，就其本质来讲，实际上根本没有力量去表达任何东西”时，[22]他暗指的是音乐表达的典型特征就是不确定性。如果音乐不是模糊的，那么它便表达不了什么；如果它表达了某种东西，那么它便只表达了确定性的缺失。可在《春之祭》以前，有许多音乐都习惯了限制原创性——太多的创新太痛苦了，但是斯特拉温斯基却无情地终止了这场美学游戏。他的交响乐拒绝给予我们一个谐和的音乐高潮，它嘲弄着我们对快乐结局的期待。实际上，它嘲弄了我们所有的期待。

所以，就在交响乐的其他作曲家们都在冥思苦想地创造让人沉静下来的方法时——让有调性的管弦作品发出让人满意的声音，斯特拉温斯基却决定用巨大的定音鼓声“杀死”献祭的少女。他音乐的每一个小节都会给予舞者以不同的节拍，迫使她跳起那根本无法跳起的舞蹈。节奏的式样就像精神分裂症患者的胡言乱语一样在空气中飞舞——9/8 拍变成了 5/8 拍，再变成 3/8 拍，随后又突然转成了 2/4 拍、7/4 拍、3/4 拍等。我们的听觉细胞能感觉到其中的混沌。我们知道这种声音特有的高墙是化解不了的。我们能做的只是等待，因为无论如何这些总会结束。

改变大脑的是艺术的声音

音乐是什么？这个问题在《春之祭》中未能找到答案。首演时暴动的群众坚持认为这部交响乐只不过是噪声而已。无论音乐是什么，这都不能算是音乐。创新是有限度的，而《春之祭》则超出了这个限度。

当然，斯特拉温斯基的观点正好与之相反。他说噪声“被安排一下”就能变成音乐，而且“这种安排会预言一种有意识的人类行为”。[23] 斯特拉温斯基通过《春之祭》高声宣布，音乐是人工的，是一群等待着我们学会如何去倾听它们的噪声集合，音乐就该是这样的。

这是对音乐做出的一种极为新颖的定义。自柏拉图以来，音乐就成了对自然内在秩序的一种比喻。柏拉图说："我们并没有创造音乐，而是发现了音乐。"现实看上去充满了噪声，但藏在噪声中的却是一种本质上的和谐，是"缪斯的礼物"。对于柏拉图来说，音乐成了一种良药，是"战斗中的盟国，只为让变得混乱的灵魂轨道重获秩序"。[24] C大调和弦之美从它理智的震颤中被释放出来，这种颤动激发了存在于我们心中的一种相应的理智。

柏拉图对待艺术的力量十分严肃。他坚持主张音乐（还有诗歌、戏剧）要在自己的"理想国"中受到严格的审查。受毕达哥拉斯数字神秘主义（numerical mysticism）的诱惑，柏拉图相信，因为协和音以严整的几何比例震颤，所以只有协和音才特别容易让人形成理智的思考，这时"激情会顺着理智的方向运转"。不幸的是，因为不协和音会使灵魂激荡不安，这就意味着所有不协和音与其式样都会被全方位地扼制，陷入一片死寂。因为陷入它们的情感总是危险的。

乍一看，《春之祭》好像是柏拉图音乐理论的一个绝好的例证。斯特拉温斯基的管弦乐中的不协和音煽动起了一场激烈的城市暴乱。这正是应该禁止前卫艺术的原因——它对于理想国的确没有什么好处。理想国中最好循环播放一些轻松的电梯音乐①。

柏拉图尽管拥有很多关于乌托邦的洞见，但还是误解了音乐

---

① 电梯音乐是指一种轻松、温和、不引人注目的音乐。——编者注

的真谛。音乐只不过是情绪，它总是让我们的灵魂震颤甚至沮丧。我们若让每一首能够唤起人们非理智情感的曲目都按照柏拉图的标准加以审查的话，就根本留不下什么曲子能让我们演奏了。柏拉图只相信那些符合他从数学秩序角度所裁定的音符，可音乐实际上是在秩序坍塌时才开始的——我们用不确定性创造了艺术。

《春之祭》打破了许多神话，但是斯特拉温斯基最乐于打破的神话是关于“进步”的寓言。斯特拉温斯基说：“在音乐中，所谓‘进步’说的只不过是乐器上的发展。”[25] 柏拉图相信，音乐总有一天会完美地反映宇宙的和谐，如此一来就能够在人类的灵魂中激发出纯粹的理智之音。斯特拉温斯基的交响乐是“进步无意义论”的丰碑。用现代主义的眼光来看《春之祭》，音乐只不过是违背了语法结构的语言式样。而且，它并不会随着时间的推移而变得更好，只会变得与以往不同。

斯特拉温斯基的进步观是在音乐暴动之后形成的。尽管出现了有史以来第一位跑到音乐舞台上尖叫，并咒骂着这段芭蕾舞摒弃了以前的所有传统的观众，但是《春之祭》却还在继续书写着属于自己的传统。实际上，在它首演后的几年中，人们会起立鼓掌欢迎《春之祭》的演出，斯特拉温斯基甚至被观众席的人群欢呼着抬起。佳吉列夫开玩笑说：“我们的小伊戈尔现在需要警察将他护送出自己的音乐会了，就像得了奖的斗士一样。”[26] 曾经引起暴动的那首交响乐变成了现代音乐老生常谈的典范。听众们听得出其中精巧的乐式，可以在震动下发现那可怕的美。到了 1940 年，迪士尼把《春之祭》用在了电影《狂想曲》中。《春天的征兆》的和弦的确很适合给动画片配音。

《春之祭》顽固的持久性是最具颠覆性的一项胜利。如果柏拉图主义者认为音乐本身拥有一个自然的定义，音乐秩序是对于我们以外事物中某种数学秩序的反映的话，那么斯特拉温斯基的交响乐则迫使我们承认音乐是我们自己手中的造物。交响乐并不神圣——它只是被我们大脑所驾驭的一种诉诸聆听的震颤着的空气而已。

我们是如何学会聆听音乐的呢？被世人渐渐忘却的噪声是如何成为一首经典的现代交响乐的呢？《春之祭》让人产生的痛苦是如何变成了欢愉的呢？这些问题的答案将我们引到了大脑独特的天分上——它有着改变自己的能力。听觉皮层就像我们所有的感官区域一样，极具适应力。在巴赫使赋格曲（fugal）闻名于世后，神经学就从音乐中窃取了这个词，把这些具有延展性的细胞称为皮层网络（corticofugal network）。这些体现了音乐对位法性质（contrapuntal）的神经细胞改变了让感觉细胞做出实际反应的特定频率、振幅以及时间模式，从而对听觉基准进行了反馈。大脑调节了自己的听觉，就像小提琴手调好了自己乐器的弦一样。[27]

皮层网络的核心功能被神经学家称为“利己主义选择”（egocentric selection）。反复去听一个噪声式样，大脑就会记住它。上级大脑区域生成的反馈会重新组织听觉皮层，当以后再次聆听到这种音乐式样时会觉得更轻松。[28] 这种学习大多是经由多巴胺之手，它会调整适应性所需要的细胞运作机制。[29]

但是管辖皮层网络反馈的是谁呢？**是什么掌管着我们的感觉呢？答案是经历。一方面，人类的本性决定了我们该如何倾听音符；但另一方面，让我们听到音乐的却是后天的培养。**从 3 分钟的流行音乐到 5 小时的瓦格纳戏剧，文化的所造之物教给我们的是对特定音乐式样要怀有不同的期待，这些都是经过时间的雕刻灌输到我们大脑中的。

我们一旦学会了这些简单的音乐式样，就会对游走于其中的多种变化极为敏感。大脑生来就是通过“联系活动”来进行学习的——如果这样，就会那样。音乐的运作则与我们期待中的联系形成了一种微妙的游戏关系，它唆使我们进行预测，然后又让我们遭遇一些失算。实际上，脑干包含了一个神经网，这个神经网只回应令人惊奇的声音。[30] **当我们熟知的音乐式样被打乱时，这些细胞就开始了一系列神经上的处理，最后释放出经过重新组织的听觉皮层神经传导素——多巴胺。**[31]（多巴胺同时也是我们最强烈情感的化学之源，认识它有助于我们解释音乐奇异的情感催生力，尤其是在音乐充满了创新与不协和音时。）音乐用脆弱的式样引诱着我们，它调动了我们最基本的脑电路。

但是多巴胺有它黑暗的一面。多巴胺系统的失衡会造成精神分裂症。① 多巴胺神经细胞若不能把自己的灼热与外界事件关联起来，大脑就不能让自己感知到的事件形成有说服力的联系。[32]

① 虽然精神分裂症不能归因于任何单一的解剖学原因，但多巴胺假说是神经科学中最可行的解释之一。根据这个理论，精神分裂症的许多症状是由某些多巴胺受体亚型的过度活跃引起的，尤其是在中脑边缘皮层的多巴胺系统中。

精神分裂症患者的幻听正是因为他们的感受与精神上的预测不相吻合。于是，他们在没有式样的地方制造了乐式，却看不到真正存在的乐式。

《春之祭》的首演按部就班地拆解了听众对音乐的期待——它真的会让人发疯。通过颠覆听众的多巴胺神经细胞，它也颠覆了听众大脑的清醒态。这个音乐中的一切都让人感觉不对劲。指挥家皮埃尔·蒙特说他确信斯特拉温斯基是一位精神病患者。[33]《春之祭》的演奏时间比《火鸟》（*Firebird*）还长 2 倍，在交响乐漫长的排练过程中，小提琴手将《春之祭》斥为“肮脏的”乐曲；歌剧大师吉亚卡摩·普契尼（Giacomo Puccini）称它是“疯子的作品”；演奏最强音的铜管乐演奏者不禁在奏乐的时候大笑得痉挛。斯特拉温斯基的目光很长远，他诙谐地告诉排练中的乐团：“先生们，你们不必大笑，我知道我写下的是什么。”[34]

随着时间的推移，音乐家们渐渐地理解了斯特拉温斯基的方法。随着多巴胺神经细胞适应了《春天的征兆》的和弦，斯特拉温斯基的创造性原则烙在了他们的大脑中。曾经看上去空洞无物的噪声成了诠释艰巨与恢宏的一种符号。这是皮层网络系统的作用，它取来了一个不协和音或一个我们不理解的乐式，使它渐渐地被人理解。于是，人们终于可以忍受《春之祭》的痛苦了。后来，它甚至变得美丽起来。

皮层网络系统还有一种非常有趣的副作用。尽管它让我们学会了无限的新式样，为拓展我们的大脑而进化着，但同时也限制了我们的经历。这是因为皮层网络系统是一个积极反馈的回路，是一个输出导致输入再次发生的系统。试想一下，把麦克风放在喇叭旁边的这个场景，麦克风会扩大自己的声音。回路的结果便是尖锐并且无意义的白色噪声，是连续积极反馈的声音。随着时间的推移，听觉皮层也会以相同的方式运转。**我们会越来越有能力去辨识先前听过的声音，这会鼓励我们去听那些已经熟知的怀旧金曲（因为它们更好听），而忽视那些不知道的歌曲（它们听上去尖厉吵闹，会释放很多令人不悦的多巴胺）。我们天生就是这样厌恶新事物的不确定性的。**

我们是如何逃离这一神经学的困境的呢？答案就是通过对艺术的关注。艺术家们长期以来一直在与大脑的积极反馈回路做斗争，不顾一切地想要创造一种前所未有的感受。诗人们必须挣扎着创造出一个新比喻，小说家们要创造出新故事，而作曲家们则必须发现一个未曾被发现的新乐式，因为原创性是情感的源泉。艺术若让人感到晦涩，只是因为我们处在拉伸自己的神经细胞试图去理解它的时候。痛苦就是这样伴随着成长而至的。正如尼采施虐般地宣布：“若有某种东西能够在记忆中永驻，那它必然是燃烧着闯进来的；只有那些永恒的痛苦才能在记忆中永存。”[35]

这种创新无论有多么痛苦，都是必不可少的。积极反馈回路就像发出刺耳声音的麦克风一样，总会将自己吞噬。如果没有像斯特拉温斯基这样总是难以遏制地让一切焕然一新的艺术家，我们的听觉可能会越来越狭隘，而音乐则会失掉它最为本质的不确定性。多巴胺也会停止流动。最后，情绪会慢慢地从音符中流走，留给我们的就只有轻松协和音的空壳，就只有完全在意料之内的音乐胡话了，虽然它们是那么彬彬有礼。《春之祭》这样的作品将我们从自我满足中摇醒，让思维保持在一种开阔状态。若没有前卫艺术的晦涩，除自己已知的东西之外，我们不会崇拜任何事物。①

斯特拉温斯基早就知道：音乐是由大脑创造的，大脑几乎能够学会聆听任何东西。只要有足够的时间，甚至是顽固的《春之祭》都能够成为一首音乐经典，它的独特之美惊呆了听众。只要人们记住它奇异的乐式，它就不会再让人痛苦了。《春天的征兆》刀一般锋利的和弦久用之后也会被磨钝，所有谨慎编排的不协和音会渐渐地淡化为一种温和之美。这对于斯特拉温斯基来说是一场噩梦，但是他知道总有一天这会变为现实。

把斯特拉温斯基与那天晚上暴动的听众隔离开的是作曲家的信念，他相信大脑有无限的可能性。因为人类的大脑能够学会倾听任何东西，所以没有什么能够囚禁音乐。音乐需要的只是违反常规的乐式，一段被混乱打断的秩序，因为在那种声学冲突里，我们会在缥缈间产生一种情绪。音乐就是那种情绪。《春之祭》是赞美这个事实的第一部交响乐作品。可见，**改变大脑的是艺术的声音。**

---

① 或者像鲍勃·迪伦那样把民谣变成电音的艺术家，或者把摇滚乐朋克化的雷蒙斯乐队（Ramones）……大部分音乐史都是由敢于挑战听众期待的艺术家的故事所组成的。

第 7 章

语言的结构

“现代主义之母”格特鲁德·斯泰因

言语是无限思想的有限器官。

——

爱默生

成为前卫艺术家之前，格特鲁德·斯泰因是一位科学家。她的第一篇作品发表在 1898 年 5 月版的《心理学评论》（*Psychological Review*）上。[①] 这篇文章概述了斯泰因师从威廉·詹姆斯时所做的研究，她曾在哈佛大学心理学实验室中探索过无意识写作。[②] 实验中，为了给自己的潜意识建立通道，她用了一块占卜写板——这种工具本来常用于尝试与死者沟通。斯泰因想通过它把所有进入大脑中的字句都记录下来。

果然不出所料，结果很荒唐。斯泰因的无意识写作实验并没有展示出大脑内部被压抑的那部分，而是生成了很多自发的胡言乱语。如此令人费解的句子填满了一页又一页纸：“当他不能成为最长的，这样的话，这样的话他就是最强的。”这些话是什么

① 1896 年 9 月，斯泰因与利奥·所罗门（Leo Solomon）发表了早期共同编写的一篇科学报告《通常的自发无意识举动》（*Normal Motor Automatism*）。但是，她可能只写了其中的一小部分。

② 在她的科学报告付梓时，斯泰因正准备就读约翰·霍普金斯医学院。在医学院中，她想要在富兰克林·玛尔（Franklin Mall）的神经解剖实验室工作，成为一位脑解剖医师。

意思呢？分析完数据，斯泰因下了这样的结论——它们没有什么意思。她的实验失败了。“写作对于一个正常人来说是如此复杂的活动，以至于不能纯粹地在无意识的状态下完成。”[1]

斯泰因实验的失败引发了她的思考。大多数时候，就算她什么都没有写，这些所谓的“零状态”也还是符合语法规则的。即使句子没有什么意义，但它们也会遵守标准的句法规则——主语与谓语搭配，形容词修饰名词，一切都处于正确的时态中。“没有无意识的胡言乱语，”斯泰因总结道，“所以，纯粹无意识的写作是不可能存在的。”[2] 尽管她希望自己的实验会将语言从束缚中解放出来，但她最后发现，限制是无法摆脱的。我们的语言具有一种结构，这种结构已经在大脑中扎了根。

10 年后，斯泰因才将自己的实验结论转化成一种新型文学。后来就连斯泰因自己都承认，她的超现实主义写作风格得益于无意识写作实验。[3] 她在实验室中写下的句子激发了自己对语言终身的眷恋，言语和规则、对语言的运用以及它对人类心智的重要性等，都让她沉迷不已。她的艺术是从科学中诞生的。

诗集《软纽扣》(*Tender Buttons*) 写成于 1912 年，但直到 1914 年才发表。这是斯泰因赢得评论界广泛关注的第一本书。(她的《三个女人》只卖出了 73 本。)《软纽扣》分成了 3 个随机的部分——“物体”“食物”“房间”。“物体”和“食物”是由名为“羊肉”“一把雨伞”等诙谐短诗组成的。这些东西并不是斯泰因作品的主题，她要写的主题是语言本身。她说自己写散文诗的目的是“锤炼语法，清除声音和意义的限制”。她给予我们的并不是情节，而是一节语言学课。像往常一样，斯泰因宣扬着她的大胆无畏。《软纽扣》的第一页就是一个警告：这可不是一部 19 世纪的小说。一般的小说开头通常是场景设置以及揭示主要人物性格意味深长的一瞥，这本书的开头却是一个蹩脚的比喻：

一个饮料瓶，也就是一个失明的玻璃器皿。
玻璃器皿的一个良种和一个近亲，一片光景；
一种不足为奇的受伤的颜色和一种定向的井然有序的排列。
凡此种种，不雷同也不紊乱。差异在扩展。[4]

这个充满玄机的段落写的正是语言的把戏。尽管我们假装自己所用的语言是透明的，就像我们看世界时透过的一层玻璃，但事实上它们是不透光的。（玻璃器皿是“失明的”。）斯泰因想设法提醒我们，名词、形容词和动词都不是真实的。它们只是随意的符号，是音节和声音随机的聚合物。说到底，“玫瑰”一词并不真是一朵玫瑰——它的字母并没有长刺，也没有芬芳的花瓣。

那么为什么我们还要赋予语言这么多意义呢？为什么我们从来不觉得它是赝品呢？在斯泰因的科学实验中，她第一次明白过来，我们所说的一切都包含在“系统内的一种编排中”。尽管语言系统是无形的，但是它使语言保持在了“个性而有序”的状态中。因为我们会本能地编排着语言，所以它似乎总是显得“没有什么可奇怪的”。斯泰因想让我们承认这些潜在的语法，因为是它们的结构让语言变得有用并且有意义。

如果斯泰因想要谈论语法，那么她为什么不直接就语法论语法呢？为什么一定要把一切搞得这么复杂呢？这些问题可以在另一项心理学实验中找到答案。威廉·詹姆斯喜欢拿思想单纯的本科生做这项实验。《心理学原理》这本书描述了这项实验的本质，并提出了一种方法，这种方法使得大脑能够注意到我们语言中的结构："如果遇到一个平常见不到的外来词，如果语法迁移了，或者一个不符合场合的词突然出现了，那么句子就会显得很不合逻辑，就好似我们被这种不合时宜所震惊，改变了在昏昏欲睡中点头赞成的态度一样。"[5]

《软纽扣》就是一本满是"语法迁移"和"不合时宜的词语"的图书，很大程度上也相当于一项考验人们对沮丧情绪的忍耐能力的实验。这正是斯泰因想要的效果。她想让我们感觉到句子对我们的非难，从而质疑自己的心理习惯。若不是为了别的原因，她也很想要清除我们身上那"在昏昏欲睡中点头赞成"的习惯，从而让我们发现语言并不是看上去那么简单。所以，她的句子中总是缀满了长长的无关联的推论。她重复自己的话，然后接着一遍又一遍地重复。她写下的句子中有些主语不带谓语，又有些谓语缺乏主语。

但是斯泰因复杂文风下的秘诀却是她不会让人们有打呵欠的时候。相反，她的书总是让我们手不释卷。她的语言自然得使人觉得亲近——为了从语言中窃取那种感觉，我们必须贸然进入其中探求。这种被强迫与语言形成的亲密才是斯泰因最渴望的东西，因为它让我们质疑语言到底是如何运作的。她的句子在折磨着我们的同时，也让我们意识到“句子是如何为自己做图解的”[6]或句式的本质究竟是什么。高深莫测的斯泰因把我们送回到小学的语法课上，那时我们第一次意识到句子不仅仅是词语的组合。斯泰因写道：“在学校时，别人可能更喜欢其他事情，但是对学生时代的我来说，最刺激的无疑是给句子做图解了。”[7]在写作中，斯泰因想要分享这种刺激。

近 50 年来，心理学才重新发现了斯泰因作品中不遗余力展现的语言结构。1956 年，一位名叫诺姆·乔姆斯基的腼腆的语言学家宣布斯泰因是正确的——语言是由大脑中看不见的语法维系起来的。这种深层结构是句子的秘密来源，它们抽象的规则安排了我们说出的一切。它们使得我们把词语按照有意义的次序连接起来，从而激发出了语言无穷的可能性。达尔文曾宣称：“语言有着俘获艺术的本能倾向。”[8]斯泰因这样的艺术天才展示了我们是如何发挥自己的语言本能的。

现代主义的“胡言乱语”

在威廉·詹姆斯实验室里完成了无意识写作的实验后，斯泰因开始就读于约翰·霍普金斯医学院。在医学院的前两年，她一直在剖析胎儿的大脑，为神经系统复杂的成长过程做详细的记录。她学会了切除脑皮层，还会在有毒的福尔马林溶液中保存组织细胞。不在实验室的时候，斯泰因喜欢打拳击和抽雪茄。所有人都称赞她是一位极其出色的科学家。

可是就在斯泰因开始转向临床医学后，事情却变得糟糕起来。她“对临床医学一点都不感兴趣”，[9]斯泰因后来写道。她承认自己“当时感觉到很无聊，真的是觉得百无聊赖”。[10]斯泰因没有学习有机化学，也没有去背诵解剖课的笔记，而是熬夜读起了亨利·詹姆斯所著的小说。她受到现代主义最初的探索和涌现的启发，开始写下自己的医学笔记，这些笔记出了名地高深莫测。①一位教授曾这样评论道：“不是我疯了，就是斯泰因小姐疯了。”[11]

1903 年，在斯泰因毕业前的那个学期，她搬到了巴黎。她住在了她哥哥利奥位于花园街 27 号的公寓里。利奥刚刚买下人生中第一张塞尚的油画。“在巴黎谁都可以买画。”他告诉斯泰因，这时他才刚刚融入地方艺术圈。斯泰因马上就把这里当成了家。在《每个人的自传》（*Everybody's Autobiography*）一书中她这样写道：“我加入了他的艺术圈子，在那里尽心尽力地做着自己的事儿，没过多久就开始写作了。”

斯泰因的早期作品受到了那些经常出入于这所公寓的艺术家们的影响。《三个女人》的创作灵感来自塞尚的一幅肖像画。接下来的一本书——《美国人的本质》则取材于她与亨利·马蒂斯的

① 斯泰因给一位教授写了封信，详述了她关于脑干解剖图的想法，这封信里充满了斯泰因式典型的古怪语言和“错误”——“它们（画图）清除了细枝末节，扫出了一条清晰的道路。教材所述的情景让我难以理解，我觉得清理头绪的过程十分必要。并不是说某某书上说的与我已知的事实不相吻合，而是让人感到困惑的其实是它们说了太多关于某某事情的东西……”

关系。但是，与斯泰因最亲近的其实是毕加索。她在 1938 年出版的《毕加索》（*Picasso*）这篇文章中写道：“在这个时代，理解他的只有我一个人，因为我在文学中表达的正是与他相同的东西。”[12]

他们这段情谊的开始是在 1905 年春天，那时毕加索刚刚厌倦了自己艺术创作中的“蓝色时期”①。斯泰因请他给自己画张肖像画。他无法拒绝这个请求。要知道，斯泰因不仅使星期六晚上的沙龙变成了吸引巴黎前卫艺术的一块磁石，更使马蒂斯、布拉克、格里斯这样的人物都经常在那里出没。除此之外，斯泰因和她哥哥利奥还是毕加索最早的赞助者。他们家里的墙上挂满了毕加索的实验作品。

毕加索在斯泰因的肖像画上投入了非同一般的精力。斯泰因日复一日地来到毕加索位于蒙马特高地的居所中。经常是他们一边聊天，毕加索一边仔细地修改铺在画布上的颜料。他们讨论艺术、哲学、威廉·詹姆斯的心理学、爱因斯坦的物理学，还有前卫艺术的一些趣闻。[13] 斯泰因给自己的自传取了一个顽皮的名字《艾丽斯自传》（*Autobiography of Alice B. Toklas*）。在这本书中，她这样描述这幅画的创作过程：

> 自从毕加索 16 岁起，就从未有任何人作为他的模特。直到毕加索 24 岁那年之前，斯泰因也从来没有想

① 蓝色时期，这一时期受前辈运用蓝色调的启示，毕加索一直在蓝色中追求艺术所要表达的一种真谛，其作品以传统的写实技巧来表现现实生活，充盈着孤独、荒凉和悲怆之情。——编者注

过让谁给她画幅肖像画。两个人都不知道这次合作的结果会如何。可是，他们就这样合作了。为这幅肖像画，她做了 90 次模特，在这个过程中发生了很多事情……斯泰因当模特时常常坐在一把宽阔、破旧的扶手椅上，毕加索则常坐在一个小餐凳上作画，大大的画架立在面前，旁边还放着很多巨大的画布。斯泰因摆好姿势，毕加索在凳子上坐定——离画布非常近，在一小块棕灰色的调色板上混合出更多棕灰色之后，开始提笔创作。有一天，毕加索突然画出了整个头部。“我盯着你看的时候再也看不见你了。”他没好气地说。于是，那张画就定格在了那里。[14]

《格特鲁德·斯泰因》，该肖像画由毕加索作于1906年

但是最终留存下来的画像并不是这样的。斯泰因是从自己想象中的恋人艾丽斯·托克拉斯的视角进行叙述的，她着实是一位不可靠的叙述者。其实，在 1906 年秋天完成了西班牙的旅行后，毕加索才完成了这幅画头部的描绘。人们不能确知，在那里他是否看到了古代伊比利亚艺术，还有农民们饱经风霜的脸，但是他风格的骤变却是一个不争的事实。他一到巴黎，就马上开始修改斯泰因的肖像画，赋予她一种带有伪装性的肤色。她头部的透视被抹平了，这幅画甚至变得更像塞尚给妻子画的那幅肖像画，而毕加索正是在斯泰因的住所中见到那幅画的。当有人评论说这幅肖像画看上去不像斯泰因本人时，毕加索回答道：“将来会像的。”

毕加索说得没错。在他画完斯泰因的脸后，斯泰因也开始以一种更加抽象的风格进行写作。毕加索用他的画做实验，他的艺术现已变成了为支离破碎的混乱无序所做的滔滔雄辩。如毕加索一样，斯泰因也想要把语言从“必须说点什么”的无形枷锁中解放出来。她宣布说，现代文学必须承认自己的局限性。没有什么真的能够被描述出来。如同颜料一样，言语并不是一面镜子。

直到斯泰因开始写作《软纽扣》的几年以后，她的胆大妄为甚至超越了毕加索。她的现代主义文章以一个又一个不协调的错误用词为特色。她以一种睿智的口吻写道：“对语言不可思议的合理性和相似性的在意，这些累积成了一个硕大的芦笋。”对于斯泰因来说，追求“讲得通”只是一种滑稽的举动，绝妙的话语就是荒谬的芦笋。

随着《软纽扣》写作的进行，这种向“愚蠢”过渡的转变越来越夸张。当斯泰因在作品结尾给“宴会”下定义时，她的句子变得跟单纯的音节差不多了，成了现代主义的“胡言乱语”：“鸡蛋耳朵狂，左右看一看。肩膀。出奇地奇怪。由于上当进来的人给下一群人下套。”没有一本字典能够帮你理解这种文学中的混乱。事实上，用字典只能让事情变得更糟。

这是因为斯泰因抽象句子中所蕴含的含义全靠她言语的非现实性才能实现。她把字句重新以荒唐的新方式进行了安排，是为了迫使我们以全新的视角来审视它，“只是读，而不回想”。如果“鸡蛋耳朵狂”很有趣，那也只是因为我们不再逐字逐句地去理解它们了。鸡蛋不再是一个鸡蛋。斯泰因的写作若是成功的，这些句子的功能肯定不单单是各自定义的总和。除此之外，肯定还有一些其他玄妙所在，即某种超越单个字词的神秘结构。这另外的某种东西才是使《软纽扣》成为诗歌，而不仅仅是拙劣的文字堆砌的原因。

尽管人们嘲笑、讥讽斯泰因的艺术，致使她必须给出版社掏钱才能印刷自己的第一本书，可是她却从未怀疑过自己的才华。在宴会上，她喜欢将自己比喻成基督和莎士比亚。她的艺术艰深晦涩，因为太具有原创性了——在她之前没有人敢这样写作。但是斯特拉温斯基不就挺过了他引起的那场骚乱了吗？曾经不被人理解的塞尚现在不也成了艺术界的头条人物了吗？曾被人误解的基督最后不也受到了人们的拥戴了吗？斯泰因后来曾吐露说：“以新的方式看问题真的很困难，一切都会突然成为阻碍——习惯、学校、日常生活、理智、日常生活所需、懒惰等，真的，一切都会突然成为阻碍，事实上，这个世界上的天才很少。”[15]

语言最重要的特性不是内容，而是隐藏的结构

斯泰因总是在晚间写作。此时，巴黎的街道会沉静下来，这让她可以忘掉一切，只剩下自己，“挣扎着写句子，必须把那些长句精确地传达出来”。在修改文章之前，她会用铅笔在小纸片上写下一些词语，然后再把文章誊写下来。某些晚上，她会奋笔疾书，几乎每两分半钟就会写满一张纸。当然，还有一些什么都写不出来的漫漫长夜，她只是呆呆地望着空白的纸。尽管如此，斯泰因还是要坐在书桌旁，固执地等待着这种沉默一点点退去。她总是在“黎明破晓前”停笔，因为自然光会让事物显得太过真实，它们的“物质感”强烈得让人难过。夜的笼罩会让斯泰因忽视这些干扰，专注于写作，专注于写作是以何种方式铺展的。然后，她会一直睡到午后。斯泰因并不是第一位将句子从现实主义的表述中抽离出来的作家。在她把立体主义变成一种文学形式之前，亨利·詹姆斯冗长而多义的小说就已经让他的写作事业飞黄腾达了。亨利·詹姆斯后期的小说中没有一处是直接描述现实的。相反，他的文章一直在质疑现实本身的意义。他把一切都限定在层层叠叠的词语的管辖之内，直到最初的描述对象在形容词、修饰语和从句的云雾缭绕中消失。整个世界都被这样的风格吞噬了。

斯泰因会喜爱亨利·詹姆斯的文学作品，一点也不奇怪。她一次又一次地重读了他的小说，在他文风隐晦的修改手稿中寻找灵

感。斯泰因曾对亨利·詹姆斯发表评论说："你知道，他营造出了一种氛围。最重要的不是对人物的现实主义描写，而是作品的真实性。"[16] 她在《艾丽斯自传》中说道："亨利·詹姆斯是第一个在写作中为20世纪文学寻找出路的人。"她把他称为"先驱"。[17]

斯泰因为什么说亨利·詹姆斯的晚期作品开创了现代文学的先河呢？因为他是第一位打消了读者的传统幻觉，即认为语言一定会直接反映现实的作家。在他的小说里，语言是一些含糊的符号，需要人们谨慎地阐释。所以，他笔下的每一个句子的含义都不是从文字中显现出来的，而是从读者的主观判断与充满未知性的作品之间的互动中滋生出来的。在他的作品中，我们永远无法捕捉到完美的真理或作品的最终定论。至于对现实的反映，亨利·詹姆斯写道："那窗不是一扇，而是万千……每扇窗边都站着一个人，那个人有一双眼睛。"[18]

亨利·詹姆斯的文学哲学观折射出了威廉·詹姆斯的心理学观点。在1890年出版的教材《心理学原理》中，威廉·詹姆斯宣布："语言违背了我们对真实的感受。"语言让现实变得好像是由不相干的部分组成的一样——比如形容词、名词、动词，在真实的经历中，所有这些不同的部分都同时运作。威廉·詹姆斯喜欢提醒读者，这个世界是一个"膨胀混乱的大谜团"，我们强加给感觉的整齐划一的观念和种类划分都是某种幻觉。他在《心理学原理》中说道："简言之，我不得不忧虑地注意到，那份模糊感回到了我们的精神世界。"[19] 那时候，评论家们一直在嘲笑威廉写心理学著作时更像个小说家，而亨利·詹姆斯写小说时则更像个心理学家。

不幸的是，在斯泰因陷入沉静的巴黎中开始写作时，现代文学和现代心理学已经分道扬镳了。现代主义作家推崇亨利·詹姆斯式的写作实验，更加质疑自己和笔下的那些句子了，而现代心理学则对威廉·詹姆斯关于心智的观点置之不理。此时，一种新型心理学诞生了，这种严谨的科学不需要威廉·詹姆斯式的模糊，其认为精准才是时尚。心理学家们则忙着计算各种不切实际的事情，譬如感觉从手指传到大脑的时间是多久。他们希望通过量化意识而削足适履地让大脑符合科学的框架。

威廉·詹姆斯对这种新型心理学的评价并不高。他认为这种方法过于简单——将大脑的运行机制凌驾于大脑意识中“内在的多彩多样”之上，这显然与人们对现实的感觉根本不沾边儿。这一精确测量人类感觉的执迷风潮忽视了一个事实，那就是每一种感觉都应该被看成整个思维过程的一部分。威廉·詹姆斯写道：“没有一个人能够单纯地感受到一种感觉。”为了证明自己的观点，威廉·詹姆斯拿语言方面的例子做了个比喻，他写道：“就像我们总是会用形容词描述自己有‘忧伤’或者‘寒冷’的感觉一样，我们同样应该也可以用其他词性的词语来形容自己有一种‘并且’的感觉、‘倘若’的感觉、‘可是’的感觉、‘随着’的感觉……”①[20] 我们总是会专注于句子的“实质性部分”，而忽略

① 斯泰因后来把威廉·詹姆斯的想法融入了自己的文艺作品中。在她那首长诗《父系氏族诗歌》(*Patriarchal Poetry*)中，斯泰因设法让人们留意曾被自己忽略的语言中的各个部分。于是，她写了一段纯粹描写副词和介词的诗。

连词，与此相似，新型心理学拥护者也忽视了大脑中运行的“过渡过程”。他们犯下了一个致命的错误，因为就像句子需要冠词和副词一样，大脑也需要一些能够将其他想法连接在一起的想法。

斯泰因不会忘记威廉·詹姆斯的哲学思想。她告诉理查德·赖特（Richard Wright）：“我所知道的全部都是威廉·詹姆斯教给我的。”[21] 直至斯泰因生命最后的日子，威廉·詹姆斯还一直是她心目中的英雄，她说：“我所拥有的大部分都来自一位伟大的老师——威廉·詹姆斯。他说，‘一切都尚未被证实’。”[22] 威廉·詹姆斯曾拜访过斯泰因在巴黎的住所，看到了她满墙挂着的塞尚、马蒂斯、毕加索的画。斯泰因描述了那时的情景：“他看了看，深深吸了口气。他说，我告诉过你，我一直就告诉你，你应该要放开思想。”[23]

斯泰因的文学作品是威廉·詹姆斯的心理学观点和亨利·詹姆斯的文学观点的混合物。像詹姆斯两兄弟一样，她意识到句子是实物的抽象化。我们通过命名来使世界变得清晰。不幸的是，我们所命名的名字只是一种妄想。在《软纽扣》一书中，当斯泰因问道：“云量是什么样的呢？是朵朵衬底、团团滚动，还是随风消散？”在这里，她要问的其实是“云量”实际上到底是什么意思。① 毕竟，云是渐渐消散的那一缕缕痕迹，没有两朵是一样的。那么，同一个词语又怎么能描绘如此不同的事物呢？斯泰因

① 莎士比亚在《仲夏夜之梦》（*A Midsummer Night's Dream*）中观察到，我们“对那无形的空气视而不见 / 只是习以为常外加一个名字”。

之前的现实主义作家们竭力想把词语定位成这个世界上一块块精确的地图。而斯泰因则让人们注意到了一个事实，那就是词语是主观的，是具有象征意义的，是工具而不是镜子。路德维希·维特根斯坦曾说过：“一个词语的意思在于它在语言中的用处。”在她对词语实施解构的文章中，她设法让词语变得完全无用。她想看看，当词语失去意思时，在语言中究竟还有哪部分能够留存下来。

威廉·詹姆斯所极力抵制的新型心理学并没能走多远。大脑拒不泄露自己微妙的秘密，而心理学家们也渐渐厌倦了计算神经系统的速度。直到 1920 年，在实验观察的角度上，科学家们开始急切地想从外部出发，对大脑做出解释——在他们看来，大脑相当于一个暗箱。这种新方法被称为“行为主义”。行为主义者认为，行为就是一切。没有一种想法、观念、情感不能用行动来重新加以解释。世界充满了促使我们像电子设备一样做出反应的刺激。

这个伟大假设的依据基于两位心理学家——巴甫洛夫和桑代克的实验。巴甫洛夫在俄国工作，桑代克在美国哥伦比亚大学工作。两个人都表示，鼠、猫和狗都能接受训练。利用正面巩固（positive reinforcement）——少量食物就办得到，巴甫洛夫和桑代克就能让他们所训练的饥饿动物做出各种愚蠢的把戏：老鼠会没完没了地按杠杆，狗一听到铃声就会流口水，猫能学会如何从迷宫中逃出来。行为主义者认为这种实验结果能够解释学习的过程。

不久之后，科学家们就把行为主义的逻辑应用在了人类身上。很久以前，人与这些鼠啊狗啊没有什么差异。随着时间的推移，人脑逐渐进化成了一个精妙的反射仪，是一个对刺激反应极其敏感的器官。在这种简化主义理论的框定下，大脑只不过是一张由本能组成的网。我们对环境影响没有任何抵抗力。

显然，这种诠释人类本性的新方法遇到了许多问题。第一个问题是关于语言的。孩子们是如何学会这么多词语和语法规则的呢？例如，一个两岁的孩子每两小时能学会一个新词。尽管我们生下来时并不会语言，但过了几年之后我们的大脑就会被语言迷住。这是如何发生的呢？一个错综复杂的符号系统是如何劫持了人类大脑的呢？

这个问题并没有困扰行为主义者太久。到了 1940 年，他们就已经把语言解释成另外一种刺激的产物了。根据行为主义的理论，家长提供了格式化的反馈，以引导孩子记住正确的动词搭配、复数形式，还有词语的发音。婴儿开始时会把事物与声音联系起来，然后随着时间的积累，才能把那些声音连成句子。如果有人看到一朵红玫瑰说“红”，那么这种“话语行为”只是由红色刺激激起的反射，是他父母教他把现象与适当的形容词联系起来而形成的。如果他说“玫瑰”，那只不过是概括出了玫瑰的各种特性引发的刺激总和。孩子学会如何说话就像老鼠学会如何按杠杆一样，言语反映的是感官联系的“图谱”。语言之谜就这样被解开了。

斯金纳是最虔诚地将行为主义规律应用在人和动物身上的

心理学家。他甚至设法将“刺激–反应”理论用于对文学的阐释。1934 年，斯金纳在《大西洋月刊》（*Atlantic Monthly*）上发表了一篇题为《格特鲁德·斯泰因是否隐藏了一个秘密》（*Has Gertrude Stein a Secret*）的文章。在这篇文章中，他提出斯泰因的实验文学作品其实是对行为主义的实验演示。根据斯金纳的说法，斯泰因发表的文字，其实就是我们对那些特定刺激所产生的无意识言语的反应。她的艺术只不过是不由自主的潜意识反应，是“未经开垦、没有学问的大脑”的喃喃自语。

斯泰因强烈反对斯金纳的批评理论。她坚信自己的作品恰恰证明了相反的心理学理论。“不，这些作品并不是他想的那样出于无意识，”她在给《大西洋月刊》编辑的信中写道，“如果有任何秘密可言，那么它也正好相反。我想我是靠着一种额外的意识、一种超越的意识完成这部作品的，但是告诉他这些又有什么用呢？”[24]

斯金纳认为斯泰因写下的所有句子都在“一种既定感觉刺激的控制之下”，她的大多数描述都在颂扬着一个荒诞不经的世界。在《软纽扣》中，当斯泰因将“红玫瑰”定义为“一种粉红切开的粉红，一次猛跌和一个卖掉的窟窿，略少一点热情”，她知道自己笔下的词语没有一个指的是任何实际中的事物——粉红不能被切开，窟窿也不能被卖掉，纽扣也一点都不软。

斯泰因故意使自己遭遇荒唐，是想要迫使我们承认斯金纳所忽视的东西，即语言内在结构的独立功能。行为主义者认为，语法是由小规则构成，是我们通过家长不断地唠叨纠正以及老师的反馈所学到的。而斯泰因则意识到，人类的心智并没有受到如此大的限制，没有一种语法会让我们把玫瑰说成是红色的，更别说把它写成“粉红切开的粉红”了。毕竟，把词语以前所未有的方式联结在一起成了斯泰因养活自己的本领。或者说没有人教她如何写作，她却有无穷无尽的能力来发明充满原创性的荒唐句子。这种新举措带来的震惊是行为主义者所解释不了的。

但是这种新意从何而来呢？语言结构的表达是如何拥有无限可能性的呢？斯泰因洞察后的结论是惊人的——我们的语言结构是抽象的。尽管斯金纳争辩说在具体的上下文中对微观的词语发出指令的是语法，但是斯泰因却知道他犯了错误。在斯泰因的文学作品中，她向我们展示了只有在某种特定的上下文中，我们才会用语法调遣某种特定的词语。在《软纽扣》中，当斯泰因将“一顶红帽子”描述成“一种暗灰，一种十分暗的灰”时，她展示的其实是一种认知本能。尽管我们很少会说红得发灰，但是并没有哪项语言学规则明令禁止人们写这样的句子。只要名词、动词、形容词按照正确的语法顺序排列好，那么任何名词、动词或者形容词都可以各司其职。只要我们愿意，就可以用任何一种方式来描写红帽子。同样，一种语法能支撑无数句子，尽管许多句子从来都不承载任何意义。

这是对语言的一种极其古怪的想象。毕竟，语言的目的是交流。那么，为什么语言结构（语法）会独立展示语言意义（语义）呢？结构和功能难道不是密不可分地交织在一起的吗？斯泰因的达达主义艺术（dadaisticart）宣布，并不是这么一回事。斯泰因的作品很少能以常理讲得通，她心目中语言最重要的特性并不是它所表达的内容，而是其中隐藏的结构。脱去了所表达内容的意义，所剩的就是那结构的意义了。

赞美语法错误，找到句子中的秘密骨架

1956 年 9 月 11 日，在麻省理工学院举办的一场无线电工程学院大会上，3 个新观念成了新的科学准则。其中，每一个观念都可以拓展成为一个新领域。这 3 个观念都会不可扭转地改变我们对自己思维方式的认识。

推出第一个观念的是艾伦·纽厄尔（Allen Newell）和赫伯特·西蒙（Herbert Simon）。在简短的演讲中，他们宣告了一种能够解决逻辑难题的机器的诞生。从本质上来说，他们编写的程序能够找到与三段论①和“如果……那么……”这类逻辑把戏相对应的定量化数值，从而将一种逻辑性语言转化成计算机能够读取的一种语言。实际上，他们所发明的机器非常高效，在阿尔弗雷德·诺尔司·怀特海（Alfred North Whitehead）和罗素所著的《数学原理》（*Principia Mathematica*）的前 52 个逻辑论证中，这个机器甚至能解开 38 个。它甚至发现了解决罗素难题的一个更有力的例证。[25] 智能变得“人工化”了。心智就这样出现了仿制品。

---

① 三段论是一种推理方式，包括两个前提和一个结论。——编者注

那天，心理学家乔治·米勒（George Miller）呈献了第二个观念，并把它聪明地概括为一个题目“神奇数字 7，加减 2”。[26] 米勒的观点很简单——大脑是有限的。他认为，人生的短期记忆只包含了随机的 7 比特，而后遗忘便接踵而至。① 这就是我们生活中所有随意的标签，从电话号到执照号，再到社保号都限于 7 位数（加减 2）之内的原因。

但是米勒的观念并不仅限于此，因为他知道大脑并不真的凭借比特处理数据。我们一直在给自己的感受重新编码，在混沌中发现范式。我们是这样看待现实的——不是以比特为单位，而是以一块块厚厚的元素混合体为单位。在文章的结尾，米勒提出的几乎是一种事后反思：“传统的实验心理学家对于（重新编码的）分析几乎没做出什么贡献，甚至根本没有任何贡献。”科学忽视了大脑运行的真正模式，忽视了我们将各个部分综合起来对现实加以解释的方式。在米勒随意的观察中，认知心理学诞生了。

乔姆斯基给当时在座的那些幸运的电气工程师们呈献了最后一个观念，他是一位对伟大观念有着强烈追求的 27 岁的语言学家。乔姆斯基的论文题目是《语言描写的三个模型》（*Three Models for the Description of Language*），这篇论文意在证明有

① 威廉·詹姆斯一如既往地先行一步。早在米勒提出这一观念的 60 年前，詹姆斯用一把玻璃球证明了大脑只能处理有限的信息。他的实验很简单：他拾起一把数目未知的玻璃球，将它们投入纸盒。当玻璃球凌空的时候，他尽力去猜自己到底扔了多少。他发现，只要他扔的不超过 6 个，不用有意去数就能够真实地看见自己所扔玻璃球的数目。

一种模型错得离谱，而这种模型又正是从行为主义中衍生出来、适用范围有限的一种阐释方法。这种语言学理论试图将语法缩减成某种统计学法则——句子的每一个词语都从前一个词语中生成；一个名词可以引出一个动词，这个动词又会带动另一个名词；添点料就可以再加上一些形容词。概率法则决定了特定的词语选择。因此，“玫瑰是红的”要比“一种粉红切开的粉红”更像一个句子。（根据这一理论，斯泰因写出了历史上最不可能出现的一些句子。）

在技术演讲中，乔姆斯基解释了语言不仅仅是按照统计学罗列在一起的词语清单的原因。他的论证围绕着两个独立的例子展开，这两个例子听上去都很有一种斯泰因的风格在里面。

乔姆斯基的第一个例子是“无色的青翠思想激烈地安睡着”。根据语言学的统计模型来看，这个句子实际上是不可能出现的。没有一种固有的语言机制能够创造出这样的句子。思想不能够安睡，而“无色”后面紧跟着“青翠”的概率完全是零。尽管如此，乔姆斯基向我们展示了荒唐的句子从语法角度来看依然是可行的。像《软纽扣》中的斯泰因一样，乔姆斯基用一些可疑而又意味深长的胡话来证明统治词语的结构完全可以独立于词语本身而存在。而且，这些结构来自人的大脑。

乔姆斯基的第二个论证更加具有破坏性。他意识到，内在语法结构与统计学是对立的，任何依赖于统计学的语言学家都有一项致命的缺陷——统计学没有记忆力。因为有限态模型在造句时每加一个词语，就只会记住句子中的前一个句子，而忘掉前面的一切。但是乔姆斯基察觉到的是，特定的句子会包含一种长距离的依赖关系，在这样的句子中，任何一个词语的安排都源于句中更早出现的特定词语。乔姆斯基用“不是……就是……”与“如果……那么……”句式证明了这一点。例如，“如果语言是真实的，那么有限态模型就是错误的”这句话中包含了一个“不能够”语法结构，它并不能从左至右逐字解释。无论什么时候，只要我们看到了“如果”，就会知道要等着一个“那么”出现，但它并不是紧接着就会出现。对于有限态模型来说，不幸的是，等到统计机到达了“那么”的时候，它已经把“如果”忘到脑后了。尽管乔姆斯基的论证中充满了语言学的行话，但他却清清楚楚地交代了自己的宗旨：“语言有一个形成的过程，这是语言的初步模型，即有限态模型，这是靠内在的自我平衡所无法解决的。”[27] 因为不是每一个句子都纯粹是独立词语的总和。在乔姆斯基的语言学中，词语被句法间的联系所包围，他称之为“语言的深层结构”。

在斯泰因的艺术中到处都可以找到先行于乔姆斯基例证的句子。例如，斯泰因曾说“我喜欢单一的重复”，她的许多冗长的重复实际上反映了句子的深层结构，反映了词语全部纠缠在一起的状况。在《软纽扣》中，斯泰因冥思苦想着要给蔬菜下定义，她想知道：“切什么？用它切什么？用什么把它切进去？”

可见，这些句子证明了同一组词语可以代表许多不同的意思。在“切什么”这个问题里，“什么”指的是什么东西被切掉了。然而，当斯泰因想知道“用什么把它切进去”时，这里的“什么”

指的是切东西所在的地方。她展示了一个距离较远的词语可以修饰一个先前出现的词语，就像“进去”修饰了“什么”那样。当然，有限态模型不理解这个句子，因为它只会以单向的方式从左至右推算句子的含义。就像乔姆斯基的“如果……那么……”句型一样，斯泰因的句子完全依赖于其潜在的句法，依赖于将孤立的词语联结在一起的长距离关系。只有真正的人类大脑才能读懂斯泰因的语言。

乔姆斯基的语言模式转换就是从那天开始的，但是这只是一个开始。模式转换需要时间，尤其是当它们是用语言学那些折磨人的术语写出来的时候。乔姆斯基知道在人们接受他的言论之前，他必须证明其他人都是错误的。他下一个要驳斥的目标是斯泰因在20年前批评的一位人物——行为主义者斯金纳。1959年，在乔姆斯基技术性风格的洋洋巨著《句法结构》（*Syntactic Structures*）出版两年后，他将对斯金纳《言语行为》（*Verbal Behavior*）的评论变成了一篇32页的宣言。乔姆斯基的分析清晰且大胆，这篇文章标志着他作为一位公众学者的事业的开始。

在评论中，乔姆斯基指出行为主义者对语言和规范的探究过程中存在着致命的缺陷。**乔姆斯基说，语言是非限定性的。我们能够创造出任意长度的新句子，创造出其他人的大脑想都没有想过的表达。斯泰因不拘一格的文字就是这无限创造力的明证，也正是这一创造力使人类语言区别于其他动物交流的形式。**[28] 除非我们具有一组无限的反射系统，否则行为主义根本无法解释句子结构中那些数不胜数的可能性到底从何而来。

那么到底用什么样的方式构想出语言最合适呢？像斯泰因一样，乔姆斯基坚持认为语言学要将重点放在研究语言结构的层面上，而不是纯粹研究单个词语和语音的学问。在乔姆斯基之前的语言学家满足于分类和观察，他们把自己看作语言的植物学家。而乔姆斯基则试图证明他们搜集到的所有数据都没有落在点子上。

要想看到乔姆斯基看到的景象，我们必须将眼前的事物缩放。从高屋建瓴的结构主义视角来看，我们的视野会一下子变得清晰起来——从英文到粤语，一切语言其实都是一样的。词语可能会不同，但它们的底层结构都是一样的。因此，乔姆斯基假想大脑中有着某种普遍的语法存在。这种内层语法装置使得我们能够遣词造句，用一种微妙且疏而不漏的结构将词语编织在一起。

虽然乔姆斯基语言学理论中的一些细节仍然备受争议，但是语言深层结构这一概念已明确地成为一种被发掘出来的人类潜在的本能。这项通用语法规则最有力的证明来自对尼加拉瓜失聪者的研究。[29] 直到 20 世纪 80 年代，尼加拉瓜失聪的公民还饱受着“与世隔离”的悲惨命运。整个国家都没有文字语言，熙攘人群中失聪的孩子们相当于被囚禁在一所无法飞越的孤儿院中。然而到了 1981 年，第一所聋哑学校建立后，情况立即好转起来。孩子们从来没有受过文字语言方面的教育（学校里没有老师），但是他们却忽然开始用手“说”起话来。那些本来为一时之用的词汇自然而然得到了进化。

当这种新发明的形象性语言传授给聋哑学校失聪的新学生

时，真正的转变发生了。虽然原来的学生不得不用相对来说不那么精确的术语来交流，但是第二代新学生却开始赋予这种语言以一种新的结构。没人教过他们语法，他们也不需要人教。乔姆斯基的理论预言过，小孩子会将内在知识套用在日益增长的词汇量中。从此，动词产生了曲折变化；形容词与名词区别开来。先前的语言使用者用单个符号表达的概念，现在则使用句子中包含的多重符号来表达了。

尽管这些尼加拉瓜的失聪孩子们从来不晓得任何语言，但他们却发明了一种属于自己的语言。[30] 它的语法就像其他人使用的语法一样。斯泰因是正确的：**“世界上的所有语言其实都可以被归为同一种语言。”** ①

在乔姆斯基提出他的语言学理论的 50 年以前，斯泰因就已经意识到语言不可避免地要包含某种结构，她决心让这种结构凸显出来。斯泰因鞭辟入里地发现：“每个人都一遍又一遍地以无穷的花样重复诉说着同样的事情。” [31] 斯泰因想要看清楚这殊途同归的源头，想切开词语看看它们的骨架结构。

当然，语言的深层结构并不会轻易现身。它们生来就是来无

① 内层语法的另一个强有力的例子来自对种植园奴隶的研究。在研究中，成年劳动者的多种语言混合进化成了一种可以帮助他们交谈的共同交流系统。最初，这些劳动者说洋泾浜语，这是一种没有多少语法的基本语言。然而，出生在种植园里的孩子们很快超越了洋泾浜语的限制，形成了一种多样化的混合语。这些语言与洋泾浜语有本质上的不同，它们的差别在于混合语有着所有健全语言的语法特征。

影去无踪的隐者，是句子中秘密的骨架。斯泰因的见解是，只有在语法遭到颠覆时，读者才能意识到它的存在。斯特拉温斯基通过摒弃音乐传统，从而将之展露出来，同理，斯泰因通过摒弃语法传统展示了语法的原始力量。在文学作品中，她常常设想自己能够将糟糕的句法、构词法以及语义学推行至什么样的极限。如果以词语的声音而不是词语的含义来构建她的文字，那将会是什么样的情形呢？她能够“用像段落一样长的句子”[32]来写完整本小说吗？句子若没有一个标点又会是什么样的呢？为什么我们这样写作，而不是那样写作呢？

斯泰因发现的是一种赞美语法错误的写作风格。在她最激进的文章中，我们能够发觉她在正常情况下悄无声息地进行的所有语言学运作。我们会发现动词，甚至不规则动词，是如何随机产生变化的，名词是如何自然地转化为复数形式的，我们又是如何在主语前加上相应的冠词的。斯泰因总是说阅读她作品的最好方式就是校对式的读法，即在阅读时敏锐地留意和审视她所触犯的所有规则。在“我们的内在被外化”①时，通过她的错误我们会追踪到自己看不见的语法结构。斯泰因通过忽略某些东西展示出的是，我们在语言中曾相应地加入过的原料都有哪些。

① 这并不是一个看起来很奇怪的方法。路德维希·维特根斯坦为他的哲学发现了一种类似的方法，他的哲学与斯泰因的写作一样，只关心语言的用途，而几乎忽略了其他方面。维特根斯坦曾说过，他通过“勾画每个（哲学）错误的面容”来工作。只有通过描绘错误，他才能看见最正确的前进方式。塞缪尔·贝克特（Samuel Beckett）也认同斯泰因的文学方法。贝克特写道：“让我们希望有那么一天，语言在被误用的地方使用得最有效。一次又一次地在它们上面钻孔，直到隐藏在其后面的东西——无论是有还是没有。它们都会开始渗透出来。对于今天的作家来说，我无法想象一个更高的目标。”

无法丧失意义的语言，没有词语能够形单影只地存在

晦涩文章的问题就在于它的晦涩性。T. S. 艾略特曾说过，诗人就应该是晦涩难懂的，文字的晦涩性通过他的话语表现出来时会显得更加魅力非凡，但是 T. S. 艾略特所说的可能并不是斯泰因的文章《美国人的本质》。这篇文章由 1 000 多页重复的非叙事性文字构成。要想理解斯泰因写下的这些句子，读者们首先要具备一种坚忍的恒心，更不用说欣赏了。阅读这些句子需要很多很多时间，甚至即使付出了如此多的时间后，整个段落可能还是会令人费解。尽管斯泰因常常很风趣，但是她很少让人开心，甚至有时候，她对自己才华的自信让人觉得她很不可一世。

即便如此，斯泰因的文章还是为并非始终晦涩的前卫思潮打造了一个舞台。斯泰因在《艾丽斯自传》中坦承：“当你构建某个东西时，即使它注定会是一个丑八怪，但其过程如果相当复杂的话，那么这种开创性劳动本身一定也会赢得后继者的膜拜，因为那些跟在你后面做的人就能够绕过摸索建造方法的艰难过程，而把他们的产品做得漂漂亮亮的了。”[33]

文学史证实了斯泰因的美学理论。没有她原创作品中近乎丑陋的滞涩，很难想象会有海明威作品中简练的美感。当海明威还是巴黎的一位记者时，斯泰因曾劝他辞职写小说。她说：“如果你一直做这份工作，那么你看到的永远就是文字，而不是事物本身。”[34] 后来，斯泰因还吹嘘海明威是通过修改她的初稿才学会如何写作的。[35] 海明威的作品削减了句子成分，使之变得十

分朴实无华，否则这些句子就是又长又不符合语法规范的，以此回应了斯泰因更高标准的实验。海明威曾与舍伍德·安德森（Sherwood Anderson）开玩笑说："格特鲁德·斯泰因就像我的亲兄弟一样。"

斯泰因留下的文学遗产的价值离不开她作品的晦涩性。但当海明威的小说启发了好莱坞影片和无数的效仿者时，斯泰因的艺术却一直在学术界飘浮不定。如果现在的人们在大学校园和立体主义历史之外的地方提到她，那就会是那句已经被传烂了的同时又让人几乎无法忘记的话："玫瑰就是玫瑰就是玫瑰就是玫瑰……"① 尽管斯泰因把这个谚语用作餐盘上的装饰，但这句话却代表了她所写过的一切，这就是一位作家在写作中回避故事情节所带来的危险的象征性谚语。

未能拥有广泛影响这一事实肯定会让斯泰因很失望。作为一位雄心勃勃的女士，她希望自己的文学作品能够挽救英文这门语言。"文字在19世纪就失去了自身的价值，"她叹息道，"它失去了多样性，我觉得如果我不能重获每个词语的价值的话，就无法继续下去。"

她的计划很简单。她会展示给我们看文字本身并没有固有的

① "我窗下的玫瑰与从前的玫瑰或更美的玫瑰并无关系；它们就是它们自己……玫瑰就那样在那里。"爱默生如是说。他的思想也许源自莎士比亚——莎翁笔下的朱丽叶曾思索过言语的意义："名字又算什么呢？虽然我们用其他名字来称呼玫瑰，但它的香气还是一样的。"

意义。例如，当她写下“玫瑰就是玫瑰就是玫瑰就是玫瑰……”时，她真正想要展示的是“玫瑰”这个词并不是一朵玫瑰。

斯泰因一遍又一遍地重复这个词语是想要把能指与所指分离开来，从而提醒我们，每一个词语只不过是偶发噪声所组成的一个音节。正如丁尼生所观察到的，只要快速地重复几遍自己的名字，我们就会觉得这些名字变得很奇怪。根据斯泰因的计划，这种解构行为会让我们重建语言体系，能够防止我们在写作中不自觉地滑向陈词滥调。她曾用“玫瑰”那句话作为这个过程如何运作的一个例子。“听着吧！我不是一个傻瓜，”1936 年她对桑顿 · 怀尔德（Thornton Wilder）这样说，“我知道在日常生活中我们不会说‘这是一个……这是一个……这是一个……’，但是我觉得这 100 多年来，那句话让玫瑰在英文诗歌中第一次定义了红色。”[36]

但是斯泰因的宏伟计划最后却变成了一个严重的问题。斯泰因非常努力地尝试着，然而不管她如何艰难地尝试，她的言语总是无法变成无意义的。“玫瑰”一词从来甩不掉它那陈腐的含义。《软纽扣》也永远抹不掉它的“软”与“纽扣”的意象。英文词源轻松地躲过了斯泰因现代主义的强势攻击。几年以后，她的革命以一种虎头蛇尾的方式销声匿迹了，作家们重新回到了原来讲故事的老样子。当然，这也于事无补，她的书很少在左岸①的艺术家圈子之外流传。

① 左岸指巴黎塞纳河左岸的文艺复兴区。——编者注

为什么斯泰因不重新编写一部词典呢？为什么什么都不说就那么困难呢？若想要得到答案，就让我们回到斯泰因先前的一个发现——语言结构。因为词语总是通过语法相连的，它们只要出现就不可能什么都不表达。意义是有语境和整体性的，没有什么词语能够形单影只地存在。这就是斯泰因最蠢的句子一直都在引发各种各样严肃阐释的原因。正如威廉·詹姆斯在他的《心理学原理》一书中所观察到的，“任何一组词语的组合都有可能会言之成理，就算是梦中那些最荒谬的词语也一样，只要某人对这些词语共同归属在一起的理由深信不疑即可”。在 1946 年斯泰因去世前几个月对她的采访中，她终于承认了自己的失败。她再也不会以解构的方式试图挽救语言了，因为语言是无法被拆解开的。“我发现根本不可能在把它们（词语）放在一起的同时去掉其含义。根本不可能既让它们在一起，又把它们组合的意义过滤掉。任何将词语码在一起的人注定要用它们讲些什么才对。”[37]

讽刺的是，虽然斯泰因无法将自己的文字变得完全无意义，但她语言实验的失败本身就是其最大的成就。尽管她的目标含糊不清，但她的艺术效应之声还在回响着。为什么呢？因为她的文字所揭开的语言结构正是大脑结构的一部分。不管斯泰因将文学作品写得多么抽象，她还是从我们语言游戏的内部出发进行写作的。这种语言游戏无处不在，被一种深层的本能圈定着。乔姆斯基后来发现的内层语法就是斯泰因在写作时无论如何都无法摆脱的一种本能。“语法怎么能这样呢？”她在《如何写作》（*How to Write*）一书中问道。而她的答案是：“尽管如此，还是要顺应它。”

第 8 章

自我的浮现
“游走在优雅和疯癫之间”的女作家
弗吉尼亚·伍尔夫

—

PROUST

Was a

Neuroscientist

解释一切的心理学就等于
什么都没有解释。

——

玛丽安・穆尔

1920年，弗吉尼亚·伍尔夫写下了两本具有传统维多利亚式叙述风格的小说——那种仿佛让读者以万能上帝从上天俯视一切的视角来阅读的小说。在这之后，伍尔夫在日记中宣布：“我终于产生了某些想法，能让新小说具有一种新形式。”[1]她的新形式会随着我们意识的流动，在时间流逝的过程中追踪“思绪的凌空飞舞”。伍尔夫在给凯瑟琳·曼斯菲尔德（Katherine Mansfield）的信中写道：“只有思想和情绪，没有杯子和餐桌。”[2]

这种现代主义风格是一种写作视角的大逆转。她那个时代杰出的小说家——“威尔斯先生、贝内特先生和高尔斯华绥先生”①似乎都忽视了大脑内部的风景。伍尔夫写道：“他们看到的是工厂、乌托邦甚至马车上的花纹和装饰布，却从来看不到生命，看不到人类的本性。”[3]伍尔夫想要逆转这种等级序列的倒置。她在文章中指出：“能在一瞬间关注到平凡日子中普通的一缕思绪

① 赫伯特·乔治·威尔斯（Herbert George Wells）、米尔顿·贝内特（Milton Bennett）和约翰·高尔斯华绥（John Galsworthy）。——编者注

的就是现代小说。”“表达这种变化多端的、未知的、不受限制的精神，无论它表现出何种反常或复杂性，并尽可能地避免混杂进外部的东西，这难道不是小说家的任务吗？”[4]

但是，思绪并不是那么容易表达的东西。当伍尔夫望向自己的内心深处时，她发现的是那些飘忽不定的意识。她的思想是一股激流，每一个瞬间都会引入一阵新的情感波动。传统小说家们把思想当作静止的物体对待，与之不同的是，伍尔夫笔下的思想既不牢固也不确定。它“非常古怪，非常靠不住—— 一会儿在微尘遍布的道路上显现，一会儿从街边的一块报纸碎片上跃出，一会儿又在阳光下的水仙花里露头”。[5]从任何一个给定的瞬间着眼，伍尔夫的思想似乎都分布在千千万万个碎片之中。她大脑中的思想枝杈似乎很少会结合在一起。

然而，她大脑中的思想枝杈却又的确是结合在一起的。她的思绪是由无数碎片组成的，但是从未让她变得失魂落魄。她知道某种东西会阻止我们崩溃，至少在大多数时候都是如此。因此，她在日记中写道：“我按压着自己的内心，有种东西就在那里。”[6]

伍尔夫通过艺术寻找着支撑着我们的那种东西。她找到的是自我——“最本质的东西”。尽管大脑只是带电神经细胞的集合，但伍尔夫觉得，最终还是自我让我们变得完整。尽管自我很脆弱，但它是我们身份的源泉，是书写我们意识的原作者。如果自我不复存在，我们也不会存在。“一个人的大脑中必须有一个整体的景象，”伍尔夫说道，“碎片是令人不堪忍受的。”[7]

但是思绪宛如朝露般飘忽易逝，自我又将如何升腾呢？为什么很多时候我们感觉自己不仅仅是一个支离破碎的思想的集合体呢？伍尔夫得到的启示是，“我们”是从自己对世界稍纵即逝的阐释中浮现出来的。无论何时，只要我们感觉到了某种东西，就会自然而然地生成一个自我感受的主体，生成一个让我们形成观念的知觉器。自我就是这一主体，它就是我们依据自己的经历讲出来的故事。正如伍尔夫在她未完成的回忆录中所写的那样：“我们就是文字，我们就是音乐，我们就是那些事情的本身。”[8]

在那个时代，这是一个超现实的观念。当时的科学家们正忙着领会物质主义的力量，而解剖学则允诺会把生物的一切解释清楚。詹姆斯·乔伊斯注意到，“当代的潮流热衷于活体解剖”。自我只不过是物质玩的又一个把戏，只要有足够的时间，经过足够的实验，就能把它破解开来。但是伍尔夫知道，自我深奥得让人难寻其踪。在伍尔夫写下的现代主义小说中，她想要展露给我们的那份不可言说性犹如她的这一表述：“我们‘就像蝴蝶的翅膀……被钢铁螺栓钳制在了一起’。”如果大脑是一台机器，那么自我就是它的幻灵，是那看不到的东西。

几乎一个世纪以后，自我还是让人难以捉摸。神经学已经洗劫了大脑，剖析了大脑皮层，却没有找到我们的源头。尽管实验证实了伍尔夫许多让人惊叹的洞察——大脑是由碎片构成的，这些碎片是连接在一起的，可关于我们自身的奥秘还是一个未解之谜。**如果我们想要了解自己，伍尔夫的艺术就是最具启示性的答案。**

伍尔夫的肖像照片，由乔治·查尔斯·贝雷福德（George Charles Bereford）拍摄于1902年

自我不是孤立的事物，我们的意识流动在其中

伍尔夫的写作风格深深地扎根于她对自己大脑的亲身感受中——她不幸患上了精神疾病。

伍尔夫一生都在忍受周期性的神经崩溃，那些可怕的情绪低落的时刻，几乎让她窒息。于是，伍尔夫是处在对自己大脑的恐惧中度日的，她对自己大脑的激烈“振动”极为敏感。内省是她唯一的解药。“我对自己的心理很感兴趣，”她在日记中写道，“我致力于将自己跌宕起伏的情绪隐私全部记载下来。这样，它们就被对象化了，也立刻减弱了它们给我带来的疼痛与羞愧。”[9]

当其他一切东西都失效时，伍尔夫会用充满讥讽的幽默来麻痹痛苦：“我觉得我的大脑就像一个梨子，要看它有没有成熟，9 月会是最妙的时节。”[10] 一方面，她向爱德华 · 摩根 · 福斯特（Edward Morgar Foster）和其他人抱怨她的医生和他们开的糖浆，抱怨被迫躺在床上的痛苦和昏迷的感觉；另一方面，她又承认这个病带给了她奇特的便利。这“回旋着无数翅膀的大脑”，是她无法医治的狂乱，但从某种角度上说，又奇异地给她带来了超验的感受。她说：“在疯狂和其他感觉中，我并不是片叶不沾身、与它们毫无瓜葛。其实，我怀疑它们在我身上起到了与某种宗教体验相似的作用。”①

伍尔夫从未从病痛中恢复过来。她持久反省的状态，对低落情绪再次来袭的警觉让她的文字充满了惊恐。“神经”是她最喜欢的词语。这个词语在医学术语上的那些变式——神经症、神经衰弱、神经崩溃、神经衰弱官能症等一直都倾注在她的文章中，这些尖锐的科学意义上的痛苦与她笔下人物流畅、灵活的内心独白相矛盾。在日记中，伍尔夫对近况的记载总是与对头痛的评论交织在一起。

但是疾病也使她的实验性小说拥有了目的，给了她“将经历寄存到适合它的形式中”[11] 的一种方式。在每一个消沉阶段之后，她都会在日记中填满对自己“晦涩难懂的神经系统”[12] 的一些新见解，会分外强烈地感觉到一阵创造力的喷涌。当医生们强制她

① 这并不是美化疾病。这种疯狂是真实的：1941 年 3 月 28 日，伍尔夫把石头放在大衣口袋里，走进一条河中，溺水而亡。

卧床养病的时候，她会盯着天花板，思考关于自己大脑的问题来度过这些时光。她决定让自己不仅仅活在“单纯的一种状态中”。她发现：“生病真的很古怪，一个人会忽然分裂成好几个不同的人。”[13] 在任何一个特定的瞬间，她都是既疯狂又透彻、既疯癫又精辟的混合体。

伍尔夫从她所患的疾病中了解大脑，了解它的变幻莫测、它的多重性以及它“将格格不入的事物古怪地聚集起来”的能力。她把这些收获都转化成了一种文学技巧。她的小说写的是了解人是多么困难，写的是“下定论说他们是这样或那样的”是多么困难。“下关于人的结论是没有用的。”[14] 她在《雅各的房间》（*Jacob's Room*）中这样写道。

尽管自我仿佛已经很确定了，但伍尔夫的文字却揭露了一个事实，我们实际上是由不断变化的印象所书写而成的，凝聚这些印象的正是名为“身份”的那一单薄的外衣。正如在《达洛维夫人》（*Mrs. Dalloway*）一书高潮段落中自杀的那个先知般的疯子赛普蒂默斯·史密斯一样，我们活在一种分崩离析的危险之中。我们能够在这危险中存活下来的奥秘才是她艺术张力如此活跃的根源。

1922 年，伍尔夫在日记中写道：“40 岁时，我开始了解大脑的运转机制。”[15] 同一年，伍尔夫开始创作《达洛维夫人》这部小说，这是她针对《尤利西斯》一书在文学上的回应。同乔伊斯一样，她将这部小说的场景设置在了熙熙攘攘的城市的一个周末。小说的主人公克拉丽莎·达洛维既不是什么英雄人物，也不是什么悲剧人物，而仅仅是“那些必须被记录下来的无名生命”之一。[16] 伍尔夫喜欢提醒自己说：“我们不要自以为是地认为，比起那些通常被认为是微小的事物，生命总是更多地存在于人们觉得更为重大的事件中。”[17]

小说以克拉丽莎亲自去买花开篇。6 月的时节里总会充盈着诸多此类差事，可是伍尔夫却总能够让日常事件展露其深层的含义。“这就是我们活过的生活，”她说，“我们的领悟离不开日常琐事，写下的诗篇与平凡生活交织在了一起。经过精妙的描绘，就算是单纯的一天都有可能成为投射我们心理的一扇灵性之窗。”

伍尔夫用《达洛维夫人》展示了大脑的脆弱。赛普蒂默斯是第一次世界大战的老兵，后来成了一位患有极度精神异常的诗人。伍尔夫将克拉丽莎的派对与塞普蒂默斯的自杀编织在了一起。① 暗中作恶的医生布拉德肖试图通过强制运用“均衡”养生法治疗塞普蒂默斯的疯癫，结果药物却把一切搞得更糟了。布拉德肖坚持认为赛普蒂默斯的疾病是“器质性的，纯粹器质性的”②，这导致了

① 1922 年秋季，伍尔夫开始写这部小说时，人们才开始把“弹壳伤痕”（创伤后应激障碍）视为一种真正的精神疾病。伊莱恩·肖沃尔特（Elaine Showalter）指出，对于这种新的疾病，医生们采用的治疗手段和 20 多年来治疗像伍尔夫这样的女性患者的粗暴手段一样。这些治疗手段包括使用溴化物麻醉患者，将患者限制在床上并强制喂食牛奶，以及拔牙，因为当时人们认为拔牙可以降低体温。还有一些不幸的患者接受了发热疗法，这种疗法通过使患者患上疟疾、肺结核或伤寒等疾病，让患者发高热来治疗精神病，这种残忍的治疗方式还在 1927 年获得了诺贝尔奖。

② 器质性指身体器官或组织的病理性病变，与精神、心理因素无关。——编者注

诗人的自杀。他的自我崩溃了，再也无法重新凝聚起来。

在派对上，听说了赛普蒂默斯自杀消息的克拉丽莎整个人都快要崩溃了。尽管她从来没有见过赛普蒂默斯，但克拉丽莎却觉得“自己的感觉和他很相似”。[18] 与赛普蒂默斯一样，她知道她的自我不稳定得可怕，并缺少“模糊状态中的某种向心力”。[19] 当布拉德肖医生出现在她的派对上时，她怀疑他“犯下了一桩无法用语言描绘的暴行——逼迫你的灵魂，就是这样”。[20]

但是他们平行的生活就是从这里结束的。与赛普蒂默斯不同，克拉丽莎在零星的存在中也能够得到些许安慰。克拉丽莎是一位持有怀疑主义思想的无神论者。尽管她并不相信会有什么不朽的灵魂，但还是为“我们生命中无形的那部分”总结出了一套“超验理论”。[21] 像布拉德肖那样的医生会否定自我，但是克拉丽莎不会。她知道，自己的大脑包含着一个“看不见的中心”。随着小说的铺展，这个中心开始逐渐显现：“那就是她的自我。”凝视着镜中的自己，克拉丽莎想道。“脸儿尖尖、像只飞镖，清楚明确。那就是她自己，当某种努力、某种要求她做自己的召唤把她的各个部分聚拢在一起时，只有她自己才知道这完整是有多么不同、多么不协调。她只是为了外部世界才这样把自己组合成了一个中心、一颗钻石、一个坐在客厅里的女人……”[22]

关键是克拉丽莎的确让自己完整起来了。是她让自己真实起来，创造了一个“无论走到何处都属于自己的世界”。[23] 这就是我们每天都在做的事情。我们拾起思绪的片段和断断续续的感受，将它们捆绑成某种坚实之物。可见，是自我创造了自身。小说的最后一句话证实了克拉丽莎单薄的身影是毋庸置疑地存在着的——"她就在那里。"[24]

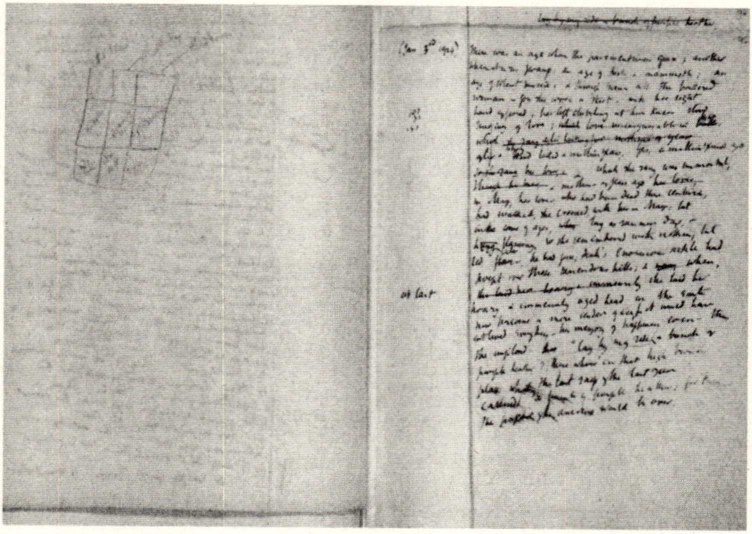

伍尔夫在写《达洛维夫人》时所记的日记（1925年）

伍尔夫接下来的一本小说《到灯塔去》（*To the Lighthouse*）是挺进动荡大脑更深处的冒险。伍尔夫曾说，写这本书是她与精神分析最为亲密的一次接触。历经了疾病缠身的长长夏日，她的文字仿若慷慨激昂的告白，从她的胸中漫溢而出。这本小说本身并没有包含多少情节。到灯塔去的计划本来马上就可以实现，可是在经过了晚饭后的又一段时间后，去往灯塔的旅行才成为现实。接下来，画家莉莉画完了她的作品。尽管小说中的事件看起来很贫乏，但它却好似暴风骤雨，到处都充溢着流散不尽的浓烈思绪。叙述一直被思绪打断，被对思绪的反思打断，被关于现实的思考打断。有些人说出了一个事实（在大脑中或大声说出），之后又马上出现了矛盾。同一个大脑常常在自相矛盾着。

据伍尔夫说，这种精神紊乱是对我们精神现实极其精确的描述。自我是从意识的混沌中产生的，是用“颤抖的碎片拼成的整体”。[25] 她的文章《现代小说》(*Modern Fiction*)是对自己现代主义理想最有力的陈述。在这篇文章中，伍尔夫用心理学术语定义了自己新的文学风格。伍尔夫写道：“大脑会接受千千万万个印象。它们来自四面八方，就好像沐浴在无数原子无休止流淌的瀑布之下；它们落下时，自然地堆砌成了星期一、星期二等诸如此类的生活。让我们这些现代主义小说家按照原子们落在大脑中的顺序将它们记录下来，让我们追踪每个画面或事件在意识中所形成的模式，尽管这些模式看上去可能是连贯和杂乱的。”[26]

《到灯塔去》充满了这种会无休止地出现的思绪。小说中的人物对周边世界怀揣着转瞬即逝的印象和不完整的感觉，全书重点描写的那位母亲拉姆齐夫人就是一个典型的代表。当她想到丈夫时，那位正在写哲学百科全书的哲学家正瞪着字母“Q”的位置犯难呢，他的思绪四处游移着。拉姆齐先生刚刚以“气压表陡降，西风吹得紧”为理由，拒绝了儿子詹姆斯到灯塔去的请求，而拉姆齐夫人觉得她丈夫太不讲理了：“在追求所谓的真理时一点都不顾及他人的感受，如此放肆粗鲁地扯下了文明的外衣，而这类举止是对人类体面的一种可怕的亵渎。”但是在紧接着的下一句话中，拉姆齐夫人的感觉却截然相反了：“没有人能比她更崇拜自己的丈夫了……她只不过是一只充满了人类情感的海绵。她连当他的鞋带儿都不够格。”[27]

对于伍尔夫来说，拉姆齐夫人缺乏连贯性的思绪正是对现实的忠实反映。通过把我们与小说人物纷杂多变的大脑相融合的这一途径，伍尔夫展现了人类自我的脆弱。自我并不是一个孤立的事物，我们的意识流就流动在其中。在任何特定的时刻，我们都不免处于心血来潮之中，而且搞不清为何自己会处于这不可抗拒的感受之中。拉姆齐先生认为：“想法就像琴键……整整齐齐地排列着。”[28] 而拉姆齐夫人却知道，大脑总是“连接、流动、生成”，就像赫布里底群岛（Herbrides）的天气一样，变化才是常态。

伍尔夫的文字从来不会让我们忘记自身存在于风雨飘摇状态中的事实。她在《一间只属于自己的房间》（*A Room of One's Own*）中好奇地问道：“当一个人说‘思想的统一’时，是什么意思呢？……它（大脑）似乎从来不会在一种单一的状态中运行。”[29] 她想让读者意识到“大脑中的隔离和对立”以及意识会“突然出现分歧”的状态。[30] 伍尔夫写道，至少人们必须意识到“人类无限困窘的境况”。尽管自我在感觉上似乎是连续的——“如同永恒那般坚不可摧”，但其实它只会存在一瞬间。我们“就像波浪上的云朵一样”穿行在这无穷无尽的思绪之中。[31]

想象出这种易变的大脑以及一种与自身分裂开来的自我是现

代主义的核心信条之一。尼采曾这样概括自己的哲学："我的推测就是主观的多重性。"[32] 阿尔蒂尔 · 兰波（Arthur Rimbaud）不久后也写道："'我'只是又一个人罢了"。在《心理学原理》一书中，威廉·詹姆斯将涉及自我的那一章节的大部分笔墨都用在了写"自我的突变"上，[33] 那是我们意识到自己"同时存在的另一种意识"的时刻。弗洛伊德同意这种观点，他将大脑看成一张有着矛盾张力的网络。T. S. 艾略特将这种观念转化成了一种文学理论，断绝了自我与"灵魂实际上是统一体这一形而上学的理论"的关系。他相信现代诗人必须抛弃表达是"和谐统一的灵魂"的这一想法，因为我们根本就没有这样的灵魂。"诗人并不具有一个可供表达的'人格'，"T. S. 艾略特写道，"他具有的只是一种媒介，仅仅是媒介——而不是人格。"[34] 像许多现代主义者一样，T. S. 艾略特想要刺破我们的幻觉，展现给我们实际的样子，而不是我们想要的样子，或者说只是存在的瓦砾和一些随意的感觉碎片。伍尔夫呼应了 T. S. 艾略特的观念，她在日记中写道，我们只是"裂片和马赛克，并不像它们曾经那样，是完美无瑕、坚如磐石、完整如一的整体"。[35]

虽然这一观念看上去很超现实，但现代主义者对大脑的见解却是正确的。一项又一项实验表明，**任何经历都能在短期记忆中留存 10 秒钟。[36] 之后，大脑便用光了"现在时"的容量，意识就必须从一个新的流动开始。正如现代主义者期待的那样，看上去持久不变的自我实际上是以散乱瞬间为单位的一场无穷无尽的游行。**

大脑中若缺少了任何一个单个元素的位置，就会使人产生困惑，比如缺少了像“笛卡尔剧院”这类元素的位置，我们就不可能在激奋时刻里舒缓自我的节奏了。斯泰因对奥克兰这个城市所做的评论同样适用于大脑皮层：“那里并没有任何东西。”相反，大脑聚集了疲于吵闹的细胞议会组织，它会将无休止地处于争论状态中的那些感觉和思绪转化成意识。这些神经细胞分布于整个大脑，随着时间的流逝生生灭灭。这意味着大脑并不是一个固定的地理位置，而是一个存在的过程。正如影响颇广的哲学家丹尼尔·丹尼特①所描述的，我们的大脑由“多重渠道组成，其中，特殊的回路群情沸腾，设法做着各种各样的事情，在运行的同时能生成多重草稿”。[37] 因此，那些被我们称为现实的东西也只不过是终稿而已。当然，下一个瞬间就需要勾勒出一个完整的新草稿了。**可以证明思维拥有这种散播性质的直接证据源于大脑的形状。尽管被头盖骨包裹着，但大脑其实是由两个独立的区块（左右半球）构成的，它们生来就不同意彼此的想法。**《到灯塔去》中的主人公莉莉对自己的剖析是极为正确的：“这就是事物的复杂性……能同时强烈地感觉到两种相反的东西：就像我的感觉是这样，而你的感觉是那样，然后两种想法彼此争斗，就像现在这样。”[38] 正如莉莉所观察到的，每一个大脑都充斥着至少两种不同的想法。

1962 年，当神经学家罗杰·斯佩里（Roger Sperry）和迈

① 丹尼尔·丹尼特（Daniel Dennett），美国哲学家、作家及认知科学家。他的作品《丹尼尔·丹尼特讲心智》中文简体字版已由湛庐引进、天津科学技术出版社出版；《直觉泵和其他思考工具》中文简体字版已由湛庐引进、浙江教育出版社出版。——编者注

克尔·加扎尼加①第一次陈述这种观念时，迎来的只是人们劈头盖脸的嘲弄和怀疑。②对于脑损伤患者的研究让他们得出结论：大脑的左半球是有意识的那部分，它才是我们灵魂的宝座，是集结起一切的地方。而大脑的另一半，也就是右半球，仅仅被认为是某种附属物。[39] 在 1981 年诺贝尔奖的演讲中，斯佩里也概括了他刚开始研究时当地社会关于右半球的主流观点，即右半球“不只是寂静一片、没有图像，而且患有阅读障碍和失用症、对词语一窍不通，一贯缺乏更高的认知能力”。

而斯佩里和加扎尼加通过调查研究受到胼胝体损伤的割裂脑（split-brain）患者，否定了上面的观点，神经学家们以前研究过这些患者，并且发现他们在本质上是正常的。结果，手术切分大脑成了治疗严重癫痫的常用方法。这些发现证实了神经学家们的怀疑，那就是意识只需要左半脑参与其中。

但是斯佩里和加扎尼加决定做更进一步的观察。他们研究割裂脑患者的第一步就是检验在隔离状态下患者右脑的能力如

① 迈克尔·加扎尼加（Michael Gazzaniga），当代伟大的思想家，认知神经科学之父。他的作品《谁说了算？》中文简体字版已由湛庐引进、浙江人民出版社出版；《双脑记》中文简体字版已由湛庐引进、北京联合出版公司出版。——编者注

② 人们本不该如此。1908 年，德国神经学家库尔特·戈尔德斯坦（Kurt Goldstein）描述了一位遭受多重痛风的患者。后来的解剖表明，这位患者也受到了皮层胼胝体损伤的折磨。戈尔德斯坦观察到她怪异的行为：“又一次，她的手掐住自己的脖子，要把自己掐死，别人只能用强力才能让她住手。与此相似的还有一次，患者的手违背了她自己的意愿将被单撕了个粉碎……”

何。让他们惊奇的是，右半球既不沉默也不愚蠢，相反，它在“抽象、概括、精神联想等方面”似乎起着很重要的作用。与所处时代的普遍信条不同，他们认为大脑的一个半球既不会主导也不会压倒另一个半球。事实上，这些患者证实了相反的情况才是正确的，即每个半球都是独特的，都拥有属于自己的欲望、才能和感受。斯佩里描述道：“我们迄今看到的一切都表明，手术留给了这些人两个独立的大脑，也就是说，意识属于两个孤立的半球。”[40]

胼胝体让我们每个人都相信它是单数形式的，可是每一个“我”其实又都是复数形式的。割裂脑患者就是证实我们具有不同大脑的鲜活例子。当胼胝体被割裂时，多重人格一下子就被释放出来了。大脑不会再压抑其内在的不一致性。一位用左脑读书的患者发现他目不识丁的右脑对书页上的文字极其厌倦，右脑也会命令他的左手将书扔出去。另一位患者用左手穿衣服，右手却不由自主地忙着把衣服脱掉。还有一位患者的左手对他的妻子很粗鲁，而右手却在左脑的指挥下对她充满了爱意。

但是为什么我们平时感觉不到大脑皮层的这种矛盾呢？为什么在自我破碎的状态下，我们的感觉却是完整的呢？为了回答这个问题，斯佩里和加扎尼加恶作剧式地让不同图片组在割裂脑患者的左眼和右眼前交替闪过。例如，他们会在患者的右眼前闪过一张印有鸡爪的图片，在左眼前闪过冰雪覆盖的车道的图片。之后，他们会向患者展示更多图片，请他们选出与刚才看见的最相近的图片。患者的犹疑以一种悲喜交加的方式呈现出来，割裂脑患者的两只手会指向两个不同的物体：右手会指向小鸡，与左半球看到的鸡爪相对应；而左手则会指向铲子，因为右脑想要把雪铲走。当科学家们要患者解释他矛盾的反应时，患者会立刻讲出一个貌似合情合理的故事出来。"哦，鸡爪与鸡有关，你又需要一个铲子来收拾鸡粪。"[41] 他不会承认自己的大脑已经完全被迷惑了，而是将这种疑惑编造成了一段自圆其说的叙述。

斯佩里和加扎尼加对割裂脑的发现以及我们本能地解释这种分裂的做法对脑神经学有着深远的影响。科学第一次面对这样一个观念，即意识从整个大脑的低语声浪中浮现出来，而不只是来自无数局部的某一处。根据斯佩里的说法，我们对统一的感觉是一种"精神交谈"；为了忽视我们的内在矛盾，我们发明了自我。正如伍尔夫在她的文章《街头漫步》（*Street Haunting*）中产生的疑问："我是在这里，还是在那里？或者真正的自我既不是这样，也不是那样，而是某种多变而游移的东西，只有在我们顺应它的愿望，让它畅行无阻的时候，我们才会是我们自己？"[42]

自我通过观察逐渐浮现

伍尔夫小说中隐藏的巨大讽刺是，尽管她要着手解构自我，证明我们只不过是稍纵即逝的"黑暗的楔子"，但实际上她却发现了自我执拗顽固的现实。事实上，她越是在经历中探究，自我对于她来说就会变得更加不可或缺。如果我们不知道其他事情，那是因为我们正在此地，正在经受着这些。时间飞逝，感受来来去去，但是我们始终留在了这里。

伍尔夫笔下的人物反映了她对自我脆弱的信念。在小说里，一切都透过主观的三棱镜来审视。拉姆齐先生与拉姆齐夫人不同——当看到布满乌云的天空时，他想到的是雨，而拉姆齐夫人好奇的却是风向会不会有所改变。克拉丽莎尽管与赛普蒂默斯有着那么多奇异的一致性，但她毕竟不是赛普蒂默斯，她并没有从窗子跳下去，而是选择了开派对。不管伍尔夫的文章变得多么现代，虚幻的自我都会让我们成为自己而不是别人，同样也不会消逝，那是源于一种解释不清的本质。“在一开始的时候，我难道没有将灵魂驱逐出去吗？”伍尔夫在日记中自问道，“但真实的情况经常是，生命破门而入了。”[43]

在她的艺术中，伍尔夫让生命破门而入。她向我们展示了我们稍纵即逝的那部分，同时也昭示出我们的各部分是如何结合在一起的。伍尔夫意识到，其中的秘密在于，自我是从它的源头浮现出来的。在这里，浮现才是关键词。她笔下的人物一开始只是以一小捆随意感受的集合来回应大脑带电的薄膜，但随后它们立即膨胀成了其他样子。正如埃里希 · 奥尔巴赫（Erich Auerbach）在《摹仿论》（*Mimesis*）中指出的，这就是为什么伍尔夫的文章既不是人物自我意识接连不断的转录，像乔伊斯所著的《尤利西斯》那样；也不是对事件和观念的客观描述，像典型的 19 世纪小说那样。伍尔夫的启示将这两极融合在了一起。这种方法使得她能够将意识作为一种过程记录下来，向我们展示想法的整个弧线轨迹。非主观的感觉总是在主观经历中慢慢孕育成熟，而且那种经历总是会滑入接下来的经历中。然而，就是从这种连续的变化中，人物浮现了。伍尔夫想让我们看到我们存在的两面——我们“是怎样一个凭借呼吸就能扰乱外界的东西，也是怎样一个千军万马都无法驱逐的东西”。[44] 在她的小说中，自我既不是强加在人身上的，也不是脱离人而存在的。它只是升腾起来，从流动中窃取到的一种精神启示。

但是自我是如何升腾起来的呢？我们又是如何从纷纭的感觉中，从组成思绪的“零星、残屑与碎片”[45] 中不断浮现出来的呢？

伍尔夫意识到，自我是通过观察这一举动浮现出来的。通过以某种特定的视角去感受，我们才能将自己的感官部分连接起来。通过这个过程，我们忽略了某些感觉，突出了另一些感觉。外部世界由此得到了完整的诠释。“我注意力的原子充满活力地铺散开来，”伍尔夫观察到这样的情景，“这创造了一个更丰富、更强大、更复杂的世界，这个自我的世界号召我行动起来。”[46]

伍尔夫对观察过程最为精湛的描绘出现在了《到灯塔去》会餐的那一幕——红酒炖牛肉上桌以后。心满意足的女主人拉姆齐夫人飘飘忽忽地进入了一场白日梦中，她的思绪落在了“位于事物中心的一块静止的空间中”。她再也听不到餐桌上的谈话——他们说的只是“立方根和平方根”，而是开始对桌子中间的果盘产生冥想。她忽然感到了一阵“突然的狂喜”，思绪成了“水面下折射出的一道光”，[47] 穿透了“那份流动、那份稍纵即逝和那段光谱”。拉姆齐夫人现在正进入一个凝神观察的状态，她感觉的支流汇入了一连串的意识流中。

伍尔夫的文章将大脑活动中这简短的一秒钟拉伸成了一段奔放的内心独白，此时她的言语细密地观察到拉姆齐夫人思绪的流淌。我们看到她的目光游移到了果盘上，随着她的凝视落到了紫葡萄上，又落在了熟透的金黄色的梨子上。一开始，那属于无意识的驱动——拉姆齐夫人“不知为何”盯着水果，可后来却变成了一种有意识的思考。“不，”拉姆齐夫人心想，“我不想要梨子。”[48]

在观察的这个瞬间，拉姆齐夫人的大脑重新塑造了这个世界。她的自我强加到了现实上，并创造了一段有意识的经历。“下面一片漆黑，”拉姆齐夫人想，“但是我们会时不时地浮出水面，水面上的那些就是你所看见的……”[49] 注意力会时不时地将我们的局部联系在一起，自我将短暂的感觉转化成了“存在的瞬间”，这就是拉姆齐夫人大脑中思绪绽放的过程。一切都是短暂易逝的。然而，对于读者来说，拉姆齐夫人永远能让他们感到那么真实。她从不动摇。我们也从来不会怀疑她的存在，甚至在看到她自身源头的缥缈无常时也是如此。“在这样的时刻，”拉姆齐夫人想道，“事物注定是可以持久的。”[50]

但是我们如何才能经得住时间的淘汰呢？自我如何才能够超越那一个个独立的观察时刻呢？过程又是如何化成了我们呢？对于伍尔夫来说，答案很简单：自我就是一场幻觉。这就是她对自我持有的最终观点。尽管一开始她设法摒弃 19 世纪对意识的庸俗观念——这种观念将自我看成“一件家具”，可最终她却意识到自我事实上是存在的，就算它只是大脑的一种诡计也好。正如一位小说家创造了一位叙事者一样，一个人同样会创造一种存在感。自我只不过是我们创造的一件艺术品，是大脑为了弥补自己的不一致性而创造出的一个故事。在碎片拼成的这个世界中，自我是我们唯一的“主题”，“一遍遍出现，一半是回忆，一半是预见”。[51] 如果它不存在，那么就没有什么是存在着的了。我们整个脑子里都会充斥着各种人物，不可救药地寻找着他们的创造者。

现代神经学已经证实了伍尔夫信仰的自我。我们通过自身的感觉创造了自己。正如伍尔夫所预见的那样，这个过程是被观察这一举动所控制的，注意力会将我们感受的局部转化成意识凝聚的瞬间。虚构的自我——这个谁也找不到的星云般的实体，将这些独立的瞬间连接在了一起。

拿凝视果盘这个动作来说，不管何时注意到某种特定的刺激——比如餐桌上的梨子，我们都会增加自己神经细胞的敏感性。这些细胞现在能看见在其他情况下被自身忽视的东西。[52] 随着注意力的灯塔有选择性地增加了它对神经细胞的照射度，从前看不到的感受突然变得有形了。一旦这些细胞变得兴奋起来，它们就会将自己捆绑成一个暂时的“联盟”，并进入意识流。这项数据值得格外注意的是，注意力似乎是自上而下运转的。神经学把它叫作“执行控制”。虚幻的自我会引起灯塔对神经细胞照射度的改变，就好像幽灵正控制着机器一样。[53]

然而，如果不曾对自我进行观察，那么人们就不会意识到这份直觉。这些神经细胞不会再受到激发，它们所代表的现实也会失去光泽。当拉姆齐夫人忽视了餐桌上的交谈，把注意力聚焦在水果上时，实际上就是改变了自己的神经细胞。事实上，我们的意识似乎需要这样一个独具慧眼的自我——我们只能在一种感觉被选中之后才能更好地察觉到它。正如伍尔夫所描述的，自我是“我们洞察力贝壳的中心”。[54]

有意识的自我力量最为惊人的证据来自那些无法集中注意力的患者。这种洞见来自一个听起来最不可能的群体——盲人。在劳伦斯·魏斯克朗茨①于 20 世纪 70 年代早期开始调查研究之前，科学就曾认为主要视觉区（V_1 区）的损伤会引起无法修复的失明。

但事实上，V_1 区的损伤只能引起“有意识”的失明，即一种被魏斯克朗茨称为“盲视”的现象。尽管这些患者觉得自己失明了，但他们实际上是能够看得到的，至少是在无意识层面上。他们缺少的是察觉。他们的眼睛会持续传播视觉信息，而大脑中未受损伤的部分会继续处理这些信息，但他们却不能通过有意识地访问大脑来获取这些信息。于是，他们看见的就只是漆黑一片。

那么如何将盲视和失明分辨清楚呢？盲视患者往往会表现出

① 劳伦斯·魏斯克朗茨（Lawrence Weiskrantz），英国著名的神经心理学家，对视觉注意力和感知方面有重要贡献。——编者注

一种惊人的才能，他们在各种视觉任务中，都能展示出一种对于完全失明者来说不可能具有的才能。例如，盲视患者能以不可捉摸的准确性“猜出”曾经展示出的是方形还是圆形，或者是否有光闪过。尽管他们对光没有明确的察觉，尽管他们不知道自己到底是对什么做出的反应，但还是能够对光做出回应。[55] 脑扫描证实了他们这些听上去很可疑的陈述，即与自我觉察相联系的区域没有显示出任何活动，而与视觉相联系的区域却显示了相对正常的活动。[56]

盲视患者让人难以置信的是，他们的意识从自己的感觉中剥离了出来。尽管大脑持续地“看到”了事物，可是无法观察到这些视觉输入。这些患者无法从主观上诠释进入脑皮层的信息。而盲视患者的遗憾在于，独立于自我的感觉根本不是感觉。在我们意识到之前，我们必须将感觉转化，这种转化应该通过自我调节的瞬间注意力来实现①。

当然，神经学无法找到生成自我的那一团细胞。[57] 如果说神经学知晓任何事情，那就是机器中根本没有幽灵，有的只是机械振动。或者说，你的头部包含了上千亿个带电细胞，可是它们中没有一个是你、认得你、关心你。实际上，所谓的“你”甚至根

① 脑侧有特定损伤的人证实了这个发现。这些患者患了一种称为偏侧空间忽略症的疾病。在一些重症病例中，这项综合征的患者连视觉世界的一半都无法留意到。例如，一个人只能读书页的左侧部分，一个女人可能只会在嘴唇的右半边抹口红。然而，就算患者不承认这种刺激的存在，在通常情况下他们还是能够在自己所忽略的接受域中对刺激做出反应。

本不存在。大脑只不过是物质元素的无限沉积，最终转化成一系列冷酷的物理定律罢了。

毋庸置疑，这些都是真的。然而，如果机械的大脑否定了自我的幻觉，如果机器背后缺少了灵魂，那么一切都会轰然倒塌。感觉不再连贯，现实也就消失了。正如伍尔夫在《海浪》（*The Waves*）中想知道的：“如何去描绘一个未经自我审视的世界呢？”后来她回答说：“没有言语可以。”[58] 她是对的。剥夺了虚拟的自我，一切都会陷入黑暗之中。我们会觉得自己失明了。

科学将我们拆分开来，艺术则将我们重新组合

人类大脑最神秘的事情就是，我们对它知晓得越多，它的奥秘就会变得越深奥。自我并不是一个孤立的事物，然而它却控制着我们非凡的注意力。身份是我们最贴心的一种体验，可是同时，它会从细胞电流的震颤中显现出来。另外，为什么自我并不真实存在，却让人感觉如此真实呢？伍尔夫最初提出的这个问题无人能够解答。看来，我们的现实似乎只能依赖于奇迹了。

神经学以一种典型的执拗习性，试图凭借那些可验证论据的惯性，重新定义那些人们无法理解的事物，这种执拗搅乱了神秘。毕竟，对精神的简化承诺并不需要援引更高级别的功能。就像原子一样，神经细胞会解释一切，知觉必须自下而上地渗透开来。

关于意识问题最实用的科学方法就是探究意识的物理基础。神经学认为，经过足够努力地查找，科学方法是能够找到自我的秘密源头的，也是能够找到将注意力播散在何处的肉身部位的。这个部位的术语是“意识的神经相关复合”（neural correlate of consciousness，NCC）。

加利福尼亚理工学院的神经学家克里斯托弗·科赫（Christof Koch）是这场科学探寻派对的领头人。科赫将“NCC”定义为“神经元最小的一组事件，意即生成意识知觉的一个特定方面”。例如，当拉姆齐夫人对着桌子中间的果盘冥想时，她意识中的神经关联（至少科赫是这样定义的）就是生成她对梨子的意识细胞网络。他认为，如果科学发现了意识的神经关联，那么就会清楚地看到自我是如何从感觉中浮现出来的。我们自我的“泉眼”就会涌现出来。

这听上去似乎足够简单了（科学擅长揭示物质的偶然性）。但是在现实中，意识的神经关联像魔鬼般难以捉摸。科赫遇到的第一个问题就是找到一个实验的瞬间——在那个瞬间，我们意识的整体都暂时破碎了，因此在简化的质疑面前，它便显得十分脆弱。科赫的主要实验范例取自被称为双眼竞争（binocular rivalry）[①] 的光学幻觉。从理论上说，双眼竞争是一个简单现象：每个人都有两个眼球，于是我们所看到的一直都是稍有不同的两

① 双眼竞争，当为观察者双眼呈现不同图像时，这两个图像会相互竞争，以获得眼球的青睐，最终观察者会看到两个图像交替出现。——编者注

个独立的世界。利用无意识层面上的一些三角学原理，大脑就会暗中抹掉这种不一致，将多重视角融合成同一个画面。正如割裂脑患者所展示的，我们生来就习惯将自身的前后不一忽略掉。

科赫决定扭转这一视觉过程。“如果你左右眼的相应部分能看到两个截然不同的画面，且用镜子摆在鼻子前就能很容易地实现这一点，那么会出现什么样的状况呢？”[59] 在通常情况下，大脑会将我们两只眼睛所看到的独立图像叠加起来。例如，如果左眼前展示的是横条，右眼前展示的是竖条，那么这个人的意识中看到的则会是方格。然而，有时候自我会感觉很混乱，它会决定只留意一只眼睛的视觉输入。几秒钟之后，自我意识到了这个错误，于是开始留意另一只眼睛。正如科赫所观察到的，“两种知觉会无限期地以这种方式轮换交替”。[60]

这种诱发混淆的实验的最终结果就是，也许在一瞬间，主体会察觉到知觉下隐藏着的技巧。他意识到两只眼睛都有视觉输入，会分别看到两种事物。科赫想知道：视觉主导发生在大脑的什么地方？是哪些神经细胞决定了我们会留意哪只眼睛呢？又是哪些细胞统一了感官上的混乱呢？科赫相信，只要他找到了这些地方，就会找到我们意识的其中一条神经关联，就会发现自我的藏身之所。

尽管这种实验方法在观念上十分优雅，可是存在着一些严重的问题。其中一个问题是关于方法论的。大脑是宇宙中最大的难题。每一个脑细胞都与上千个其他神经细胞相关联。意识从这种递进的连接中汲取力量。毕竟，自我并不是在离散的大脑中显现出来的，而是从大脑的整体互动中显现出来的。正如伍尔夫所写的，“生命不是一系列对称排列的路灯，而是明亮的光环意识，且自始至终都环绕着我们”。[61] 此时，将意识简化为单个神经关联的简约形式——将这光环简化成一盏盏路灯，应该是一种抽象。意识通过神经的关联，可能会描述某种知觉体验发生的位置，可它并不会告诉你注意力在哪里起源，又是如何解释自我的。因为那些并不确切的属性是没有单一源头的。因此，伍尔夫写下的不可预测的奥秘还是未解之谜。神经学必须面对现实并且承认，实验只能够对有限的问题做出解释。

单纯得过于天真，是把意识的神经关联作为探索方法的另一大缺陷。这种做法也就是力图将所有简化方法都应用于对大脑的解释上。自我意识这个东西，至少在人的内在感觉上要比细胞总和的层次更高。单凭神经细胞描述我们的经历根本无法解释我们的体验，因为我们根本感受不到自己的神经细胞。伍尔夫早就知晓了这些。她认为，单从物理属性去描述大脑（科学史上这种失败的理论层出不穷）注定是片面的。伍尔夫写道，这种简化主义理论“所做的是简化而不是复杂化，是削减而不是丰富”。[62] 简化主义理论否定了我们最本质的个性，将“我们所有人都转化成了案例”。伍尔夫提醒我们，如果将每个大脑都同化来解决那些不能解决的大脑理论问题，而且只依据前额叶皮质的震荡来考证人类的意识，那就会失掉我们主观上的真实。**自我所感觉到的是整体，而所有科学看到的似乎都是局部。**

这正是我们需要艺术的地方。正如诺姆·乔姆斯基所说，“大家很有可能——极有可能会猜到，我们从小说中了解到的人类生命和人格要比从科学心理学中了解到的多得多”。[63] **如果科学将我们拆分开来，艺术则可以将我们重新组合起来。**在《到灯塔去》中，莉莉描述了自己的艺术抱负：“我渴望得到的不是知识，不是碑上的铭文，不是任何人类已知的语言能够写下的东西，而是一种统一感，或者亲密本身。这才是真正的知识。”[64] 像伍尔夫一样，莉莉想要表达我们的体验，她知道这才是我们能够表达的所有东西。真正与我们亲密的只有我们自己。

艺术家们描述了科学家们不能描述的东西。尽管我们的自我不是闪烁着微光的化学物质或稍纵即逝的电压，可它仿佛是真实的。面对这一不可能的悖论，伍尔夫相信科学必须撤销它对绝对知识的所有权。体验战胜了实验。因为伍尔夫在她的现代主义小说中写道，从根本上来说，一切都没有改变。新型心理学虽然历经着跌宕起伏，但自我意识却一直和科学密不可分，以至于其过于真实，甚至无法测量出来。从伍尔夫的理解来看，自我是一种虚构，它不能当作事实来对待。除此之外，将自己作为虚幻的作品来看待，是我们尽己所能去理解自己的最可行的方法。华莱士·史蒂文斯曾写道：“最后的信仰是相信虚构，而且你要知道，这里除了虚构别无他物。”[65]

尽管神经学与将意识宏观化的理论相去甚远，但它还是证实了伍尔夫艺术中的一些观念是正确的。意识是一个过程，而不是一个什么空间位置。自我会莫名其妙地从注意力的瞬间中浮现出来。可以说，没有虚幻的自我，我们就完全失明了。

虽然自我的本质是无形的，但这并不意味着我们有不去尝试理解它的理由。《到灯塔去》是描写认识过程具备何种困难性的一部小说，它以一次新的探索结尾。在那举足轻重的结尾中，伍尔夫通过主人公莉莉向我们揭示：尽管我们理性的源头之处充满悖论，但我们还是能够了解自身的真理。在小说的开头，当莉莉开始作画时，她试图描绘自己感觉到的客观事实。伍尔夫写道："她（莉莉）想要抓住的是神秘的震动，亦即事物被加工成其他东西之前原始的样子。要抓住它，重新开始；要抓住它，重新开始……她稳稳地俯向画架，不顾一切地这样重复道。"[66]

但是，其实我们从未见过未经自我过滤的那个真实世界。经过了一番艺术挣扎的莉莉明白了这一点。"她之所以自嘲地笑了笑，不就是因为在刚开始时，她已经想过了，并且已经解决这个问题了吗？"

直到小说的结尾处，莉莉才知道她的问题没有办法解决。人们既无法逃离自我，也无法拆解现实。因此莉莉设想："与之相反，存在的只是日常的小奇迹、小启示，而这些只是那黑暗中意外擦亮的火柴的微弱之光。"[67] 她的绘画作品尽管堆满了不和谐的笔触，却没有大张旗鼓地发出任何惊世骇俗的宣言。她知道这只是一幅画而已，它注定逃不过挂在阁楼里的命运。它什么都解决不了，可是世间又有什么事情能够真正地被解决呢？真正的奥秘永远都只是奥秘，"伟大的启示也永远不会到来"。[68] 莉莉渴望的只是自己的画作能“与日常体验站在同一高度，只是感觉到这是一把椅子，那是一张桌子，可与此同时，它还有可能是一个奇迹或一种狂喜”。[69]

然后，随着笔触勇敢地落在画布中央，莉莉看到了自己想要表达的东西，即使只是在一瞬间。她并没有将形式强加于我们，而是接受了我们所经历的脆弱现实，并从中寻找到了自己所要表达的东西。她的艺术描绘了我们——我们真正的样子是“梦与现实的混合物，是花岗岩与彩虹的永久结合”。[70] 莉莉明白，奥秘就在于我们真正的样子是什么，但它并没有确切的答案。她所做的只是提出问题。小说用下面这段振聋发聩的文字做了结尾：

> 在突如其来的激情之下，她仿佛霎时间清楚地看到了它，她在画布的中央画上了一条线。画完了，结束了。是的，她在极度疲乏中放下了画笔，心里想道：我已看到了最美好的景象。[71]

结　语

艺术与科学融合，
创造力的灵感之源

—

PROUST
Was a
Neuroscientist

如果说我们应该放弃这样的想法——
那并不是说我们已经发现世界上根本没有真理，
而是真理就在那里等着被发现。[1]

———

理查德·罗蒂

1959 年，C. P. 斯诺[①] 宣称我们的两种文化——艺术与科学惨遭一种“相互茫然不解”的折磨。斯诺说，正因如此，知识成了一片孤独领地的集合，每一块领地都被它的习惯和词汇所淹没。科学家们研究的是宇宙的初级微粒，而“文学知识分子”研究的却是 T. S. 艾略特和《哈姆雷特》。斯诺写道：“他们彼此之间的偏见态度如此相同，以至于他们根本找不到任何共同的研究土壤。”

斯诺针对这一认识上的对立提出的解决方法是营造出第三种文化。他希望这种新文化能够弥合科学家与艺术家之间“交流的鸿沟”。诗人思索爱因斯坦的理论或物理学家阅读塞缪尔·泰勒·柯勒律治[②] 的作品，每一方都会在理解对方的过程中受益。关于我们的虚构和事实，这两个方面是可以相互补充的。另外，

① C. P. 斯诺（C. P. Snow），英国作家和社会学家，以对社会不平等与科学技术的研究和著作而闻名。——编者注

② 塞缪尔·泰勒·柯勒律治（Samuel Taylor Coleridge），英国浪漫主义文学的重要诗人和文学评论家。

第三种文化会牵制前两种文化，使之不至于陷入各自的极端。

最后的结果显示，斯诺是具有先见性的。至少从某种意义上说，第三种文化现已成为一种真正的文化运动。然而，虽然这种新型的第三种文化借用了斯诺的说法，却偏离了他最初的计划。第三种文化指的并不是艺术家与科学家之间某种单纯的对话，而是一个共享的文化空间。也就是说，今天的第三种文化指的是科学家要直接与大众交流，将真理翻译成了大众的语言。

一方面，这是一项不可或缺的重要发展，促使当前致力于第三种文化的许多科学家们都设法增进了大众对科学前沿的了解。从理查德·道金斯到布赖恩·格林（Brian Greene），从史蒂芬·平克①到爱德华·威尔逊②，这些取得重要科学研究成果的科学家们都写下了优美的科普文章。得益于他们的科普作品，黑洞、模因和自私的基因已经成了我们文化词典中的常用词语。

另一方面，往更深的层面看，第三种文化又有着严重的局限性。它并没有在前两种现存的文化，即科学和艺术之间架起一座

① 史蒂芬·平克，当代伟大思想家、世界顶尖语言学家和认知心理学家。他的作品《理性》中文简体字版已由湛庐引进、浙江教育出版社出版；《思想本质》《语言本能》《白板》《心智探奇》《当下的启蒙》中文简体字版已由湛庐引进、浙江科学技术出版社出版。——编者注

② 爱德华·威尔逊（Edward O. Wilson），美国生物学家、博物学家，两届普利策奖得主，有“社会生物学之父”“当代达尔文”之称。他的作品《社会性征服地球》《蚁丘》《博物学家》中文简体字版已由湛庐引进、浙江教育出版社出版。——编者注

桥梁，前两者间并没有展开平等的对话。科学家们和艺术家们依旧使用着不对等或不通用的语言描绘着这个世界。

另外，这些科学思想家们公布的观点总是将科学事业一维的视角和关系带入人文学科中。爱德华·威尔逊的《论契合》（*Consilience*）常被誉为第三种文化的运动宣言，他声称，善于运用简化法的科学应该矫正人文学科“实证元素匮乏”的缺点，从而使它变得更加“理性化”。威尔逊写道：“大融通世界观的核心思想就是所有有形的现象——从星球诞生到社会建制的运行都建立于最终能够被简化成物质过程中的相应物理学法则，无论这个简化过程有多么漫长，多么荆棘丛生，它都是一条必由之路。”[2]

威尔逊的思想体系在技术上是正确的，但是到头来还是没有任何意义。没有一个治学严谨的人会否定重力的现实或者简化法的成就。威尔逊忘记的是，并不是每一个问题都能用量子理论学来解答。当某些东西破碎了的时候，它们就这样破碎了。

在这本书中，这些艺术家们揭示的是，描述现实有很多不同方式，每一种方式都能够提炼出真理的元素。描述夸克和星系的时候，物理能派上大用场；描述大脑的时候，神经学不可或缺；而艺术则在我们描述自己真实的经历时非常有用。虽然这些层面间的互相联系十分明显，但是它们也是独立自主的——艺术并不能简化成物理学。正如罗伯特·弗罗斯特（Robert Frost）所讲，“诗歌即那些翻译中失去的东西”。第三种文化正应致力于此，它应该是建立在对多元论加以赞颂的基础之上的。

不幸的是，我们现有的拥护第三种文化的许多名人却对任何非科学化的事物都持极为敌对的态度。他们争论说，艺术是我们基于生物属性所产生的一种症状，任何不能用实验验证的东西都只是玩乐罢了。更糟糕的是，我们的第三种文化沉迷于这种态度，而不去试图理解和支持自己想要囊括艺术的尝试。平克的书《白板》（*The Blank Slate*）是这个习惯最好的例证。

平克决心摧毁由 3 种错误构成的旧知识信条：白纸一张（相信大脑主要是由环境塑造而成的）、高尚的野蛮人（相信人本善，但是为社会所玷污）、机器幽灵（相信意识中潜伏着某种非生物性的存在）。当然，对于平克捍卫的心理学家和神经学家来说，由于他们对理性不断进化的宣传深信不疑，所以这些信仰浪漫主义神话的艺术家们和人文学者们无疑是他们的大敌。

平克写道："从弗吉尼亚·伍尔夫很有名的一句话中可能会找到一个漏洞，'大约在 1910 年的 12 月，人类的本性会顿然改变'。"在平克看来，伍尔夫代表了那些在"20 世纪大部分时间中，将要主导精英艺术和批判文化的现代主义哲学"，她对人类本性的否定则被后现代主义变本加厉地传承了下来。[3] 平克断定说，伍尔夫错了，因为"人类的本性并没有在 1910 年或者其后的任何一年发生改变"。

平克误解了伍尔夫的意思。她的这句话是带有讽刺意味的，引自伍尔夫一篇题目为《小说中的人物》的文章。其中，她批评了一些早期的小说家，因为他们忽视了大脑内在的运转。伍尔夫想要写下反映人类本性的小说。她懂得，像平克坚信的那样，意识的某些特定元素是持续而普遍的。每一个大脑天生都是碎片式的，然而每一个自我都以相同的方式从碎片中显现出来。伍尔夫就是想要把这种心理状态转换成一种新的文学方式。

但是，如果说平克对伍尔夫的话不假思索就大肆攻击是错误的——他看到的本该是同盟，而不是敌人，那么他训诫那些被自己称为“后现代主义的卫道士”的行为就是正确的。后现代主义这种最无法确切地加以阐释的“主义”沉迷于对科学和科学方法草率的否定中。后现代主义者认为，世上根本没有真理，有的只是不同的描述，所有描述也都是无效的。显然，这种观念不久便自生自灭了。的确，没有什么真理是完美无缺的，但是这并不意味着所有真理都同样没有存在的权利。我们总需要某些方式去廓清自己的各种说法。

因此，在当下的文化中，我们有两种认识论总是以极端的姿态自发地攻击着对方，后现代主义者无知地将科学仅仅看作另一种文本；而许多科学家们则将人文学科看作不可救药的虚妄。我们的第三种文化没有建立起一种有效的沟通，而只是煽动起了这种悲哀的对峙现象。

在伍尔夫开始写《达洛维夫人》之前，她在新小说中写道：“我们应该十分现实地去对待心理学。”她想让这本书抓住大脑最真实的状态，表达我们存在的系统中最喧嚣的运行过程。因为伍尔夫一直相信，大多数小说都沉迷于一种对意识的单一看法中。她决心让事物变得复杂。

对大脑的艺术探索并没有在伍尔夫那里停止。2005 年，英国小说家伊恩·麦克尤恩（Ian McEwan）将《达洛维夫人》这部小说定义为一位上层社会的伦敦人生活中的一天，从而给这部小说做了科学意义上的提升。这本名为《星期六》（*Saturday*）的小说重新调整了伍尔夫的叙事结构——伍尔夫的小说本身就是对《尤利西斯》的再创作，而从神经外科手术的角度出发来解读。这样写作的结果就是让心理描写变得非常真实。像《达洛维夫人》一样，《星期六》同样被战争与疯癫所笼罩，小说中包含了对战争中飞机和首相这些意象的隐喻。而生活中的平常时刻，从逛杂货店到做壁球游戏，都立体地呈现了生活的全部场景。

《星期六》描写的故事在黎明破晓前便开始了。主人公亨利·佩罗恩医生突然醒来。尽管“他不知道自己到底是在什么时候清醒的，也不知道这是怎么回事”，[4] 但他知道自己睁开了眼睛，他存在着，周围是一个具体可见的、仿若非物质的现实。“这就好像在黑暗中站立着，他从一片虚空之中化成了实体。”[5]

当然，作为一位神经外科医生，亨利·佩罗恩知道的比这多得多。他对大脑皮层非常熟悉。从某种意义上说，这是“他的家乡”。他相信，大脑就是大脑，只是一堆髓质裂缝和褶皱。在写这部小说期间，麦克尤恩花了两年时间跟踪记录神经外科手术，他对人类在解剖结构上奇异的和谐状态充满欣喜。他坚持要向我们展示我们自身神经源头的怪异性。

但是，麦克尤恩同时也将他小说中人物所处的物质世界复杂化了。尽管主人公亨利·佩罗恩对哲学很不屑一顾，对小说也没有什么兴趣，但常常不由自主地陶醉在形而上学的随想之中。当为了晚餐买鱼时，亨利·佩罗恩会想知道“鱼群中的这条鱼是怎么落到这页纸中的呢？不，这条鱼是怎样出现在《每日镜报》（*Daily Mirror*）的包裹中的呢？它集无限于一身。与之相似，沙滩上的沙粒就那样存在着，不为所动。世界中的随机次序和面对任何特定情况的那些不可想象的困难亦是如此”。[6]尽管很奇怪，现实却凝聚在了一起——鱼就在那里，报纸包着它放在塑料袋里。存在真是一种奇迹。

同时，这种奇迹也潜藏着一定的风险。伍尔夫通过赛普蒂默斯·史密斯向我们展现了这些，他的疯癫更凸显了神智正常的状态是多么脆弱。麦克尤恩选择了巴克斯特—— 一位深受亨廷顿病（huntington’s disease）折磨的患者达成与之相似的效果。神经外科医生觉得巴克斯特的疾病是“一种纯粹的生物决定论”。这种不幸潜藏于一个单个的基因中，潜藏在单一 CAG 三核苷酸的重复序列中。[7]谁都逃不过这种微小的“印刷错误”。

但是，麦克尤恩并没有犯逻辑错误，也没有相信这种决定性关系适用于普遍的生命。亨利·佩罗恩知道组成我们的物质拥有让我们高于这些物质本身的才能。在做脑手术的过程中，亨利·佩罗恩在翻找着意识的奥秘。他知道即使科学“解决了大脑的问题”，也“还是会有奇迹发生”。“那潮湿的东西能让思想、视觉、听觉和触觉光辉四射的内部影院汇聚成当下的一个鲜活的幻觉，而自我这另一种光亮而精致的幻觉则像幽灵一样盘旋在它的中央。物质是如何成为意识的？这能解释得清楚吗？”[8]

小说《星期六》并没有回答这个问题。相反，它一遍遍地提醒我们，这个问题没有答案。我们从来不会知道大脑是如何将细胞中的水变成意识之酒的，甚至巴克斯特这个有着悲剧基因缺陷的人最后也被一首诗歌改变了。当亨利·佩罗恩的女儿背诵起马修·阿诺德（Matthew Arnold）的《多佛海滩》（*Dover Beach*）—— 一首表现物质主义者惆怅的诗歌时，巴克斯特惊呆了。文字“引发了一种他几乎不能够确知的渴望”。[9] 小说《星期六》的情节就在这桩纯属偶然的事件上展开了，在小说中，没有比那富有韵律的文字更能打动大脑的了。诗歌动摇了大脑的物质属性，还有什么比这更不容易的事情吗？

麦克尤恩以他开始《星期六》的方式结束了小说——生在黑暗中，在现在进行时态里，亦即在亨利·佩罗恩卧床时。这一天十分漫长。随着亨利·佩罗恩慢慢进入梦乡，他最后的思绪并不是关于大脑，或者手术和物质主义的，那些似乎都很遥远。相反，他的思绪回到了我们所知晓的唯一的现实中去了：我们的感受——意识的感觉，亦即对感觉的感觉。“感受总会存在，是他恒久的想法。之后便是——有的仅是感受。”[10]

麦克尤恩作品的潜在元素昭示出：即使是在这崇尚使人眩晕的科学细节的时代，艺术家们的声音也是有必要聆听的。通过小说这个媒介，麦克尤恩在肯定了科学的效用和雄辩力的同时，也探索到了科学的极限。尽管他对我们存在的物质属性从不怀疑（这也是手术能够治疗我们伤口的原因），但麦克尤恩还是抓住了大脑可以意识到自己的这个悖论。每个自我都是一个大脑，都是一个思索自身源头的大脑。

小说《星期六》是一件珍奇的文化商品，这不仅仅是因为麦克尤恩拥有的艺术气息。也许，它象征着一种新型的第四种文化的诞生，这种文化想要发现人文和科学之间的关系。第四种文化更类似或更接近于斯诺"原创"的概念，像《星期六》这样的作品便具有代表性。这种第四种文化会忽略专横的知识边界，且其目的就是化解那条边界线。它会自由地移植科学和人文，会专注于将科学简化的事实与我们真实的经历联结起来。它会用实用的观点看待什么是真理，即以用途来衡量它，而不会受其源头属性所约束。这本小说、这个实验、这首诗歌或者这个蛋白质教会了我们什么呢？它们是如何帮助我们理解自己是谁的呢？它们又解决了什么长期存在的问题呢？

如果对于这些问题，我们回答时思路够宽阔的话，就会发现诗歌与缩略词一样真实、有用。尽管科学是我们探究宇宙的主要方法，但是认为科学能够解决一切的想法是天真的，而觉得一切都能被解决的观念同样也是天真的。现代科学产生的讽刺之一就是，某些最深刻的发现，比如海森伯格的不确定性原理[①]或意识

① 这是一种量子物理学说，它表明一个人可以知晓一个粒子的位置，或者知晓它的动量（质量乘以速度），但并不会同时确定这两种变量。换句话说，我们不能知晓关于事情的一切。

的新兴属性都是用来证实科学的局限性的。正如小说家兼鳞翅目昆虫学家弗拉基米尔·纳博科夫（Vladimir Nabokov）曾说过的，“我们的科学越伟大，神秘感就会越强”。[11]

我们现在知道得够多了，就连“我们永远都不会知晓一切”这一点也心知肚明。而我们需要艺术的原因是它能够教会我们如何与神秘相伴相生。只有艺术家才能在不允诺给我们答案的前提下去探索那些不可言状的东西，因为这些东西往往没有答案。济慈把这种浪漫主义冲动称为“消极能力”（negative capability）。他说，像莎士比亚那样的诗人拥有一种能力，他们“虽然置身于不确定、神秘以及怀疑的状态中，但能够凝神静气地去追逐事实和真理”。[12] 济慈意识到，某些东西虽然不能被解决，或不能被简化为物理学法则，但并不意味着它就不真实。**当我们在知识的领土之外冒险时，艺术就是我们所拥有的一切。**

但是在我们获取第四种文化之前，现存的两种文化——艺术与科学，必须改变自己的习惯。首先，艺术必须真诚地与科学结合起来——亨利·詹姆斯曾将作家定义为完美之人；其次，艺术家们必须留意他的号召，不去忽视科学对现实那鼓舞人心的描述——每一位艺术家都应该读一读《自然》（*Nature*）这本杂志。

同时，科学也必须认识到自身所提倡的真理并不是唯一的真理。没有什么知识能够垄断所有知识。这种单纯的思想将是任何第四种文化的前提条件。正如杰出的科学拥护者卡尔·波普尔所讲：“我们必须放弃一种思想——不要觉得知识总会有终极来源，必须承认所有知识都是人类的知识：它们夹杂着我们的失误、我们的偏见、我们的梦想和我们的希望。我们所做的一切就是去探索真理，尽管这是我们力不能及的。但是要知道，所有权威都无法逃离批判主义的藩篱。”[13]

我希望这本书能够展示出艺术和科学是如何重新融合在一种广阔的批评疆域范围中的。艺术和科学都很有用，都是真实的。**在我们的时代中，面对科学简化主义的荣耀和泛滥，艺术起到了一定的平衡作用，尤其是当它应用于人类的感受时。**这就是艺术家们的目的——让我们的现实驻足于存在的日程上，尽管它不乏脆弱和质疑，但正如惠特曼所说，“世界很大，它无所不包”。

注　释

第 1 章

1. Walt Whitman, *Leaves of Grass: The "Death-Bed" Edition* (New York: Random House, 1993), 27.

2. Ibid., 702.

3. As cited in Paul Berman, "Walt Whitman's Ghost," *The New Yorker* (June 12, 1995): 98–104.

4. Antonio Damasio, *Descartes' Error* (London: Quill, 1995), 118.

5. Brian Burrell, *Postcards from the Brain Museum* (New York: Broadway Books, 2004), 211.

6. Jerome Loving, *Walt Whitman* (Berkeley: University of California Press, 1999), 104.

7. Horace Traubel, *Intimate with Walt: Selections from Whitman's Conversations with Horace Traubel, 1882–1892* (Des Moines: University of Iowa Press, 2001).

8. Loving, *Walt Whitman*, 168.

9. Ralph Waldo Emerson, *Nature, Addresses, and Lectures* (Boston: Houghton Mifflin, 1890), 272.

10. Loving, *Walt Whitman*, 224.

11. Ibid., 150.

12. Donald D. Kummings and J. R. LeMaster, eds., *Walt Whitman: An Encyclopedia* (New York: Garland, 1998), 206.

13. Emerson, *Nature*, 455.

14. Ralph Waldo Emerson, *Selected Essays, Lectures, and Poems* (New York: Bantam, 1990), 223.

15. Ed Folsom and Kenneth M. Price, "Biography," Walt Whitman Archive.

16. Loving, *Walt Whitman*, 189.

17. Ibid., 241.

18. Ibid.

19. Whitman, *Leaves of Grass: The "Death-Bed" Edition,* 699.

20. Ibid., 128.

21. Ibid., 387.

22. Loving, *Walt Whitman,* 1.

23. Edwin Haviland Miller, ed., *Walt Whitman: The Correspondence.* (New York: New York University Press, 1961–1977), 59.

24. Ibid., 77.

25. Loving, *Walt Whitman*, 1.

26. Whitman, *Leaves of Grass: The "Death-Bed" Edition*, 388.

27. Ibid., 91.

28. Silas Weir Mitchell, *Injuries of Nerves, and Their Consequences* (Philadelphia: Lippincott, 1872).

29. Herman Melville, *Redburn, White-Jacket, Moby-Dick* (New York: Library of America, 1983), 1294–1298.

30. Laura Otis, ed., *Literature and Science in the Nineteenth Century* (Oxford: Oxford University Press, 2002), 358–363.

31. William James, "The Consciousness of Lost Limbs," *Proceedings of the American*

Society for Psychical Research 1 (1887).

32. William James, *Writings: 1878–1899* (New York: Library of America, 1987), 851.

33. Bruce Wilshire, ed., *William James: The Essential Writings* (Albany: State University of New York, 1984), 333.

34. Ibid., 337.

35. Louis Menand, *The Metaphysical Club* (New York: Farrar, Straus and Giroux, 2001), 324.

36. James, *Writings: 1878–1899*, 996.

37. Walt Whitman, *Leaves of Grass: The "Death-Bed" Edition*, 26.

38. William James, "What Is an Emotion?" *Mind* 9 (1884): 188–205.

39. Antonio Damasio, *Descartes' Error* (London: Quill, 1995), 226.

40. Ibid., 212–217.

41. Friedrich Nietzsche, *The Portable Nietzsche* (Viking: New York, 1977), 146.

42. Walt Whitman, *Leaves of Grass: The "Death-Bed" Edition,* 130.

43. Walt Whitman, *Leaves of Grass* (Oxford: Oxford University Press, 1998), 456.

44. Ibid., 20.

45. Walt Whitman, *Leaves of Grass: The "Death-Bed" Edition,* 64.

46. Ralph Waldo Emerson, *Selected Essays, Lectures, and Poems* (New York: Bantam, 1990), 291.

47. Walt Whitman, *Leaves of Grass: The "Death-Bed" Edition,* 36.

48. Randall Jarrell, *No Other Book* (New York: Harper-Collins, 1999), 118.

49. Walt Whitman, *Leaves of Grass: The "Death-Bed" Edition,* 77.

第2章

1. Jane Austen, *Emma* (New York: Modern Library, 1999), 314.

2. Gordon Haight, ed., *George Eliot's Letters* (New Haven: Yale University Press,

1954–1978), vol. VI, 216–217.

3. David Caroll, ed., *George Eliot: The Critical Heritage* (London: Routledge and Kegan Paul, 1971), 427.

4. Michael Kaplan and Ellen Kaplan, *Chances Are...* (New York: Viking, 2006), 42.

5. Louis Menand, *The Metaphysical Club* (New York: Farrar, Straus and Giroux, 2002), 195.

6. Haight, ed., *George Eliot's Letters,* vol. VIII, 56–5.

7. Ibid., 43.

8. George Eliot, *Middlemarch* (London: Norton, 2000), 305.

9. Valerie A. Dodd, *George Eliot: An Intellectual Life* (London: Macmillan, 1990), 227.

10. George Levine, ed., *Cambridge Companion to George Eliot* (Cambridge: Cambridge University Press, 2001), 107.

11. George Lewes, *Comte's Philosophy of Science* (London: 1853), 92.

12. Haight, ed., *George Eliot's Letters,* vol. IV, 166.

13. Eliot, *Daniel Deronda* (New York: Penguin Classics, 1996), 1.

14. Haight, ed., *George Eliot's Letters*, vol. III, 214.

15. Eliot, *Daniel Deronda*, 1.

16. Eliot, *Middlemarch*, 124.

17. Rosemary Ashton, *George Eliot: A Life* (New York: Allen Lane, 1996), 145.

18. Eliot, *Middlemarch*, 126.

19. Eliot, *Daniel Deronda,* 380.

20. Eliot, *Middlemarch,* 514.

21. Ibid., 512.

22. As cited in Ashton, *George Eliot: A Life*, 305.

23. Eliot, *Middlemarch*, 734.

24. Thomas Huxley, "On the Hypothesis That Animals Are Automata, and Its History,"

Fortnightly Review (1874): 575–577.

25. J. Altman, "Are New Neurons Formed in the Brains of Adult Mammals?" *Science* 135 (1962): 1127–1128.

26. M. S. Kaplan, "Neurogenesis in the Three-Month-Old Rat Visual Cortex," *Journal of Comparative Neurology* 195 (1981): 323–338.

27. Personal interview at Rockefeller Field Research Center, July 26, 2006.

28. Michael Specter, "Rethinking the Brain," *The New Yorker*(July 23, 2001).

29. Thomas Kuhn, *The Structure of Scientific Revolutions*, 3rd ed. (Chicago: University of Chicago Press, 1996), 53.

30. C. L. Coe, et al., "Prenatal Stress Diminishes Neurogenesis in the Dentate Gyrus of Juvenile Rhesus Monkeys," *Biology of Psychiatry* 10 (2003): 1025–1034.

31. F. H. Gage et al., "Survival and Differentiation of Adult Neural Progenitor Cells Transplanted to the Adult Brain," *Proceedings of the National Academy of Sciences* 92 (1995).

32. Greg Miller, "New Neurons Strive to Fit In," *Science* 311 (2006): 938–940.

33. Luca Santarelli et al., "Requirement of Hippocampal Neurogenesis for the Behavioral Effects of Antidepressants," *Science* 301(2003): 805–808.

34. Robert Olby, *The Path to the Double Helix* (London: Macmillan, 1974), 432.

35. Richard Dawkins, *The Selfish Gene* (Oxford: Oxford University Press, 1976), ix.

36. Richard Lewontin, *Biology as Ideology* (New York: Harper Perennial, 1993), 67.

37. J. Sharma, A. Angelucci, and M. Sur, "Induction of Visual Orientation Modules in Auditory Cortex," *Nature* 404 (2000): 841–847.

38. Sandra Blakeslee, "Rewired Ferrets Overturn Theories of Brain Growth," *New York Times*, April 25, 2000, sec. F1.

39. A. R. Muotri et al., "Somatic Mosaicism in Neuronal Precursor Cells Mediated by L1 Retrotransposition," *Nature* 435: 903–910.

40. Charles Darwin, *On the Origin of Species by Means of Natural Selection, or the Preservation of Favored Races in the Struggle for Life* (London: John Murray,

1859), 112.

41. Karl Popper, *Objective Knowledge* (Oxford: Oxford University Press, 1972), ch. 6.

42. George Eliot, "The Natural History of German Life," *Westminster Review*, July 1856.

43. Haight, ed., *George Eliot's Letters*, vol. VI, 216 –217.

44. Ibid., 166.

第3章

1. Auguste Escoffier, *The Escoffier Cookbook: A Guide to the Fine Art of Cookery for Connoisseurs, Chefs, Epicures* (New York: Clarkson Potter, 1941), 1.

2. Auguste Escoffier, *Escoffier: The Complete Guide to the Art of Modern Cookery* (New York: Wiley, 1983), xi.

3. Amy Trubek, *Haute Cuisine: How the French Invented the Culinary Profession* (Philadelphia: University of Pennsylvania Press, 2001), 126.

4. Escoffier, *The Escoffier Cookbook*, 224.

5. Jean Anthelme Brillat-Savarin, trans. M.F.K. Fisher, *The Physiology of Taste* (New York: Counterpoint Press, 2000), 4.

6. Alex Renton, "Fancy a Chinese?" *Observer Food Magazine*, July 2005, 27–32.

7. Ibid.

8. K. Ikeda, "New Seasonings," *Journal of the Chemical Society of Tokyo* 30 (1909): 820–836.

9. J. I. Beare, ed., *Greek Theories of Elementary Cognition from Alcmaeon to Aristotle* (Oxford: Clarendon Press, 1906), 164.

10. Stanley Finger, *Origins of Neuroscience* (Oxford: Oxford University Press, 1994), 165.

11. For a delightful tour of the culinary uses of umami see Jeffrey Steingarten, *It Must've Been Something I Ate* (New York: Vintage, 2003), 85–99.

12. N. Chaudhari et al., "A Novel Metabotropic Receptor Functions as a Taste Receptor," *Nature Neuroscience* 3 (2000): 113–119.

13. G. Nelson et al., "An Amino-Acid Taste Receptor," *Nature* 416 (2002): 199–202.

14. M. Schoenfeld et al., "Functional MRI Tomography Correlates of Taste Perception in the Human Primary Taste Cortex," *Neuroscience* 127 (2004): 347–353.

15. Stephen Pincock, "All in Good Taste," *FT Magazine*, June 25, 2005, 13.

16. Kenneth James, *Escoffier: The King of Chefs* (London: Hambledon and London, 2002), 109.

17. Escoffier, *The Complete Guide*, 67.

18. Richard Axel, lecture, December 1, 2005: MIT, Picower Institute.

19. Rachel Herz, "The Effect of Verbal Context on Olfactory Perception," *Journal of Experimental Psychology: General* 132 (2003): 595–606.

20. Eric Kandel, James Schwartz, and Thomas Jessell, *Principles of Neural Science*, 4th ed. (New York: McGraw Hill, 2000), 632.

21. I. E. de Araujo et al., "Cognitive Modulation of Olfactory Processing," *Neuron* 46 (2005): 671–679.

22. James, *Escoffier: The King of Chefs,* 47.

23. Daniel Zwerdling, "Shattered Myths," *Gourmet* (August 2004), 72–74.

24. Donald Davidson, *Inquiries into Truth and Interpretation* (Oxford: Oxford University Press, 2001), 189.

25. O. Beluzzi et al., "Becoming a New Neuron in the Adult Olfactory Bulb," *Nature Neuroscience* 6 (2003): 507–518.

26. J. D. Mainland et al., "One Nostril Knows What the Other Learns," *Nature* 419 (2002): 802.

27. C. J. Wysocki, "Ability to Perceive Androstenone Can Be Acquired by Ostensibly Anosmic People," *Proceedings of the National Academy of Sciences* 86 (1989). And L. Wang et al., "Evidence for Peripheral Plasticity in Human Odour Response," *Journal of Physiology* (January 2004): 236–244.

28. James, Escoffier, *The King of Chefs*, 132.

29. Escoffier, *The Escoffier Cookbook*, 1.

30. Sam Sifton, "The Cheat," *New York Times Magazine*, May 8, 2005.

第4章

1. Charles Baudelaire, *Baudelaire in English* (New York: Penguin, 1998), 91.

2. Marcel Proust, *Time Regained*, vol. VI (New York: Modern Library, 1999), 441.

3. Ibid., 322.

4. As cited in Joshua Landy, *Philosophy as Fiction: Self, Deception, and Knowledge in Proust* (Oxford: Oxford University Press, 2004), 163.

5. Proust, *Time Regained*, 284.

6. Ibid., 206.

7. Marcel Proust, *Swann's Way*, vol. I (New York: Modern Library, 1998), 60.

8. Ibid., 63.

9. Rachel Herz and J. Schooler, "A Naturalistic Study of Autobiographical Memories Evoked by Olfactory and Visual Cues: Testing the Proustian Hypothesis," *American Journal of Psychology* 115 (2002): 21–32.

10. Proust, *Swann's Way*, 63.

11. Ibid., 64.

12. Ibid., 59.

13. As cited in Landy, *Philosophy as Fiction*, 4.

13. Stanley Finger, *Minds Behind the Brain* (Oxford: Oxford University Press, 2000), 214.

15. Karim Nader et al., "Fear Memories Require Protein Synthesis in the Amygdala for Reconsolidation after Retrieval," *Nature* 406: 686–87. See also J. Debiec, J. LeDoux, and K. Nader, "Cellular and Systems Reconsolidation in the

Hippocampus," *Neuron* 36 (2002); and K. Nader et al., "Characterization of Fear Memory Reconsolidation," *Journal of Neuroscience* 24 (2004): 9269–9275.

16. Proust, *Time Regained*, 225.

17. Proust, *Swann's Way*, 606.

18. K. Si, E. Kandel, and S. Lindquist, "A Neuronal Isoform of the Aplysia CPEB Has Prion-Like Properties," *Cell* 115 (2003): 879–891.

19. Kelsey Martin et al., "Synapse-Specific, Long-Term Facilitation of Aplysia Sensory to Motor Synapses: A Function for Local Protein Synthesis in Memory Storage," *Cell* 91 (1997): 927–938.

20. Joel Richter, "Think Globally, Translate Locally: What Mitotic Spindles and Neuronal Synapses Have in Common," *Proceedings of the National Academy of Sciences* 98 (2001): 7069–7071.

21. L. Wu et al., "CPEB-Mediated Cytoplasmic Polyadenylation and the Regulation of Experience-Dependent Translation of Alpha-CaMKII mRNA at Synapses," Neuron 21 (1998): 1129–1139.

22. A. Papassotiropoulos et al., "The Prion Gene Is Associated with Human Long-Term Memory," *Human Molecular Genetics* 14 (2005): 2241–2246.

23. J. M. Alarcon et al., "Selective Modulation of Some Forms of Schaffer Collateral-CA1 Synaptic Plasticity in Mice with a Disruption of the CPEB-1 Gene," *Learning and Memory* 11 (2004): 318–327.

24. Proust, *Swann's Way*, 59.

第5章

1. Virginia Woolf, *Collected Essays* (London: Hogarth Press, 1966–1967), vol. 1,320.

2. Vassiliki Kolocotroni, Jane Goldman, and Olga Taxidou, eds., *Modernism: An Anthology of Sources and Documents* (Chicago: University of Chicago Press, 1998), 189–192.

3. Christopher Butler, *Early Modernism* (Oxford: Oxford University Press, 1994), 216.

4. Ulrike Becks-Malorny, *Cézanne* (London: Taschen, 2001), 46.

5. Charles Baudelaire, *Charles Baudelaire: The Mirror of Art*, trans. Jonathan Mayne (London: Phaidon Press, 1955).

6. Charles Baudelaire, *Baudelaire: Selected Writings on Art and Artists*, trans. P. E. Charvet (Cambridge: Cambridge University Press, 1972).

7. John Rewald, *Cézanne* (New York: Harry Abrams, 1986), 159.

8. Peter Schjeldahl, "Two Views," *The New Yorker*, July 11, 2005.

9. Becks-Malorny, *Cézanne*, 24.

10. Michael Doran, ed., *Conversations with Cézanne* (Berkeley: University of California Press, 2001), 120.

11. As cited in Daniel Schwarz, *Reconfiguring Modernism* (New York: Palgrave Macmillan, 1997), 108.

12. M. Bar et al., "Top-Down Facilitation of Visual Recognition," *Proceedings of the National Academy of Sciences* 103 (2006): 449–454.

13. Oliver Sacks, *The Man Who Mistook His Wife for a Hat* (London: Picador, 1985), 9.

14. Ibid., 10.

15. Becks-Malorny, *Cézanne*, 8.

16. Kolocotroni, *Modernism,* 170.

17. Emile Zola, trans. Thomas Walton, *The Masterpiece* (Oxford: Oxford University Press, 1999), x.

18. Ibid., 180.

19. Ibid.

20. Rachel Cohen, "Artist's Model," *The New Yorker,* November 7, 2005, 62–85.

21. Kolocotroni, *Modernism,* 173.

22. Rewald, *Cézanne*, 182.

23. Immanuel Kant, *The Critique of Pure Reason*, trans. J.M.D. Meiklejohn (New York: Prometheus Books, 1990).

24. Mitchell G. Ash, *Gestalt Psychology in German Culture, 1890–1967: Holism and the Quest for Objectivity* (Cambridge: Cambridge University Press, 1998), 126.

25. The V_5 region is often referred to as the MT region. Richard Born and D. Bradley, "Structure and Function of Visual Area MT," *Annual Review of Neuroscience* 28 (2005): 157–189.

26. R. Quiroga et al., "Invariant Visual Representation by Single Neurons in the Human Brain," *Nature* 435 (2005): 1102–1107.

27. William James, *Writings 1902–1910* (New York: Library of America, 1987), 594.

28. The critic Clement Greenberg argued that such Kantian self-criticism represented the essence of modernism. The modernist artist, he said, uses "the characteristic methods of a discipline to criticize the discipline itself" Clement Greenberg, "Modernist Painting," *Art and Literature* 4 (1965).

29. Rainer Maria Rilke, *Letters on Cézanne* (London: Vintage, 1985), 33.

第6章

1. Stephen Walsh, *Igor Stravinsky: A Creative Spring* (Berkeley: University of California, 2002), 208.

2. Gertrude Stein, *The Autobiography of Alice B. Toklas* (London: Penguin Classics, 2001), 150.

3. Igor Stravinsky and Robert Craft, *Conversations with Igor Stravinsky* (London: Faber, 1979), 46–47.

4. Vera Stravinsky and Robert Craft, eds., *Stravinsky in Pictures and Documents* (New York: Simon and Schuster, 1978), 524–526.

5. Igor Stravinsky and Robert Craft, *Memories and Commentaries* (London: Faber and Faber, 1960), 26.

6. Alex Ross, "Whistling in the Dark," *The New Yorker*, February 18, 2002.

7. As cited in Charles Rosen, *Arnold Schoenberg* (Chicago: University of Chicago Press, 1996), 33.

8. Walsh, *Igor Stravinsky*, 190.

9. As cited in Peter Conrad, *Modern Times, Modern Places* (New York: Knopf, 1999), 85.

10. Ross, "Whistling in the Dark."

11. Walsh, *Igor Stravinsky*, 397.

12. D. Bendor and Q. Wang, "The Neuronal Representation of Pitch in the Primate Auditory Cortex," *Nature* 436 (2005): 1161–1165.

13. A. Patel and E. Balaban, "Temporal Patterns of Human Cortical Activity Reflect Tone Sequence Structure," *Nature* 404 (2002).

14. Leonard Meyer, *Emotion and Meaning in Music* (Chicago: University of Chicago Press, 1961), 145–160.

15. Ibid., 16.

16. Ibid., 151.

17. William Pater, *The Renaissance: Studies in Art and Poetry* (Oxford: Oxford University Press, 1998), 86.

18. Igor Stravinsky and Robert Craft, *Expositions and Development* (London: Faber and Faber, 1962), 148.

19. Stravinsky, ed., *Stravinsky in Pictures*, 524–526.

20. Peter Hill, *Stravinsky: The Rite of Spring* (Cambridge: Cambridge University Press, 2000), 53.

21. Alex Ross, "Prince Igor," *The New Yorker*, November 6, 2000.

22. Igor Stravinsky, *Chronicle of My Life* (Gollancz: London, 1936), 91.

23. Igor Stravinsky, *Poetics of Music* (New York: Vintage, 1947), 23.

24. Plato, *Timaeus*, trans. Donald Zeyl (New York: Hackett, 2000), 36.

25. Stravinsky and Craft, *Expositions and Development*, 138.

26. Walsh, *Igor Stravinsky*, 233.

27. N. Sugaand E. Gao, "Experience-Dependent Plasticity in the Auditory Cortex and the Inferior Colliculus of Bats: Role of the Cortico-Fugal System,"*Proceedings of the National Academy of Sciences* 5 (2000): 8081–8086.

28. S. A. Chowdury and N. Suga, "Reorganization of the Frequency Map of the Auditory Cortex Evoked by Cortical Electrical Stimulation in the Big Brown Bat," *Journal of Neurophysiology* 83, no. 4 (2000): 1856–1863.

29. S. Bao, V. Chan, and M. Merzenich, "Cortical Remodeling Induced by Activity of Ventral Tegmental Dopamine Neurons," *Nature* 412 (2001): 79–84.

30. D. Perez-Gonzalez et al., "Novelty Detector Neurons in the Mammalian Auditory Midbrain," *European Journal of Neuroscience* 11 (2005): 2879–2885.

31. J. R. Hollerman and W. Schultz, "Dopamine Neurons Report an Error in the Temporal Prediction of Reward During Learning," *Nature Neuroscience* 1 (1998): 304–309.

32. S. Tanaka, "Dopaminergic Control of Working Memory and Its Relevance to Schizophrenia: A Circuit Dynamics Perspective," *Neuroscience* 139 (2005): 153–171.

33. Thomas Kelly, *First Nights* (New Haven: Yale University Press, 2000), 277.

34. Kelly, *First Nights*, 281.

35. Friedrich Nietzsche, *The Genealogy of Morals*, trans. Walter Kaufmann (New York: Vintage, 1989), 61.

第7章

1. As cited in Steven Meyer, *Irresistible Dictation* (Stanford: Stanford University Press, 2001), 221.

2. Ibid., 228.

3. Gertrude Stein, *The Autobiography of Alice B. Toklas* (London: Penguin Classics,

2001), 86.

4. Gertrude Stein, *The Selected Writings of Gertrude Stein* (New York: Vintage, 1990), 461.

5. William James, *The Principles of Psychology* (New York: Dover, 1950), vol. 1, 262.

6. Gertrude Stein, *Lectures in America* (Boston: Beacon Press, 1985), 211.

7. Ibid.

8. Charles Darwin, *The Descent of Man and Selection in Relation to Sex* (New York: Hurst and Co., 1874), 101.

9. As cited in Meyer, *Irresistible Dictation*, 55.

10. Stein, *Autobiography*, 81.

11. James Mellow, *Charmed Circle: Gertrude Stein and Company* (London: Phaidon, 1974), 45.

12. Gertrude Stein, *Picasso* (Boston: Beacon Press, 1959).

13. Judith Ryan, *The Vanishing Subject* (Chicago: University of Chicago Press, 1991), 92.

14. Stein, *Autobiography*, 52–60.

15. Mellow, *Charmed Circle*, 430.

16. Robert Haas, ed., *A Primer for the Gradual Understanding of Gertrude Stein* (Los Angeles: Black Sparrow, 1971), 15.

17. Stein, *Autobiography*, 87.

18. As quoted in Jacques Barzun, *A Stroll with William James* (Chicago: University of Chicago Press, 1983), 200.

19. James, *Principles of Psychology,* 254.

20. Edward Reed, *From Soul to Mind* (New Haven, Conn.: Yale University Press, 1997), 208.

21. Richard Poirier, *Poetry and Pragmatism* (Cambridge, Mass.: Harvard University

Press, 1992), 92.

22. Haas, *A Primer*, 34.

23. Stein, *Autobiography*, 89.

24. Mellow, *Charmed Circle*, 404.

25. Howard Gardner, *The Mind's New Science: A History of the Cognitive Revolution* (New York: Basic Books, 1987), 147–155.

26. George Miller, "The Magical Number Seven, Plus or Minus Two," *The Psychological Review* 63 (1956): 81–97.

27. Chomsky's original 1956 paper.

28. Marc Hauser, Noam Chomsky, Tecumseh Fitch, "The Faculty of Language: What Is It, Who Has It, and How Did It Evolve?" *Science* 298 (2002): 1569–1579.

29. Michal Ben-Shachar, "Neural Correlates of Syntactic Movement: Converging Evidence from Two fMRI Experiments," *Neuro-image* 21 (2004): 1320–1336.

30. Ann Senghas et al., "Children Creating Core Properties of Language: Evidence from an Emerging Sign Language in Nicaragua," *Science* 305: 1779–1782.

31. Gertrude Stein, *Lectures in America*, 138.

32. Gertrude Stein, *Writings 1932–1946* (New York: Library of America, 1998), 326. Stein always said: As cited in Meyer, Irresistible Dictation, 138.

33. Stein, *Autobiography*, 28.

34. Ibid., 230.

35. Ibid., 234.

36. As cited in Mellow, *Charmed Circle*, 404.

37. Haas, ed., *A Primer*, 18.

第8章

1. Virginia Woolf, *The Diary of Virginia Woolf,* ed. Anne Olivier Bell, 5 vols. (London:

Hogarth, 1977–1980), vol. 2,13.

2. Virginia Woolf, *Congenial Spirits: The Selected Letters of Virginia Woolf,* ed. Joanne Trautmann Banks (New York: Harvest, 1991), 128.

3. Virginia Woolf, *The Virginia Woolf Reader* (New York: Harcourt, 1984), 205 [emphasis mine].

4. Ibid., 287.

5. Virginia Woolf, *A Room of One's Own* (New York: Harvest, 1989), 110.

6. Woolf, *The Diary*, vol. 3, 275.

7. As cited in Hermione Lee, *Virginia Woolf* (New York: Vintage, 1996), 407.

8. Virginia Woolf, *Moments of Being* (London: Pimlico, 2002), 85.

9. Woolf, *The Diary*, vol. 5, 64.

10. Lee, *Virginia Woolf*, 187.

11. Woolf, *The Diary*, vol. 4, 231.

12. Ibid., vol. 3,39.

13. Nigel Nicolson and Joanne Trautmann, eds., *The Letters of Virginia Woolf*, 6 vols. (New York: Harcourt Brace Jovanovich, 1975–1980), vol. 3,388.

14. Virginia Woolf, *Jacob's Room* (New York: Harvest, 1950), 154.

15. Woolf, *The Diary*, vol. 2, 205–206.

16. Woolf, *A Room of One's Own*, 89.

17. Virginia Woolf, "Modern Novels," *Times Literary Supplement*, April 10, 1919.

18. Virginia Woolf, *Mrs. Dalloway* (New York: Harvest Books, 1990), 186.

19. Ibid., 31.

20. Ibid., 184.

21. Ibid., 151.

22. Ibid., 37.

23. Ibid., 76.

24. Ibid., 194.

25. Quentin Bell, *Virginia Woolf: A Biography* (New York: Harvest, 1974), 138.

26. Virginia Woolf, *The Common Reader: First Series* (New York: Harvest, 2002), 150.

27. Virginia Woolf, *To the Lighthouse* (New York: Harcourt, 1955), 32.

28. Ibid., 33.

29. Woolf, *A Room of One's Own*, 97.

30. Ibid.

31. Woolf, *The Diary*, vol. 3, 218.

32. Christopher Butler, *Early Modernism* (Oxford: Oxford University Press, 1994), 92.

33. William James, *The Principles of Psychology* (New York: Dover, 1950), vol. 1,399.

34. T. S. Eliot, *The Sacred Wood and Major Early Essays* (New York: Dover, 1998), 32.

35. Woolf, *The Diary*, vol. 2,314.

36. Merlin Donald, *A Mind So Rare* (New York: Norton, 2001), 13–25.

37. Daniel Dennett, *Consciousness Explained* (New York: Back Bay Books, 1991), 253–254.

38. Woolf, *To the Lighthouse*, 102.

39. nobelprize.org/medicine/laureates/1981/sperry-lecture. html.

40. Stanley Finger, *Minds Behind the Brain* (Oxford: Oxford University Press, 2000), 281.

41. Michael Gazzaniga, *The Social Brain* (New York: Basic Books, 1985), 72.

42. Woolf, *The Virginia Woolf Reader*, 253.

43. Woolf, *The Diary*, vol. 2, 234.

44. Ibid., 171.

45. Virginia Woolf, *Between the Acts* (New York: Harvest Books, 1970), 189.

46. Virginia Woolf, *The Waves* (New York: Harvest Books, 1950), 261.

47. Woolf, *To the Lighthouse*, 106–107.

48. Ibid., 108.

49. Ibid., 62.

50. Ibid., 105.

51. Virginia Woolf, *The Years* (New York: Harvest, 1969), 369.

52. C. J. McAdams, J.H.R. Maunsell, "Effects of Attention on Orientation Tuning Functions of Single Neurons in Macaque Cortical Area V4," *Journal of Neuroscience* 19 (1999): 431–441.

53. Steven Yantis, "How Visual Salience Wins the Battle for Awareness," *Nature Neuroscience* 8 (2005): 975–976. And John Reynolds et al., "Attentional Modulation of Visual Processing," *Annual Review of Neuroscience* 27: 611–647.

54. Woolf, *The Virginia Woolf Reader*, 248.

55. Lawrence Weiskrantz, "Some Contributions of Neuropsychology of Vision and Memory to the Problem of Consciousness," in A. Marcel and E. Bisiach, eds., *Consciousness in Contemporary Science* (Oxford: Oxford University Press, 1988).

56. A. Cowey and P. Stoerig, "The Neurobiology of Blindsight," *Trends in Neuroscience* 14 (1991): 140–145.

57. Seth Gillihan and Martha Farah, "Is Self Special? A Critical Review of Evidence from Experimental Psychology and Cognitive Neuroscience," *Psychological Bulletin* 131 (2005): 76–97.

58. Woolf, *The Waves*, 287.

59. Christof Koch, *The Quest for Consciousness* (Englewood, Colorado: Roberts and Company, 2004), 271.

60. Ibid.

61. Woolf, *The Virginia Woolf Reader*, 287.

62. Virginia Woolf, "Freudian Fiction," *Times Literary Supplement,* March 25, 1920.

63. Noam Chomsky, *Language and the Problems of Knowledge* (Cambridge: MIT

Press, 1988), 159.

64. Woolf, *To the Lighthouse*, 51.

65. Wallace Stevens, "Adagia," *Opus Posthumous* (New York: Knopf, 1975), 163.

66. Woolf, *To the Lighthouse,* 193.

67. Ibid., 161.

68. Ibid.

69. Ibid., 202.

70. As cited in Julia Briggs, *Virginia Woolf: An Inner Life* (New York: Harcourt, 2005), 210.

71. Woolf, *To the Lighthouse*, 208.

结 语

1. Richard Rorty, *Contingency, Irony, and Solidarity* (Cambridge: Cambridge University Press, 1989), 8.

2. E. O. Wilson, *Consilience* (New York: Vintage, 1999), 291.

3. Steven Pinker, *The Blank Slate* (New York: Penguin, 2003), 404.

4. Ian McEwan, *Saturday* (London: Jonathan Cape, 2005), 3.

5. Ibid.

6. Ibid., 128.

7. Ibid., 92.

8. Ibid., 255.

9. Ibid., 279.

10. Ibid.

11. Vladimir Nabokov, *Strong Opinions* (New York: Vintage, 1990), 44.

12. John Keats, *Selected Letters* (Oxford: Oxford University Press, 2002), 41.

13. Karl Popper, *Conjectures and Refutations* (New York: Routledge, 2002), 39.

译者后记

婴儿的第一声啼哭似一道光剑，划破了睡神的帐幕。我们从哪里来？我们是谁？我们又要到哪里去？我们要在何种维度上施展自己的一切，来证明我们号称“人类”的存在意义呢？我们将用短暂的一生在哪棵树下等待那位声称明天就要到来的“戈多”呢？这些问题往往会忽然闯入白日之下正常运转着的生活，让人猝不及防。

当孩子还是孩子时，会问：
为什么我是我，而不是你？
为什么我在这儿，而不在那儿？
时间从何时开始，空间在何处结束？
阳光下的生活不是梦吗？
我看见的，听见的，闻见的，不是假象吗？

忘记从何时起，《童年之歌》（*Lied Vom Kindsein*）中的这些问题便生在心里，挥之不去。夜深人静时，这些问号会长出牙齿，噬咬着月光在卧室墙壁上投下的婆娑树影，同时也在我心灵深处划出一道道岁月的年轮。在翻译《普鲁斯特找到了记忆的秘密》这本书期间，以前许多指向人类存在的终极价值的问题在恍惚不觉中如鲠在喉，但那些问号已经收起了它们的牙齿，而荒芜之原仿佛趁着夜色长出了一片丛林，丛林中间正进行着一场怪物朋友们的篝火狂欢。这童话般的意象可以说是这本书的翻译工作给予我的馈赠。

本书的作者乔纳·莱勒从现代科学的角度，对8位世界著名的文学家、画家、音乐家、美食家等进行了独辟蹊径的重新解读。在人类视觉、听觉、嗅觉、味觉、触觉以及思维认知等方面，这些人物都是提出颠覆性观念的革命者。面对大千世界上纷纭繁杂的物象，这些骁勇善战的斗士们都握着一根为自己量身定做的柔韧撑杆，并以不同的步履节奏助跑，凌空跃过了那不断攀升的人类思想的横杆。这些伟大的艺术家们用敏锐的直觉和整体把控能力，抢在科学家们的前头，跃过了他们所处时代认知极限的横杆，进而让人类文化达到了一个新境界。

写这本书时，乔纳·莱勒只有25岁。迄今他出版了畅销书《为什么大猩猩比专家高明》(*How We Decide*)、《普鲁斯特找到了记忆的秘密》、《鲍勃·迪伦写不出歌儿了》等。这位年轻的科学家在获得诺贝尔奖的科学家埃里克·坎德尔的实验室中工作。在对脑神经的研究过程中，他并没有将自己蜗居在一个零部件式的局部领域之内，也没有忘记艺术那片激情漫溢的草原，而是打通了各个学科间错综的脉络之围，从“第三种文化”的角度让艺术与科学互为注解，把对两者的探究巧妙地结合在了一起。惠特曼的草与叶、艾略特的爱与谜、埃斯科菲耶的调味汁王国、普鲁斯特的玛德琳蛋糕、塞尚铅球般的苹果和圣维克多山、斯特拉温斯基的《火鸟》和《春之祭》、斯泰因的玫瑰与手术刀、伍尔夫的云和灯塔…… 他把科学思考的星光洒入了流淌着的生命之溪，让它们成为白月下的灿灿水光，如繁星眨眼，美不胜收。

本书的翻译工作让我痛并快乐着。感谢北京湛庐文化传播有限公司给我的这次机会，让我翻译这本回响着灵动之音的图书。我更要感谢陪我一同走过的家人、良师和朋友——庄大山、徐东新、庄威远、刘素荣、张敏、庄大明、刘雨鑫、王一鹤、于佳、雷霆、王嗣淳、王璠、王敬庭。还有豆瓣上的热心朋友，他们为我提出了细致入微的宝贵意见。最后，我要感谢手捧这本书的您，亲爱的读者，感谢您阅读的目光和思索——这将如同不断添加的干柴，让想象丛林中的篝火更加熊熊！

庄云路

未来，属于终身学习者

我们正在亲历前所未有的变革——互联网改变了信息传递的方式，指数级技术快速发展并颠覆商业世界，人工智能正在侵占越来越多的人类领地。

面对这些变化，我们需要问自己：未来需要什么样的人才？

答案是，成为终身学习者。终身学习意味着永不停歇地追求全面的知识结构、强大的逻辑思考能力和敏锐的感知力。这是一种能够在不断变化中随时重建、更新认知体系的能力。阅读，无疑是帮助我们提高这种能力的最佳途径。

在充满不确定性的时代，答案并不总是简单地出现在书本之中。“读万卷书”不仅要亲自阅读、广泛阅读，也需要我们深入探索好书的内部世界，让知识不再局限于书本之中。

湛庐阅读 App：与最聪明的人共同进化

我们现在推出全新的湛庐阅读App，它将成为您在书本之外，践行终身学习的场所。

- 不用考虑“读什么”。这里汇集了湛庐所有纸质书、电子书、有声书和各种阅读服务。
- 可以学习“怎么读”。我们提供包括课程、精读班和讲书在内的全方位阅读解决方案。
- 谁来领读？您能最先了解到作者、译者、专家等大咖的前沿洞见，他们是高质量思想的源泉。
- 与谁共读？您将加入优秀的读者和终身学习者的行列，他们对阅读和学习具有持久的热情和源源不断的动力。

在湛庐阅读 App 首页，编辑为您精选了经典书目和优质音视频内容，每天早、中、晚更新，满足您不间断的阅读需求。

【特别专题】【主题书单】【人物特写】等原创专栏，提供专业、深度的解读和选书参考，回应社会议题，是您了解湛庐近千位重要作者思想的独家渠道。

在每本图书的详情页，您将通过深度导读栏目【专家视点】【深度访谈】和【书评】读懂、读透一本好书。

通过这个不设限的学习平台，您在任何时间、任何地点都能获得有价值的思想，并通过阅读实现终身学习。我们邀您共建一个与最聪明的人共同进化的社区，使其成为先进思想交汇的聚集地，这正是我们的使命和价值所在。

浙江省版权局图字：11-2023-339

图书在版编目（CIP）数据

普鲁斯特找到了记忆的秘密 /（美）乔纳 · 莱勒著；庄云路译 . — 杭州 : 浙江科学技术出版社 , 2024.1
ISBN 978-7-5739-0931-2

Ⅰ . ①普… Ⅱ . ①乔… ②庄… Ⅲ . ①科学知识—普及读物 Ⅳ . ① Z228

中国国家版本馆 CIP 数据核字（2023）第 229179 号

书　　名　普鲁斯特找到了记忆的秘密
著　　者　[美]乔纳 · 莱勒
译　　者　庄云路

出版发行　浙江科学技术出版社
地址：杭州市体育场路 347 号　邮政编码：310006
办公室电话：0571－85176593
销售部电话：0571－85062597
E-mail:zkpress@zkpress.com
印　　刷　天津中印联印务有限公司

开　本	880mm×1230mm　1/32	**印　张**	10.75
字　数	306 千字	**插　页**	1
版　次	2024 年 1 月第 1 版	**印　次**	2024 年 1 月第 1 次印刷
书　号	ISBN 978-7-5739-0931-2	**定　价**	99.90 元

责任编辑　余春亚　　**责任美编**　金　晖
责任校对　张　宁　　**责任印务**　田　文